高等学校科研及其团队建设机制研究

侯明玉◎著

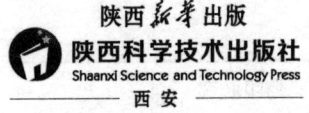

陕西新华出版
陕西科学技术出版社
Shaanxi Science and Technology Press
—— 西安 ——

图书在版编目（CIP）数据

高等学校科研及其团队建设机制研究／侯明玉著.
— 西安：陕西科学技术出版社，2023.5
ISBN 978-7-5369-8706-7

Ⅰ.①高… Ⅱ.①侯… Ⅲ.①高等学校—科研管理—
研究—中国 Ⅳ.①G644

中国国家版本馆 CIP 数据核字（2023）第 087366 号

高等学校科研及其团队建设机制研究
GAODENG XUEXIAO KEYAN JIQI TUANDUI JIANSHE JIZHI YANJIU

侯明玉　著

责任编辑	王喜艳
出 版 者	陕西科学技术出版社
	西安市曲江新区登高路 1388 号 陕西新华出版传媒产业大厦 B 座
	电话(029)81205187　传真(029)81205155　邮编710061
	http://www.snstp.com
发 行 者	陕西科学技术出版社
	电话(029)81205180　81206809
印　　刷	西安真色彩设计印务有限公司
规　　格	787mm×1092mm　16 开
印　　张	12
字　　数	280 千字
版　　次	2023 年 5 月第 1 版
	2023 年 5 月第 1 次印刷
书　　号	ISBN 978-7-5369-8706-7
定　　价	52.00 元

前　言

　　高等学校是我国科研的一支重要的生力军，它既有学科优势，更有人才优势。在学科高度综合、交叉、渗透的情境下，科研人员不仅需要独立思考和研究，而且需要团队攻关。另外，科研团队是科研人员进行科学技术研究的一个重要组织形式，科研团队的高效管理也是目前高校科研团队管理所面临的一个重要研究问题。因此，如何构建高校科研创新团队，已成为高等学校人力资源管理和优化配置的重要内容。

　　鉴于此，笔者撰写了《高等学校科研及其团队建设机制研究》一书，在内容编排上共设置六章分别为：高等学校科研的理论支撑、高等学校科研的育人机制、高等学校科研的管理机制、高等学校科研团队的知识管理、高等学校科研团队的能力建设、高等学校科研团队建设的创新实践。

　　本书具有以下特点：

　　第一，以实用性为牵引，科学合理安排章节内容。全书内容丰富、形式新颖，充分反映了当前国内外科研团队建设的水平和发展方向。

　　第二，语言表述力求通俗易懂，简明扼要。从不同方面进行高等学校科研团队建设的创新实践研究。

　　第三，对高等学校科研团队的知识管理、科研团队的能力建设等进行深入探讨，可供从事高等学校科研及其团队建设研究的学者和工作者使用。

　　笔者在撰写本书的过程中，得到了许多专家学者的帮助和指导，在此表示诚挚的谢意。

　　由于笔者水平有限，加之时间仓促，书中所涉及的内容难免有疏漏之处，希望各位读者多提宝贵意见，以便笔者进一步修改，使之更加完善。

目　录

第一章 高等学校科研的理论支撑

第一节　高等学校科研发展的思路

以科学发展的理念统领全局，是当前高校科研工作健康发展的客观要求与前提。高等学校作为我国科学研究的重要力量，在我国科技创新体系中发挥着重要作用。但是，从总体来看，我国高校科研实力相对还比较弱，核心竞争力不强，科研基地建设和科研团队凝聚力、科研管理机制等方面还有待加强。因此，高等学校可以从以下科研思路进行发展：

一、科研工作要坚持全面发展

科研工作要全面发展并非面面俱到，要切实做到既总揽全局、统筹规划，又要紧紧围绕国家战略需求和高校的传统优势和特色，在重点科研方向上着力推进、重点突破，才能更好地实现服务创新型国家的战略目标。高校的全面发展要根据学校实际，依靠科学的眼光，要有规划、有部署、有布局，要认清和理顺各方面的关系，要以点带面，实现真正意义上的全面发展。高校的科技发展已经成为高校发展的一条重要纽带，科研的发展不可避免地要带动高校的学科建设、科研基地建设和人才队伍建设，这四者之间已经形成良性关系、联动关系和依赖关系，认清这四者之间的关系，对推动学校全面发展有重要意义。

（一）科学研究和学科建设、科研基地的关系

以学科建设为龙头，以科学研究为先导，通过学科建设与科学研究的融合，使学校的学科建设和科学研究互相促进、联动发展已成为共识。学科建设是高等教育中一项极其复杂的基础工程，其内涵丰富，包括了学科规划、师资队伍建设、高层次人才培养、学术研究、教材建设、实验室建设、信息平台建设和图书馆信息建设等。学科建设所强调的凝练学科方向、汇聚学术队伍、构建学科基地等，都是以科学研究为基础和纽带。科研项目是学科建设的载体，并带动着学科的发展，为支撑学科的建设起到了坚实的支撑作用，科学

研究的水平和科技成果已经成为学科建设水平的重要标志。

依托重点学科建设科研基地，使科研基地成为科技发展、人才培养和创新团队建设的大舞台。学科建设是内容，基地建设是平台。科研基地的技术优势、人才优势为学科建设提供了有力的支撑和保障。凭借科研基地优良的资源和环境，发挥优秀人才和创新团队的作用，使科研基地有更多的机会承担国家重大科研项目，同时也创造出许多代表先进技术和高水平的优秀成果，为提高学科建设质量做出贡献。

（二）科学研究和科研基地、人才培养的关系

以科研基地建设为中心，带动学校科研跨越式发展近些年已见成效。科研基地承担了大批国家重大、重点项目以及省部级项目，通过科研项目的实施和标志性成果的产生，将人才培养、学科建设、基地建设凝聚起来，形成良好的科研支撑体系，给科研基地带来了活力，提升了科研基地的科研能力和水平，也锻炼了基地队伍，培养了科技人才。一些科研基地不仅成为高校科技发展的核心力量，而且逐步成为国内乃至国际有影响的研究基地，在国家科技创新体系建设中发挥了重大作用。

技术创新关键在于人才，而科研基地则给创新人才脱颖而出创造了优良的环境。科研基地的建设，给科研人员参与国家级项目的竞争，以及为地方经济建设服务创造了条件，也正是在科研基地这片沃土和优越的科研环境下，使一批年轻的学术学习者迅速成长；同时也造就和稳定了思想活跃、创新性强、学术水平高的科研团队，保证了科研基地工作的连续性和稳定性，为学校科技创新带来了新的活力。

（三）科技发展和全面发展、特色发展的关系

"高校作为国家创新体系中基础研究和高科技领域原始创新的主力军肩负着人才培养、知识创新以及技术创新的重任"[1]。加强高校的学科建设和科研规模，并不意味着要追求大而全，应采取以内涵发展为主，适度外延的发展战略。特色是高校存在与发展的基础。实施高校科技发展战略，必须坚持特色发展。高校的科学研究没有特色就没有竞争力，没有特色、没有优势、没有重点就没有生命力。因此，要进一步突出学科的龙头地位，做好全面整体规划，加强优势，重点突出；注重实力，优化配置，形成重点学科特色突出、多学科交叉集成优势明显、学科创新能力快速提升的局面。

---

① 杨军，伏琳，林艺文，等. 浅析高等学校科研投入与产出 [J]. 科技管理研究，2013（16）：102.

二、科研工作要坚持协调发展

科研工作要坚持协调发展原则，以学校发展大局为重，处理好各种纵横交错的关系和问题，把有可能带来的负面影响降到最低，把有可能产生的矛盾减到最少，使科研效益产生最大化。

（一）　科研和教学的关系

高校科研活动和教学建设相互促进，相辅相成。作为教学型大学其主要任务之一是满足社会需要，向学生传播知识。而研究型大学不仅是传播知识，而且还是发展知识、创新知识的过程。科研促进教学已经成为高校保持知识代谢的有效途径。教师通过科研发现的新问题、新现象，及时将最新的知识传授给学生，能够提高教学质量。学生通过教学与实践活动，更好地消化、吸收、获取最新知识，使高校在发展知识、创新知识和传播知识之间形成和谐的、良性的发展。将科研与教学有机结合，有利于创新人才的培养；有利于提高教学质量；有利于科学事业的蓬勃发展。

（二）　科研个体和科研团队的关系

科研个体是指各自单干的工作者或称工作群体，其是按照自己的研究方向，完成定向的工作内容。通过协调努力，产生相互之间的积极配合后发展成为的群体名称是科研团队。科研团队的特点包括：①有共同愿望；②有问题（任务）的牵引；③是知识结构的互补。团队建立的目的是要把个人目标的追求与团队的目标追求相结合，所以团队需要具备共同的目标或共识，并为共同的远景而奋斗。

在当今时代发展中，科研人员已经渐渐把个体科研状态逐步愿意发展为以群体为单位的合作形式，并愿意沿着相对稳定的、共同的科研方向，开展科学研究工作。但是同时也发现，有的小团队的科研人员研究方向过于分散，科研优势不够集中，不能形成促进学科发展的合力。如何使相关研究方向相对一致、组织结构松散的科研人员参与到大项目中，如何解决团队成员之间的利益冲突，是值得探讨的问题。规模比较大的团队之所以有了比较好的发展，正是因为有了一个团队的领袖人物——团队领导者。

总而言之，领导者的作用和贡献是帮助个体成员认识到个人的目标和发展与团队的目标和发展相结合，是团队发展为自我成长的体现，引导团队成员为了团队的利益和目标而相互协作、相互依存，尽心尽力地投入团队的工作中。所以，处理和解决好科技团队与科研个体之间的矛盾和问题，直接影响到学校科技创新能力的发挥和承担国家重大科技项目的机会。

三、科研工作要坚持可持续发展

坚持高校科研可持续发展原则，要求高校科研的发展既要满足当前需要，更要着眼于未来；要形成具有可持续性的科研能力和后劲，促进高校科研工作健康、稳定地向前发展。由此可见，科研工作和学术研究不应急功近利，应该根据整体规划和布局，结合学科发展目标，加强学术积累和前期的培育工作，在科研队伍建设上要注重内部结构和梯队的培养，在管理制度和政策上要有所创新，为可持续发展提供有力支撑和保障。

（一）重视学术积累和前期科研培育

"高校作为科技创新和人才培养的主要基地，对国家经济社会发展起着重要的支撑作用"[1]。如果要想形成一种可持续性的学术能力和发展后劲，高校必须注重学术积累，作为研究组和个人应有相对稳定的研究方向。同时，科学研究不能急功近利，要学习和研究国家中长期发展规划，关注国家经济发展和社会发展的重大需求，为有机会参与国家重大项目的研究提供储备。另外，科研项目培育是过程的积累。一些重大和综合性科研项目，不是一蹴而就的事情，需要深厚的前期培育和积累。这种积累既是队伍、资源的积累，也是材料、成果的积累。现在许多高校对重大项目申报实行项目培育制度，通过前期资源的整合、人才队伍的凝聚以及重点突破等手段，进行前期培育工作，有效避免了以往项目申报的短期行为。由于前期充分的酝酿和孵化，项目申报便成为可以顺利展开的事情，项目的命中率和课题质量会提高。

（二）重视科研团队共同合作的作用

整体大于局部之和，这是众所共知的道理。高度重视科研团队的作用，使团队成员优势互补形成胜任科研项目的研究能力，这无疑是对这一道理的最好诠释。申请大项目必须依靠有力（凝聚力和向心力）、有形（自然形成、围绕共同目标的）、有将（真正能够把大家团结在身边的领军人物）的科研团队。由于政策的内在驱动，科研团队建设已经成为我国各大学趋之若鹜的一种现象。然而，实实在在做成真正意义上的、为了一个共同目标

---

① 季小天，赵文华. 高校科研创新团队建设：国外研究进展与启示 [J]. 研究生教育研究，2021（5）：76.

紧密结合的团队并不容易。

另外，有的团队根本不是天然形成的群体，是为了在申报项目时的"共同利益"临时组合在一起的；学科建设凑材料，每个学科都制造出庞大的"科研成果"，却凝练不出稳定、明确的研究方向。所以培养、建设好科研团队是高校科研可持续发展的重要内容和艰巨任务。以学科领导者和学术领导者为代表的高层次人才是科研团队的核心，是推动学科发展的中坚力量，也是科研团队建设的根本所在。因此，高校要积极探索科学合理的科研团队人才机制，为科研团队建设提供智力支撑。

四、科研管理工作要坚持以人为本

高校的科研管理工作，是高校管理工作中不可或缺的组成部分，肩负着对学校科研发展规划、科技管理政策的制定和实施，以及对科研项目、科研组织、科研成果等方面进行管理的重任，对高校的科研乃至整个高校的发展都具有举足轻重的作用。

科研管理工作以人为本，顺应时代发展的需要。在实施高校科技发展战略中坚持以人为本，把人才资源作为学校改革发展、推进科技创新的第一推动力；把人作为最宝贵的资源和财富，将其置于科研工作的核心，确定其科研的主导地位。单独依靠行政命令式的管理已经不能与当今社会和科技的发展相适应，社会需要建立一套具有时代特征的、注重创造良好氛围为主的新型管理模式，也就是人们所熟悉的柔性管理模式。柔性管理模式的内涵是以人为本，其积极作用主要表现在其内在驱动性、影响持久性和激励有效性等方面。柔性管理模式的最大特点是不依靠行政命令，把组织规范转化为被管理者的自觉认识，把组织目标转变成为被管理者的自觉行动。

通过卓有成效的管理活动来激发和调动广大科研人员从事科学研究的积极性、主动性和创造性，以实现高校科研的总体目标。以科研任务带学科，以科研基地建团队，以科研发展引人才，使高校成为事业有平台、发展有空间、成长有环境的办学环境，高校要营造一个宽松、宽容的内部环境，要在重视个人发挥作用的同时，突出加强创新团队的建设。高校科技创新团队不仅是承载重大项目和产生重大成果的重要力量，也是造就一流学术领导者的重要保障。科研管理部门在某种意义上而言，就是将个体的、分散的科研力量集合为一个有机整体，进行有效的、有组织的科研工作，在学校科研事业发展和科技人才培养方面发挥重要作用。

五、健全科研工作的支撑保障体系

科学研究是高校的中心工作之一，也是学校整体工作的一部分。学校科研事业的发展离不开相关部门的支撑和配合，学校各部门包括人事、财务、资产、后勤等工作的好坏直接影响着科研工作的开展，影响着科研水平的提升。科技人才的培养和引进、科研经费的管理、科技设备的采购和管理等直接影响科研工作的开展。协调好相关方面的工作和关系，做好科研工作者的后勤保障，对于科研工作的顺利实施与科研工作者的激励有着重要意义。

此外，在加快科研发展的过程中要加强规范化、制度化建设的体系工作，高校科研发展的内涵与目标规定了学校科研管理工作的内涵、任务和目标。同时，高校科研发展目标的全面实现依赖于科研管理制度、政策的保障和推进，依赖于规范化管理和高效的服务。所以，加强科研管理的制度化和规范化建设，是推动高校可持续发展的重要保证。

总而言之，科技创新是实现高校发展远景目标的中心工作，是加强学科建设、增强学术实力的根本措施，是培养和锻炼高水平教学和科研队伍的必由之路，也是增强学校经济实力的重要途径。高校科技创新工作的规模和层次已成为影响一个学校发展的关键因素，它在高校的整体发展中具有不可替代的地位和作用。只有坚持科学发展的理念，以科学发展观引领高校的科研与科技创新工作，才能够真正确立高校在国家科技创新体系中的主导地位，并发挥其应有的作用。

第二节　高等学校的科研成果转化机制

高校作为建设创新型国家的重要组成部分，是科研成果的重要生产地以及企业技术创新的主要合作者，承担着科学发现、知识生产、技术创新和知识传播的任务，对经济发展和社会进步发挥着不可替代的作用。高校在科研成果的研究方面有着巨大的优势，但遗憾的是转化率不高。因此，大力提高我国高校科研成果转化的能力，为构建创新型国家、增强综合国力提供强大的科技支撑，已成为时代发展的需要。

一、高校科研成果转化的现状

20世纪80年代后期，高校技术转移模式得到了一定关注，美国学者甘地最早采用数理分析的方法，对大学向企业的技术转移模式进行了精致的数理分析。1991年，德伯森等人又提出了网络化的技术转移模式。加拿大学者尼斯和美国学者扬斯·李指出合作研究特别是委托研究是高校向企业转移技术的重要模式。近年来，国内外学术界也广泛关注高校技术转移管理的相关研究,20世纪90年代,西方学者的研究触及了高校技术转移的宏观制度安排层面,他们剖析了不同制度条件下的高校技术转移特征,在这一领域以托宾和盖洛特等人的研究最有代表性。贝蒂特和费舍尔等人则运用了现代厂商理论,探求在不完全市场环境中技术转移的最优制度安排。

不同的制度环境孕育了不同的知识生产方式,进而形成了不同的技术转移模式。美国学者吉宾斯强调在不同的制度下会有不同的现代技术转移模式。近年来,国外学界一直比较关注高校的技术转移研究,而且取得了一些研究成果,其中主要以阿亚佐夫、罗斯韦尔、伯乐和福勒等人的研究为代表。西方学者扬斯·李等人又在新形势下就高校向企业的技术转移提出了"新转移主义"。"新转移主义"的特征是:高校技术转移的密度提高,高技术领域的技术转移成为常态,而且技术转移规模不断扩大,出现了多组织、跨学科的技术转移行为,政府凭借其直接或间接的政策手段,广泛介入大学技术转移过程。

由于长期的计划经济体制,我国科学技术的研究与企业、社会生产的需要脱节,人为地分成了研究和产业两个环节,不少科技成果不能转化和实际应用,因此有关科技成果转化的研究比较多。例如,《优化科技成果转化的政策性机制研究》中的科技成果转化若干建议:调整税收政策、转变政府职能、开发人力资源、改善投融资体制等;《加快高校科技成果转化的对策探讨》中的在新的形势下,如何加快我国高校科技成果的转化的一些具体措施;《高校产学研与科技成果转化》中促进高校产学研和科技成果转化的主要对策有:加强宏观指导和政策扶持力度,实施学科性公司制的科技管理模式,鼓励高校科技型企业海外融资上市,建立风险投资机制,加强国际合作,加强信息服务网络和组织网络建设等;唐云锋、李侠对科技政策的评估体系中的事前、事中、事后评估进行了分析并提出了我国的科技政策的评估体系;欧阳华生对我国科技进步的税收激励政策进行了研究;顾海兵和齐心借鉴美国的科技评估制度对我国的科技评估提出了具体的看法;黄见丽、吴明阳对我国大学科技园的发展进行了研究并提出了促进大学科技成果转化的对策;陈朝宗对我国社会科技成果的评定制度的问题进行了分析并提出了解决方案;《发达国家科技成果转化机制初探》一文中提出建立科技成果评估机制和知识产权激励机制;《高校科技成果转化激励机制分析》指出建立健全的激励机制是提高高校科技成果转化率的重要措施。

另外,《提高我国高新技术产业专利产出水平的对策研究》中分析了专利技术产业化存在的问题之后提出了若干对策;《高等农业院校参与农业科技示范园区建设:意义、模式与建议》中总结了高等院校参与农业科技园建设的经验,这也是高校科技成果转化的重要方式;《南京市高校利用创业投资转化科技成果问题的实证研究》一文中通过对高校科技人员和大学科技园企业等的调查，着重分析了影响高校科技成果转化的因素；《科技成果产业化中的内部化问题研究》中对如何进一步加快科技成果产业化进行了研究；刘明建《科技进步法修改建议》中对如何加快科技进步和转化进行了探讨；《国家科技奖励获奖项目成果推广应用的综合激励政策》中通过对获奖的科技人员的问卷调查，为了更好推广科技而提出了六大对策。

二、高校科研成果转化的过程

在我国，科技成果一般分为基础理论研究成果、应用技术成果和软科学成果三大类。科技成果转化，是指为提高生产力水平而对科学研究与技术开发所产生的具有实用价值的科技成果所进行的后续实验、开发、应用、推广直至形成新产品、新工艺、新材料，发展新产业等活动。

从目标来看，科技成果转化以"提高生产力水平"为直接目的。科学技术是第一生产力，但是科学技术不是直接的生产力，而是需要有一个转化的实现过程。从参与主体来看，科技成果的转化涉及成果的研制开发方、成果的受让方、政府管理部门和中介机构等单位。其中，科研开发机构是科技成果的供给方，是科技成果转化为现实生产力的源泉和基础；生产单位是科技成果的主要需求方，它的需求能力是科技成果转化的动力，直接影响着科技成果转化的速度和规模。随着经济体制和科技管理体制的转变，科技成果转化的直接主体也相应地由政府转变为企业；政府在科技成果转化过程中起着社会调控和组织管理的作用，同时，还直接给予科研单位任务并提供资金支持、政策法律环境及条件；中介机构则是科技成果转化的信息渠道，起到了桥梁和催化剂作用。从转化过程来看，科技成果的转化包括研究、开发、生产、销售、市场等诸多环节；从外部环境来看，科技成果转化还受到国家的政策法律环境、金融环境和社会科技意识等多方面影响。因此，科技成果转化是一个复杂的系统工程。高校科研成果转化过程可以划分为实验室阶段、产品化阶段（常被称为"中试"阶段）、商业化及产业化阶段，具体内容如下：

（一）实验室阶段

实验室阶段由技术选择、技术研究、研发成果三个环节组成。科学研究可根据不同标准和需要进行分类，最常见的是按照过程分为基础研究、应用研究和开发研究，高校技术转移的起点，就是各高校通过基础研究和应用研究之后形成具有可供转化的开发研究成果。具体而言，研发成果，包括产品技术、生产技术、管理技术三种形式，这三种形式又体现为专利设计、图纸、论证报告、技术专有、试产品、管理方案、营销策划等。研发成果区别于基础研究以及应用研究的一个重要特质，就是它的可转化性。

（二）产品化阶段

产品化阶段由技术运用、技术设计、技术试验和产品化四个环节构成。产品化阶段也就是从科研成果转化到商品生产的中间研究阶段，常被称为"中试"，它是实验室的开发研究与批量生产之间的重要连接环节，也是整个转化机制的核心环节。在产品化阶段，研发成果的技术条件和商品化条件是检验的重点，这两大条件的检验是同时进行的。在这一过程中，研发成果在技术上的先进程度和可行程度得到衡量，其商业价值的大小得到估量，更重要的是，科技和经济在产品化阶段达到整合。从我国目前的情形来看，技术转移过程中最薄弱的环节就是"中试"环节，这直接导致了技术转移的低效率。

（三）商业化及产业化阶段

商业化及产业化阶段由商品化、工厂化、产业化三个环节构成。这个阶段是技术转移过程的终点。所谓商业化，是指一项科学技术真正地被运用于生产过程或经营管理过程，达到正常生产规模，并真正在市场上进行销售，而产业化，则指的是该产品的生产形成了一个有较大规模的"厂商群"，甚至形成新兴产业或行业。

实验室、产品化、商业化及产业化三个阶段相互衔接与有机统一，这些缺一不可。实验室阶段，是整个转移过程的基础，它提供可供转化的备选对象；产品化阶段是实验室阶段和商业化及产业化阶段的中介，它衔接了技术与经济，换言之，产品化环节是整个过程的关键，没有"中试"环节的链接，技术转移不可能得以顺畅进行。商业化及产业化阶段是整个转移过程的终点，它使科技成果真正转化为现实生产力，从而实现了科研成果转化的目的。

三、高校科研成果转化的基本情况

随着世界经济、科技、信息的迅速发展，对人才和科研成果的要求也越来越高，也要求高校更多地介入高技术活动，成为高技术的辐射中心，与经济社会更加紧密地结合。在推进产学研结合的过程中，我国高校从实际出发，根据我国经济建设的具体需要，结合各地不同的具体情况，创造出多种有效的具体模式。例如，加强与所在地区的合作，为地方经济发展做贡献；成立科技开发部，专门管理与企业的横向合作项目，积极为企业服务；

引入风险机制，对大学科研成果进行孵化和再开发；利用大学的工程（技术）研究中心、重点实验室等科研基地，加大科研成果转化的力度；发展高新技术产业，对高校科研成果进行集成；组建中国高校科技网，利用现代科技，架设高校与企业合作的桥梁；组建高校科技咨询公司和学科性公司，加快科研成果应用、转化和扩散；积极建设大学科技园等。校办科技企业在加速高校科研成果的转化和推动高新技术产业化方面发挥了重要作用，为社会创造了一批就业岗位，从而有力地促进了社会的稳定。

四、高校科研成果转化的模式类型

（一）国内高校科研成果转化模式

1. 国内高校科研成果转化基本模式

在高校的科研成果转化过程中，按照高校与企业在科研成果转化过程中的参与程度不同，将科研成果转化模式粗略地分为三种：内向型、外向型、合作型，具体内容如下：

（1）内向型。在内向型科研成果转化模式下，科研成果转化的三个阶段均由高校完成，表现为高校衍生企业应用技术直接创造效益。高校衍生企业，按照比较宽泛的界定，是指由高校投资兴办或持股比例为第一大股东的企业，包括以高校的科研成果投入的生产制造型企业和以高校的智力投入的中介或服务性企业。高校衍生企业的典型代表有依托清华大学的清华紫光集团、清华同方股份有限公司以及依托北京大学的北大方正集团。

（2）外向型。在外向型科研成果转化模式下，科研成果转化的第一个阶段，即实验室阶段由高校独立完成，而产品化和商业化及产业化阶段则由企业来实现，具体表现为高校将自己的科研成果通过技术市场直接转移给企业，技术的供需方是一种交易关系。就国际上这种形式的科研成果转化实践而言，多表现为专利转让；从我国目前的情况来看，通过这种方式转化和扩散的技术逐年增多，但其转化效果并不是特别显著。

（3）合作型。在合作型科研成果转化模式下，科研成果转化的前两个阶段由高校和企业合作完成，最后的商业化及产业化阶段由企业独立完成。在这种合作模式下，双方从技术开发阶段就交流切磋、合作研究，共同完成技术开发和生产过程，有时双方甚至建立长期合作关系，如建立联合技术开发中心、研究所等，更为直接的方式则是双方共同组建企业，这种合作方式越来越受到企业和高校的欢迎。

总而言之，在对三种科研成果转化基本模式的比较中，合作型更有利于高校和企业的信息沟通和交流，它让高校更多、更准确地了解到市场信息，让企业更好地理解和吸收科研成果，使得技术和经济实现了更好的融合，表现出更好的转化效果。

2. 国内高校科研成果转化具体模式

（1）专利许可。专利许可这种模式的特征是：高校将科研成果采用技术专利许可的形式转让给企业，企业投入资金、设备、场地等，与高校中的科研人员合作，在此科研成果的基础上开发出实用产品，并成为企业的主营业务，实现科研成果的转化。

北大方正集团在其创业伊始，就是采用这种模式。北京大学计算机科学技术研究所王选教授在 20 世纪 80 年代初主持并成功开发了具有世界领先水平的中文激光照排系统。为了把它推向市场，该研究所开始以技术转让的方式与山东潍坊计算机厂协作生产"华光"电子出版系统，但是这种松散的合作方式很快走到了尽头。随后，北京大学决定向北京大学新技术公司（北大方正集团的前身）转让计算机科学技术研究所的技术，北京大学新技术公司和研究所紧密合作，由公司负责技术服务、销售和培训，研究所负责新技术的开发，这样北京大学"有市场头脑的科学家"和"有科学头脑的企业家"两支队伍进行了合作，新诞生的北大方正开始走上了发展的快车道。

专利许可模式建立企业的优点在于，社会上的已有企业往往已经积累了较为丰富的经营管理经验，而高校的科研成果又使新的产品有了较高的技术优势，这两者如能很好结合，则新生企业往往能够生存下去，并得到较好的成长。

（2）知识产权入股。知识产权入股这种模式的特征是：以高校单项科研成果及相关的知识产权为基础，以参与研究开发的关键人员为骨干，与社会上已有的企业合作，组建新的科技型企业，实现成果的转化，高校的很大一部分企业是以技术入股的形式参与创办起来的。

清华阳光公司是这一类型的典型代表。全玻璃真空太阳能集热管是以清华大学电子系一位教授及其研究小组发明的太阳能选择性吸收涂层专利技术转化形成的产品，学校以这一成果入股，与北京玻璃仪器厂联合组建清华阳光公司，公司注册资本为 100 万元，经过十多年的发展，已形成年产集热管 1500 万支的生产能力，总资产已超过 2 亿元。产品的年生产量及集热效率等技术指标都达到国际最高水平，成为名牌产品，荣获国家发明三等奖。企业为了不断开发新的产品系列，加强产品的推广应用，以专利发明人为首，清华大学电子系相关人员参加组建了校企联合研究所，使企业不断得到后续技术的支持，增强了发展的后劲。目前该公司除了生产集热管外，还具备太阳能热水器的生产能力。相比专利许可型，知识产权入股这种模式中学校和企业的合作关系更加紧密，有利于校企双方相互沟通，发挥合作双方的技术和经营管理优势。

（3）带土移植。带土移植这种模式的特征是：以高校具有实力的主骨干公司作为平台，将学校的专利或专有技术、参与研发的骨干技术人员以及组成的研究开发群体连同相关设备仪器等，整体移植到公司内，与公司分离出的相关资产一起，组建新的经济实体。

带土移植模式是高校的龙头企业清华同方集团对孵化新兴企业运营模式所做的前瞻性探索。清华同方将自己定位为一个孵化器，它不仅能够将学校的一些创新成果尤其是高科技成果迅速地转化为现实的生产力，而且能够充当高校科研成果向社会企业转移的接口。清华同方有一支专门的队伍，从高校已有的科研成果中发现、筛选能和市场结合得较好、有良好市场前景的项目，将通过募股所获得的和在资本市场上通过配股所筹集的部分资金注入创新小组来启动孵化项目，进行拟风险投资的运作，二次开发并孵化成新的产品或者新的企业，而这些全新的产品、全新的企业既可以充实到清华同方的产业领域，也可以通过各种有效的方式如技术转让、企业并购等转移到社会。

大型集装箱检查系统是清华"八五"攻关的高科技项目，涉及加速器、核探测、电子、自动控制、计算机网络等学科，主要用于加强海关的监控。这项技术在国内还属空白，国际上也只有极少数发达国家能够掌握。国家和学校投入上千万元的研究经费，经过清华专家多年的攻关，取得了初步的科研成果，但产业化还需要几千万元的资金和大批技术人员的再投入。就在该项目的产业化遇到困难的关键时刻，清华同方公司董事会决定由公司投资实施该项技术的产业化，为此专门成立了清华同方核技术股份有限公司，首期投资 3000 万元。为保证产业化的顺利进行，聘任青年专家、参与攻关的主要技术骨干担任该公司的总经理，产业化过程由校企联合施行，并约定以产品销售收入的 5% 作为技术使用费用回报学校。经过 2 年的努力，该项技术成功地实现了产业化。

带土移植模式是一种较好的模式，它既能使原有项目组的技术优势和潜能得以充分发挥，又能充分利用高校骨干企业较强的市场和资本运作能力。因此，这样产生出来的新企业一般都能很快解决生存问题，并能够较快地成长。带土移植模式的局限性在于，由于高校的研究领域非常广泛，而高校的骨干企业只是在某些领域的运作能力较强，并且取得研究成果的教授们和研究开发小组并不都想进入企业，因此，这种模式的适用范围相当有限。

（4）改制。改制是指用股份制改造工程研究中心（ERC），进行企业化运作，进而衍生出新的科技型企业。工程研究中心是一种新型的科技开发实体，其宗旨是将有市场价值的重要应用科研成果进行后续的工程化研究和技术组装，从而开发出有较大经济规模的共性技术和主导产品。从现实情况来看，ERC 在运行中存在一些问题，如过分依赖大学、与企业的接触仅仅停留在点接触、资金来源渠道单一、运行机制不健全等。为了解决这些问题，各所大学先后对校内工程研究中心进行了股份制改造，其目的是建成以研究开发、中试生产、人才培养三位一体的新型科技开发和经济运作实体。中国汽车技术研究中心是经原国家计委批准设立的研发机构。为促进研究中心研究成果的产业化，中国汽车技术研究中心积极推进企业公司制改制工作，变更为中国汽车技术研究中心有限公司。

改制此种创建企业的模式可在更大范围内把研究开发、生产经营结合起来，使创新成果和市场紧密结合。组建这类企业，一般可成立股份有限责任公司，将高校有形投入和无形资产均化为股份，成果完成人可持有无形资产中的一部分股权，企业内职工也可参股，以保证企业领导和职工团结。科研机构不必撤销，继续研究开发，对该企业的后援是它的任务之一；企业对科研机构作适当支持，学校对科研机构也保留一部分事业性支持。将学校利益、企业利益和职工利益结合，课题更接近市场，科研人员的积极性更高，研究、开发、生产的周期更短。这种有较高生产能力并有科技支撑的企业，容易做大，其中少数有显著成效的股份合作企业，可争取上市。

（5）嫁接。嫁接这种模式的特点是选择合适的国有中小型企业，在进行吸收兼并、资产重组、技术改造的同时，找到技术的切合点，在国有企业的生产管理能力、职工队伍、厂房设备的基础上，注入学校的人才、技术及融资能力，既盘活了国有企业的生产性资源，又形成新的高新技术企业。这是实施科教兴国，为发展国民经济做出更大贡献的有效途径。

鲁颖公司为一家生产中高压瓷介电容器的国有企业。同方公司基于进入新型电子元器件领域的发展战略需求，以增资扩股方式对该企业实施吸收合并。合并后，同方公司利用研究型大学开发的电子陶瓷材料技术，为鲁颖公司开发新型的片式电感器，并注入5000万元资金扩建中试和批量的生产基地。对于嫁接模式，需要注意的一个重要问题是，选取嫁接对象必须慎重，必须弄清楚嫁接对象的优劣势、自身优劣势、双方的互补性等方面的情况。

（6）学生创业。学生创业这种模式的特点是以学生创业大赛为契机，少数创业冲动强烈又具有某种创业特长的学生，采取休学创业等方式组建学生公司，将有良好市场前景的科技成果自行转化。学生公司可以入驻科技企业孵化器进行孵化，孵化器为其提供基本商务服务、中介增值服务和融资咨询服务等。这个类型的科技成果的知识产权大多是归属于学生个人（发明人）。

学生创业类型是随着近2年的学生创业计划大赛应运而生的，创业大赛在大学校园里引发起一股创业的热浪，学生们不再满足于做单纯的技术人员，把自己的科技成果直接转让给企业，而更渴望自己主宰自己的命运——融资、办公司、自主经营开发。通过创业大赛，一些在校学生通过休学创业或在读兼职，自愿合伙注册高新技术企业，将自己的科研成果转化为实际的生产力。

（7）创办企业。北大方正是高校自办科技产业的成功典范，并成为其他高校推崇的楷模。北大方正集团依托北京大学计算机科学技术研究所雄厚的技术实力，开发、生产、经营方正电子出版系统，引发整个印刷出版行业的革命，其经济效益和社会效益非常显著。通过创办企业来转化科研成果，创办企业模式的优点是比较明显的，可以从以下方面得到证明。

第一，科研成果转化迅速，所耗时间短。高校本身就是科研成果的创造者，是第一知情人，对科研成果的了解比企业要清楚得多，因此，在科研成果鉴定的转化过程中，行动也会比较快。

第二，能为科研成果转化提供足够的技术支持。有些技术含量非常高的科研成果，它和社会、企业现有技术水平之间的落差比较大，社会一时难以承受。相对而言，高校拥有尖端的科技设备和雄厚的科研实力，有能力解决生产过程中的技术问题。并且，如果由高校转化科研成果，就会有很多参与科研成果创造的人，也加入技术转移的过程，因而可以为科研成果的转化提供更多的背景资料和可衔接的知识，加大科研成果转化成功的可能性。

第三，有利于科研成果的后续开发。任何一个高科技产品之所以被称为高科技，都具有时间性，都需要再开发。由于高校本身的科研力量比较强大，如果科研成果的转化在高校人力资源系统内进行，有可能进行再开发，开发成功的可能性也较大。而且，如果科研产品的开发、转化和再开发都在同一组织系统内进行，科研人员和生产人员之间的交流相对密切，人员之间的利益相互协同，各方面的人员就更有可能相互合作，从而有利于产品的再开发。

第四，高校自己创办科技产业，拉近了高校科研活动与市场的距离，对高校的科研活动能起到一定的示范和激励作用。

（8）建立科技园。当创办企业建立科技园模式难以胜任转化科研成果的使命时，人们试图寻找其他方式，创办科技园就被作为利用市场力量转化科研成果的成功模式从国外引进来，并且在中国得到广泛推广。从形式上来看，已建立起来的科技园大致可分为三类：①高校依托自己的力量独立创办；②几所高校联合创办；③高校与政府联办。尽管各种类型之间存在着一定的差异，但与创办企业模式相比，它们都具有以下的共同特点：

第一，功能定位上，其核心功能是孵化而非直接运作高科技企业。大学科技园是孵化器，大学科技园的重点是把注意力集中于技术研究与成果转化，并不是完全追求产业化、商业化。大学科技园联结着高校、社会和政府，通过为高科技企业的成长和发展提供多功能平台来促进科研成果转化。

第二，按市场方式而非行政方式运作科技园。在创办企业模式下，高校与校办企业之间是隶属关系，高校对校办企业具有基于隶属关系之上的管理权，并为校办企业承担连带责任。而在科技园模式下，不管是高校独办、联办，还是高校与企业合办，科技园与高校之间存在的是基于股权之上的管理和收益权，园区企业是按照现代企业模式运作的独立的法人实体。

第三，创办科技园模式还继承了创办企业模式的一些优点，如大学科技园一般都离学校较近，并且与学校保持着密切联系，因而在产品的开发和再开发过程中能够获得大量的人力和技术支持。大学科技园还可以把各种市场信息、科技信息反馈回大学，使得大学的教育和科研能够适时地朝着适应市场经济发展、满足社会需求的方向调整和改革，以加快大学自身的良性发展等。

（二）国外高校科研成果转化外部环境与转化模式

现代高等教育产生于欧洲中世纪，当时大学仅传授人文社会科学，与社会生产是完全脱离的。18世纪，工业革命到来，科学教育被摆到十分重要的位置。1810年，德国的洪堡在柏林大学实施改革，确立了教学和科研相结合的原则，而大学科研实力的增强，又使其获得了推动社会经济发展的能力。国外高校的技术转移工作起步早于我国，高校的技术转移为国家经济的发展做出了突出的贡献。对国外高校的技术转移经验进行分析和总结，对我国高校的技术转移是有帮助的。就国外高校的技术转移模式而言，可以从国外高校科研成果转化的外部环境和转化模式来分析。

1. 国外高校科研成果转化的外部环境

（1）对法规建设、政策支持的重视。

第一，法规建设方面。为了保障高校科研成果转化的顺利进行，发达国家和新兴工业化国家都纷纷通过立法来界定技术的隶属、技术价值的评价原则、技术买卖应遵守的规范等，并通过提供优惠政策和实施一系列计划来加速高校科研成果转化。美国、英国和德国在20世纪80年代就相继通过立法来进一步推动高校科研成果转化工作，法国、日本和中国相关立法则在 20 世纪 90 年代中后期实施。

第二，为促进科学园的成长与发展，各国政府都通过直接投资或是以补贴、奖励等间接资助的形式来为科学园提供财政支持，另外还在房地产租售、税收、贷款等方面实行优惠政策。

（2）机制建设的配套。

第一，权益分配机制。合理的权益分配机制是促进高校科研成果转化的有力保证，以美国高校为例，较为普遍的做法是转化收益按"3 个 1/3"分配，个人 1/3，所在学院、系、实验室 1/3，学校 1/3。

第二，荣誉激励机制。激烈的竞争使大学及教师更加重视科研成果转化工作，更加注重社会影响，技术的社会影响、同行收入比较、内部评议等都标志着个人的荣誉和地位。荣誉激励机制在客观地影响着教师从事科研以及技术转移的积极性。

第三，行为约束机制。激励机制只有伴随着有效的约束机制，才会有其生命力，美国高校的科研成果转化管理有着较为完善的政策、制度、流程体系。除有关科研成果转化的经费、收益分配、校名使用、知识产权等共性规定外，各高校还有自己的一些特殊规定。例如，哈佛大学明确规定，教师参与创办公司，不能在公司担任管理职务，但可以做技术顾问，不能在所在实验室开展公司资助的研究项目开发，但可以持有公司股权，每周可以在公司工作一天，但所带的学生包括在校工作的博士后不能参加公司的工作。

（3）科研投入总量大，占 GDP 的比重大。充足的研究经费是高校科研成果转化工作得以发展的根本前提，充足的研究经费的投放的直接结果是帮助高校更容易产出科研成果，其间接结果是提高高校科研成果转化的社会影响，让其得以在较为宽松开放的环境下运行。

（4）对科研成果转化机构设置的重视。

第一，国家科研成果转化的设置。法国政府为加强与高校、工业界的合作，将政府的"研究与技术服务部"改为"研究与高等教育部"，并且建立了国家科技成果推广署，设立了不同层次的咨询服务中心，通过吸收银行、大学研究机构参加，向企业交流能够推广的项目，加快高校的科研成果转化。

第二，高校科研成果转化机构的设立。随着大学的科研成果转化工作的不断深入，高校专门的科研成果转化机构和知识产权管理机构得以设立。大学设立专门的科研成果转化和知识产权管理机构，是实施技术转移的体制保障。大学科研成果转化办公室不是简单的办事机构，一般教师在技术交易及知识产权保护中缺乏经验，办公室要承担起运作层面的许多技术问题。由专门的机构采取多种方式与外界开展多模式的合作，可以进一步延伸推广链，更好地进行科研成果转化工作。

（5）科研成果转化专门人才的培养。发达国家长期的科研成果转化实践培养了大量的科研成果转化专门人才，日本和欧盟还制定了专门的科研成果转化人才培养计划。例如，欧盟研究理事会理事长启动实施了一个新的行动计划，旨在提高欧盟研究资助水平，该计划提议每个学生（包括理科、工科和商科）必须修完知识产权和技术转移原理这两门课程。比较而言，我国目前显然缺乏复合型的技术转移人才。

（6）注重科技信息网络建设。学校与企业界之间的信息能否通畅，势必关系到高校技术创新活动的成败，如果双方缺乏信息交流渠道，一方面高校对企业不了解，无法推出适应企业需要的科研成果；另一方面企业也很难寻觅到自己需要的技术成果。为此，各国都倾向于建立科技情报网，设立全国科技专用数据库，为合作双方提供灵便、高效、准确的信息。

2. 国外高校科研成果转化模式分析

（1）咨询、培训和技术服务。德国史太白经济促进基金会和法国技术推广网都为企业提供有偿或无偿的咨询、培训和技术服务，将大学的技术向企业扩散。美国几乎所有的大学都设立技术咨询中心，如麻省理工学院商学院的"经济发展中心"和斯坦福大学的"国际咨询研究所"。美国大学还鼓励教师在不耽误正常授课的情况下进行咨询活动。

（2）科研成果专利许可和转让。美、日、英、加等国家的大学建立了大量的技术转让机构，专门开展对大学科研成果的专利许可和转让工作。斯坦福大学首创的OTL模式是运行最为成功的一种，已经成为当代美国大学技术转化的标准模式。

对于大学而言，科研成果专利许可和转让是一种风险相对较低的科研成果转化形式。美国大学技术转让机构开展科研成果转让业务的流程为：①和发明人一起审查发明，以了解它的应用潜力；②制定授权战略；③研究技术和市场风险，决定是否要取得该项发明的专利权；④积极征集可能会对该项发明感兴趣的公司；⑤拟订授权协议和事务转移协议，对大学的科研成果进行转让。

（3）合作开发。在合作开发中，大学和企业建立长期的合作关系，着重于对某一工业具有广泛应用价值的技术和工艺规程研究，研究的内容要有利于加强工业界的竞争力，具有综合性，同时把基础科学、交流知识作为重点，重视对人才的培养工作，吸收学生、硕士生、博士生参加研究工作。在美国，合作开发的方式包括：①单一的工业企业对大学研究计划提供资金，进行合作，工业企业则有权在大学研究的基础上进行研制工作。②公司联合对大学研究计划提供资金，进行合作，联合研制，共同取得成果。③大学—工业合作研究。美国国家科学基金会（NSF）从 20 世纪 70 年代起就在许多大学设立大学—工业合作研究中心，简称 UCRC，为了加强跨学科与高技术领域的研究与开发，20 世纪 80 年代又在大学建立工程研究中心，简称 ERC。④工业—大学联合建立实验室。实验室可以共用。

（4）创办大学研究园区，建立高科技企业群。大学科学园的功能就是转化大学的高科技成果，孵化高科技企业。目前，全世界多个国家和地区共创办科技园区 900 多个，这些科技园区大都建立在研究型大学或大学群周围，成为大学师生创新创业的场所。研究园区是以高校为依托，与科研机构和生产企业合作创办高技术密集区，它既培养高科技人才，又开发新技术、新产业和新产品。这种高技术密集区在英美等国被称为科学园，德国称为技术工厂，日本称为研究开发产业复合体，也有的国家称为科学城。

（5）大学鼓励师生个人创办公司。在美国，有很多高校派生企业公司。所谓高校派生企业公司，是指高校的科研人员离开学校自己建立公司，开发自己的科研成果，依赖现有公司的各种有利条件来实现科研成果的产业化。因此，在美国高校的企业活动往往是个人的创业行为，校办科技企业并不多。在德国，大学支持愿意创业的毕业生开办自己的公司，在初创 2 年内可以给学生提供很优惠的条件，如用房、电话等，教授在他们的公司开业初期可以给予咨询，还可以很优惠地使用大学的仪器设备。柏林工业大学技术转让处经常举办培训班，给学生传授自己当老板的经验及必要的知识，了解法律程序等。

五、高校科研成果转化的激励机制

高校在科技人员数量、质量构成、科技基础设施、科研成果产出数量和质量及在整个社会—科研体系中的地位和作用都是不可替代的。"建立高校科研成果转化评价指标体系是促进科研成果转化的关键"①，科研成果转化要做的工作很多，建立健全科学的激励机制、营造激励创新和创业的氛围、创造科研成果转化的宽松环境，是充分调动科研主体的积极性、主动性、创造性之根本所在。高校是科研成果的重要生产基地，是科研成果转化的源头活水，高校内部激励机制的健全尤为重要，不仅有利于产生大量的科研成果，而且能够加快这些成果的迅速转化。结合高校的实际情况，应从以下方面来着手完善高校内部科研成果转化的激励机制，以增强高校科研成果转化的动力。

---

① 林珊湉. 高校科研成果转化评价指标体系研究 [J]. 闽江学院学报，2021，42 (3)：113.

（一）构建公正合理的评估机制

评估具有科学判断、市场预测、优化选择和结构导向等功能，科研成果的评估是科技管理和科技研究的重要内容。由于科研活动的复杂性，科技评估对科技研发、科研成果转化和科技管理的影响越来越大，科技评估活动也日益复杂。而科研成果评估的结果与利益分配紧密相关，直接影响科研成果转化参与者的积极性。因此必须剔除现有评估体系的弊端，建立公正合理的评估机制。

高校应针对基础研究、应用研究、开发研究与纵向课题、横向课题建立不同的评估体系。基础研究成果应以对研究领域的贡献、论文科技含量、社会效益前景及学术界和社会的反响程度等作为主要评估标准；应用研究、开发研究则应以成果与市场的关联指数、成果转化周期、产业化程度和经济效益等作为主要评估依据和衡量标准；纵向课题以同行专家的鉴定为主要评估标准；横向课题以企业的应用程度与效果为主要评估标准。在进行评估时应结合上述评估标准来评价科研成果，同时实行事前、事中、事后评估制度，把科研成果转化应用后所得的经济、社会效益作为一个重要的衡量指标。这样可以加大高校应用研究与开发研究的比重，提高科研人员主持或参与横向课题的积极性，加快高校科研成果转化。

此外，还要采取有效的措施以解决评估中存在的各种问题，如六大原则：①反对私人利益支配委托利益，也反对委托利益支配私人利益；②不能简单地认定处于利益冲突中的当事人进行的评估都是徇私的、不公正的和不道德的；③对于同行评估中存在问题的治理，要将重点放在事前防范而不是事后惩治；④实行披露（评估专家或其他任何人都可将评估者与被评估者之间存在的利益关系进行公示）与回避（包括主评者和被评者在存在利益冲突时的回避）制度；⑤加强科技专家思想道德素质建设和国家评估制度建设；⑥制定同行评议的责任追究制度，净化同行评议的不良风气，积极引入外部系统的评价。

（二）坚持理论研究和应用研究并重

高校科研成果转化过程不仅本身是一种科学—技术—生产的创造性活动，而且是高校教学科研和培养人才的重要内容，因而高校应该培养学生面向市场、服务社会的意识；应该培养创新型人才；应该把科研成果转化作为一个重要环节。

第一，目标对高校科技研究有着重大的导向作用。因此，应该根据实际发展的要求，改变传统的目标，重新明确目标，把理论研究与应用研究并重、把科技研究与开发转化并重、把横向研究与纵向研究并重，这样才能更加有利于人才的培养和科研成果的转化和推广。

第二，转变"为教育而教育"的封闭式教育观，树立开放式、创新型的教育观念。在综合国力竞争日趋激烈的国际形势下，科技创新能力不足必然会对经济社会发展和国家安全构成威胁。面对国家走创新型道路的战略选择，高等学校义不容辞地应该承担起提高我国科技创新能力和培养大批拔尖创新人才的重任。因此，高校科研活动既要注重学术价值又要注重经济效益和社会效益的实用价值，树立培养创新型人才的创新观念。这样高校既进行了科学研究，又培养了大量具有创新精神和能力的、各行各业急需的应用型人才和工程型人才，缩短人才培训周期，更好地服务社会。

第三，树立科研市场化的观念。社会需求是科学技术发展的原动力。只有是社会需要的课题，才会得到社会的大力支持，其科研成果才能得到迅速推广和应用。因此，高校及其科研人员应改变传统观念，树立科技成果没有转化等于没有成果的观念，根据市场需求，摸清市场动向，加强与企业的横向联系，及时捕捉市场需求信息，把捕捉市场信息、根据市场需求确定科研方向作为人才培养的重要环节。

（三）推行新型分配制度激励科研人员

利益分配问题是调动科研人员积极性最敏感、最核心的问题，保障科研人员的合法利益能充分调动其从事研究、开发、应用、转化等工作的积极性。要创新高校科研人员的分配制度，坚持以按劳分配为主体、多种分配方式并存，把按劳分配同按生产要素分配结合起来，加大科技、信息、管理、科研成果转化等生产要素在分配中的比例，注重创新程度、转化力度、推广深度等方面的评价，以最大限度地调动高校科研人员的积极性。

因此，高校可以按照国家和地方政府的政策，结合本校实际情况，制定各种开放、优惠的创新政策，建立知识、劳动、资本、技术等生产要素按贡献参与分配的机制，鼓励高校科研人员和师生走出校门，携带成果创办、领办民营科技企业，以加速科研成果的转化。

第一，对于以科研成果与技术入股的股份，制定明确的高校与该科技开发研究者、转化者之间的股权、利益分配政策，并尽量提高科研工作者及科研成果转化参与者的股份比例。

第二，拥有科研成果或具有从事科技咨询资格的科研人员和教师，可以在三到五年内带薪离岗创办与科研成果转化相关的学科性公司、科技咨询公司、大学科技园等，吸纳相关的硕士生、博士生到公司学习、研究和锻炼。

第三，鼓励有能力的科研人员和教师在完成本职工作任务的同时去科研成果转化的相关单位兼职。

第四，把科研成果的转化效益与科研人员及科技管理人员的工资、奖金、福利等挂钩，推行研究院所法定代表人年薪制、特殊拔尖人才协议工资制，探索建立基础工资、岗位津贴、效益工资的分配制度。

第五，科研人员和教师的课题结余经费可以作为他们自己创办科研成果转化公司、企业等的启动资金，或作为投资其他科研成果转化公司的股金等。这样，必然会充分调动科研人员、教师及科研管理人员从事科研成果转化工作的主动性、积极性和创造性，激发他们的创新活力。

（四）改革管理体制实行科学化的管理

"在产教融合的背景下，高校的科研成果虽然取得一定的效果，但是其中也存在制度不全等问题"[①]。为充分调动科研人员从事科学研究和科研成果转化的积极性，高校要注重科学化管理，坚持以科研人员、教师和学生为本的管理理念。高校领导要注意满足科研人员、教师和学生的各种精神需要，尊重、信任并真诚关心他们，为他们营造一个和谐的科技创新环境。为加快高校科研成果转化的速度，需要对高校科技管理部门进行改革，以增强管理部门的功能。

第一，高校现有的科技管理部门的功能要细分，专门成立科研成果转化办公室，办公室可分成两个管理小组。一个小组负责研究课题的申请、立项、成果申报、专利申请及科技资料档案等行政性工作；另一个小组专门从事科研成果转化的工作，主要负责科研成果的评估、潜在市场价值的预测及风险评估、策划成果转化方案及组织实施，负责了解企业技术需求信息、签订技术合作及转让合同、组织技术孵化和筹措部分启动经费。科研成果转化办公室的成员必须选拔有开拓创新精神、有驾驭技术市场风险能力和社会活动能力、科研成果转化工作经验丰富、团结协作、敬业务实的人员担任，其工资与科研成果转化的效益相结合。这样能保证科研管理人员与社会、企业广泛联系及从事科研成果转化的时间和精力，充分调动科研管理人员的主动性、积极性和创造性，从而加速科研成果的转化。

第二，实行灵活的、弹性的、人性化的管理体制，让科研人员有充裕的时间进行科技

---

① 王慧美. 产教融合视域下的高校科研成果转化模式分析 [J]. 海峡科技与产业，2022，35 (5)：83.

调研、走访社会、从事职务科研和科研成果的转化工作。科研工作者的特点是具有独立性、自我支配性和刻苦钻研性，他们往往醉心于自己所从事的工作，一旦投入就会埋头钻研，常常不顾及休息而忘我地工作。在其从事某个项目研究期间不希望有任何干扰，以保持思维和工作的连续性。若对科研人员做过多约束，会使科研人员产生厌烦甚至抵触情绪，而灵活和富于人性化的管理则会受到他们的欢迎。如美国的硅谷，对科研工作者实行的就是非常灵活、人性化、弹性化的管理体制，使科研工作人员能最大限度地发挥自己的热情和力量，使硅谷名扬天下。所以，高校应实行弹性的、人性化管理体制，让科研工作者有充分的自由空间，以自己喜爱的方式从事工作。

（五）坚持以人为本形成人才激励机制

人才是国家和社会经济发展的第一资源，也是高校科研成果转化的第一资源。高校应当树立科学的人才观，创设公开、公正、竞争、合理的用人环境，形成人员能进能出、职务能上能下、待遇能高能低的用人新机制，推行"按需设岗、按岗聘任、择优上岗、动态更新"的岗位聘任制度，实行人事代理制度，建立人才流动机制，实现人才资源的优化配置，以吸引和引进复合型、推广应用型的创新人才。

高校要坚持德才兼备的用人原则，把品德、知识、能力和科研成果转化的业绩作为衡量科研人才的主要标准，做到不唯学历、不唯职称、不唯资历，不拘一格选人才，把对高校科研成果转化贡献突出的科研人员或横向课题多、与企业紧密联系的教师提拔到重要管理岗位。国家、社会、企业、高校和其他单位都要让有突出贡献的科研人员，尤其是科研成果转化的科研人员经济上有实惠、政治上有荣誉、社会上有地位，鼓励人人都为科研成果转化做贡献，人人都成为开拓创新型科研人才。

此外，科研人员的知识和能力是其进行科技研究、创造和转化应用的主观条件。但是客观条件也必不可少。因此，高校应为科研工作者提供一切有利于科研活动开展的条件：提供完善的、必要的基础设施和先进工具。例如，试验基地、办公场地、机器设备、计算机等；提供适合科研人员个性化的课题和挑战性的工作，个性化的课题融入了个人的知识、爱好和专长，是科研工作者不懈的追求，挑战性的工作有时比良好的环境更具有吸引力，能开发研究前人从未涉及的领域，从而更激动人心；提供科研所需要的资源条件，这是因为丰富的、完整的、最新的资源，能使任务顺利完成，反之，则可能会导致丧失时机、劳而无功或因查找资料而浪费大量时间等。

第三节　高等学校科研资源的个性化融合

高校科研已步入"大数据时代"，各种科研管理系统、科研服务平台收集、储存了海量的科研数据和资源文档。在信息需求越来越个性化的今天，各行业都尝试开发并应用基于各种算法和模型的个性化推荐系统。例如，商家通过在网站上使用推荐系统，对用户的浏览、购买行为进行分析，进而对曾经在该网站有过浏览或购买行为的用户进行个性化推荐。高校师生在科研活动中检索科研资源的时间，占整个科研用时的一半以上，相较其他类型用户，个性化需求也更多样化、更复杂。目前，师生获取科研数据和科研资源，主要还是使用基于关键字的信息查询检索方式，且国内各类科研管理系统和科研数据服务平台的功能还较单一，无法满足科研用户个性化数据服务需求。

一方面，科研资源信息过载，面对海量科研数据用户却束手无策，不能方便、快捷地获得需要的科研资源；另一方面，用户要清楚知道自己的资源需求并能明确表示出需求，才能使用搜索引擎查找想要的资源。现有的资源检索或管理系统不能主动把用户可能感兴趣的科研资源推荐给用户，使得宝贵的科研资源得不到充分利用。在大数据背景下，以某外国语大学为例，针对高校师生复杂多样的个性化科研资源需求，探索基于融合推荐的个性化科研资源服务系统的设计。

一、个性化融合的相关工作

（一）融合推荐系统架构

任何单一的推荐策略都不能满足高校用户复杂多样的个性化需求，因此为其设计了融合多种推荐策略的推荐系统架构，由数据层、融合推荐层、应用呈现层组成。

第一，数据层：由基础数据和对数据的处理构成。基础数据包括用户信息数据、科研资源数据、用户行为数据等，用户信息数据主要来自包含用户个人基本信息的人事系统数据库；科研资源数据主要来自科研、教改管理系统的用户科研成果数据，如科研论文、专著、专利、研究报告、科研项目等；用户行为数据是用户在使用其他科研系统时的行为日志数据。数据处理是从业务数据库中抽取所需数据并进行转换、清洗、标准化、融合等预处理，为推荐引擎提供所需数据。

第二，融合推荐层：该层是个性化服务系统的核心，在数据层提供的数据基础上，构建科研用户特征、科研资源项目特征，以及用户与项目、用户与用户、项目与项目间的关系特征。采用热度推荐、基于 User-CF 推荐和使用 IF-TDF 方法的基于项目内容的推荐算法，构建系统融合推荐引擎，以满足高校科研用户复杂多样的个性化服务需求；该层还包括对系统召回项目进行排序和过滤的模块。

第三，应用呈现层：根据应用需要，通过不同的形式向用户呈现推荐的结果。

（二）科研资源大数据处理

科研要存储和处理的数据量都是 T 级，同时基于对数据分布式计算和高吞吐量的处理要求，系统采用 Apache 的 Hadoop 大数据技术框架对科研资源大数据进行存储和处理，具体处理过程为：

第一，建立数据列表：根据系统需求建立需要的数据列表，包括数据的属性、数据之间的关系等。

第二，建立原始数据存储（RDS）和转换后的数据存储（TDS）：物理上通过在 Hive 上建立 2 个数据库来实现，使得所有数据都被分布存储到 HDFS 上。

第三，数据抽取：RDS 作为具体业务系统和 PSRSS 之间的过渡区，它可以避免对源系统的侵入和性能影响，并为细节数据查询提供支持。使用 Sqoop 把各业务系统相关数据抽取到 RDS，使用 Flume 从日志文件中获取用户从外网使用科研资源的数据。

第四，数据转换与装载：建立数据列表到 RDS 的映射，根据融合推荐系统的需要，使用 HiveQL 脚本对数据进行转换和处理，包括对数据进行去重、补全、查错纠错、标准化等处理，将数据从 RDS 装载到 TDS 中。完成首次的数据抽取、转换、装载（ETL）过程后，还需要根据系统需要定期执行数据 ETL 过程，如按照每天进行一次自动化的增量数据 ETL 过程。

（三）科研资源个性化服务需求

通过对高校科研用户进行问卷调查，总结出师生们主要的个性化资源服务需求为：

第一，通过输入自己的研究课题或者论文标题，获得类似的科研项目资源，为自己的科研提供有用的帮助。

第二，获得当前本专业相关研究方向的热度值较高的科研资源、科研成果，进而了解当前学科的主要研究方向。

第三，了解学科同行当前所从事的研究课题、研究动态，特别是能获得一些自己都不曾想到但又感兴趣的相关资源，为自己的研究找寻参考的方向和可以借鉴的思想。

二、建构科研用户和资源项目模型

建立科研用户和科研资源项目之间的关联，实现个性化推荐服务，推荐系统要经过构建科研用户模型和科研资源模型、根据用户特征运用不同的推荐算法对资源项目进行召回计算、向用户呈现科研资源推荐列表这三个重要步骤。

（一）建构科研用户模型

用户模型中包括用户基本信息和用户的资源兴趣模型，即用户在使用系统和资源时的一些行为信息。如果要向用户推荐他们感兴趣的各种科研资源，不仅要记录用户对资源项目的具体行为数据，还要记录用户使用的行为数据，如用户浏览某个资源项目内容的具体时长，这些行为数据将用于项目热度和用户兴趣模型的更新。由于高校科研用户在使用个性化科研服务系统时，往往只专注于所需资源项目的内容本身，他们会查询、浏览阅读、下载获取，不太会对相应项目进行主动评价，很难获得用户对资源项目的显式行为记录。因此，采用隐式的方式，记录并利用用户使用资源数据库的行为日志。

（二）建构科研资源模型

采用基于资源项目内容主题模型的资源推荐策略，通过给能反映资源项目主要内容特征的主题计算权值向量，从而使用该向量计算得到资源项目间的相似度，可以比较精确地向用户推荐其可能感兴趣的科研资源。高校的主要科研资源类型有科研论文、研究报告、著作、纵向和横向课题、专利、各种比赛成果等。考虑到进行基于科研资源项目内容推荐的需要，特别是推荐算法中引入项目时间因素的改进设计，在对科研资源进行建模时设计了包括资源项目 ID、资源建立时间、资源长度、资源类型、资源内容关键字特征作为科研资源模型的元素。

三、个性化融合的算法选择与优化

（一）算法选择

个性化推荐算法是个性化科研服务的基础，主要的推荐算法有基于内容的推荐、基于协同过滤的推荐、基于关联规则的推荐、基于效用的推荐、基于知识的推荐和组合推荐等。基于内容的推荐是在项目内容信息上做出推荐，不需要用户对项目进行显式评价的操作，可通过使用机器学习的方法从描述内容特征的事项中，获取用户的兴趣特征并找到与用户感兴趣的相似内容向用户推荐，可通过增加特征维度的方法来提高该算法的推荐精度。基于内容的推荐，不需要大量的用户项目评分记录，可用于新建立的资源项目的推荐，解决项目冷启动问题。

协同过滤推荐算法包括基于用户的协同过滤（User-CF）和基于项目的协同过滤（Item-CF），是一种基于近邻的推荐算法。在电商商品和图书馆资源推荐时多采用 Item-CF，因为用户在找寻这类物品时的兴趣是比较稳定的，因此可以向其推荐与当前浏览物品相似的商品。当要向用户推荐有关本专业的同行当前关注的科研资源时，科研资源的时效性、专业性和热度，根据用户的系统使用日志学习得到的兴趣更有用。基于用户的协同过滤推荐策略还能向用户推荐可能让其惊喜的资源项目。

根据应用场景需要，融合推荐引擎在系统冷启动阶段，采用基于项目热度的推荐算法，向用户推荐相关专业和研究方向的各类热度值较高的科研资源；在用户有了较多的系统使用行为记录后，选用基于用户的协同过滤推荐算法，向用户推荐有相似兴趣的本学科专业的同行感兴趣的科研资源；当用户收藏、阅读或下载了某项科研资源时，选用基于内容的推荐算法，向用户推荐与其当前感兴趣的资源相似的科研资源。

（二）算法优化

1. 项目热度值计算

用户刚开始使用时，系统是无法向用户提供个性化服务的，面临用户冷启动问题，此时采用基于项目热度的推荐算法，对科研资源基于专业学科、研究方向等基本信息进行划分，然后按照项目热度对科研资源进行排序，将热度值较高项目推荐给感兴趣的用户。

当一个资源项目录入系统数据库后，就为其初始化一个热度分，同时，项目也就进入了推荐候选列表，不同科研资源的初始热度分是不一样的，可以根据资源类别并按照作者的专业水平如专业职称等条件，赋予不同资源不同的初始热度值。随着资源项目不断被用户阅读、收藏、下载，对应地被用户行为影响的热度不断增加。还有影响资源热度的其他因素，它们会使资源热度降低，如时间因素。考虑科研项目热度随时间呈指数增长的衰减趋势，可采用结合牛顿冷却定律改进后的项目热度计算公式，来计算资源项目的热度。

2. 项目向量化

主要推荐内容是非结构化的科研资源文档，不能直接将其映射到向量空间，这些资源的标题包含了关于该资源的核心关键信息，能反映资源的主要内容特征，用户也主要是利用各个资源项目的标题信息来对下一步的动作，如点开阅读、收藏、下载或者直接略过，从而做出决定的。利用 TF-IDF 算法从项目标题提取出项目关键词，将关键词的 TF-IDF 值作为该关键词的权值，将包含项目核心特征信息的项目标题映射为表示项目的特征向量，用以计算项目之间的相似度，进行基于内容的推荐。

3. User-CF 推荐的优化

User-CF 推荐算法的核心是要构建高校科研用户和科研资源项目的关系矩阵。根据用户是否点击浏览或收藏、下载资源文档等行为构建用户特征向量，使用综合用户偏好值化作为矩阵项的值，建立用户和项目关系矩阵，并用于计算用户相似度。

四、科研资源的 Top-N 推荐

科研资源的 Top-N 推荐是指在优化根据应用场景，需要选择的推荐算法基础上，计算用户对还没有使用过的科研资源的兴趣度，基于用户兴趣度和其他的资源特征，对待推荐资源列表按降序进行排序，将列表前面的 N 项资源推荐给用户。

（一）用户冷启动阶段

用户冷启动阶段，根据项目的热度值为用户进行推荐。可以根据作者专业职称级别，为不同用户设置不同的权值如：中级及以下作者权值为 0.6，副高级作者权值为 0.8，正高级及以上作者权值为 1。系统启动阶段，可以综合考虑作者特征和资源特征为每类资源赋予不同的初始热度值，系统运行后，可以结合每类资源的平均热度值计算新建项目初始热度值。在此基础上，便可计算出每个资源项目的当前热度值，根据资源类别对每类资源按热度降序排序，将与用户专业和研究方向相关的排名靠前的 N 项各类资源推荐给用户。

（二）用户协同过滤推荐

根据用户使用科研资源项目产生的用户行为数据，构建项目用户行为倒查表，然后计算用户相似度矩阵。接下来找到和目标用户最相近的 K 个用户，同时找到他们喜欢的而用户还没有使用过的科研资源项目，根据用户兴趣度模型得到用户对未使用过的资源的兴趣度。

（三）相似资源项目推荐

当用户对某个资源项目进行了阅读、下载等感兴趣的操作，系统便根据当前项目的关键词向量，再计算其与其他该类项目的相似度，然后依据按项目相似度降序排序的结果，向用户做 Top-N 推荐。

五、系统最终效果的评估

以上调研了高校科研用户的科研资源个性化服务需求，设计了融合推荐系统架构。根据应用场景选择合适的推荐算法并进行了针对性的优化，考虑阅读时间长短对用户兴趣度的影响，加入阅读时间影响因子以修正用户兴趣度值的计算；建立资源项目到用户的倒查表，解决稀疏数据的计算效率问题；在进行基于内容的推荐时，利用科研用户的专业、研究方向等特征进行分类、排序，提高推荐的准确性；利用用户权值和时间影响因子计算项目热度值，并解决了系统冷启动问题。

总而言之，结合多种推荐策略，构建了融合推荐引擎，提高了推荐效率和推荐准确率，为个性化科研资源服务系统的建设提供了新的参考。而且，还可进一步挖掘高校科研用户的大数据资源服务需求，优化系统架构，提高用户推荐满意度；为其他系统应用设计API 接口，拓展向师生主动推荐科研资源的渠道。

第二章 高等学校科研的育人机制

第一节　高等学校科研育人的体系

科研育人涉及人的培养问题，而人的培养问题，是教育的首要问题。因此，高校要在教育教学的过程中突出思想价值的主导地位，构建包括科研育人在内的多元育人体系，以此实现人才培养的全面性。高校要挖掘包括科研在内的多种工作中的育人价值，着力在要素机制、评价、保障等方面做好工作，建立起"课程、科研、实践、文化、网络、心理、管理、服务、资助、组织"十大育人体系。新时代全国高等学校教育工作必须坚持"以本为本"，并且要回归大学的本质职能，把"培养人"作为根本任务。高校要调整思路，把人才培养的质量和效果作为检验一切工作的根本标准。

一、高校科研育人的必要性

"科技创新离不开科研创新团队建设和科研人才成长"①。科研育人是时代发展的需求，尤其是进入了新时代，迫切需要回答"培养怎么人、怎样培养人、为谁培养人"的根本问题。在国家实施创新驱动战略和创新创业政策的时代背景下，我国一流大学肩负着培育具有爱国主义精神、创新精神、科学精神和人文精神的时代新人的重要任务。

(一) 创新发展的必然要求

创新是人类文明发展的推动力。因此，要大力实施创新驱动发展战略，加快科技成果向现实生产力转化，强调创新驱动发展，是立足全局、面向未来的重大战略，对实现社会目标具有十分重要的意义。

---

① 李进忠，雷娟，祝剑."放管服"视角下高校科研创新团队建设探析 [J]. 榆林学院学报，2022, 32 (2)：116.

　　新时代更加迫切需要创新型人才，要始终坚持以创新是引领发展的第一动力的"动力观"和"人才是支撑发展的第一资源"的"人才观"两大维度为核心发展理念。改革开放以来，我国经济建设取得了跨越式发展，但同时发展的不平衡不充分问题、不可持续的问题依然突出，因此必须依赖创新发展。科技创新是提高社会生产力和综合国力的战略支撑，必须摆在国家发展全局的核心位置。

　　面对百年未有之大变局，必须坚定不移地实施创新驱动发展战略，坚定不移地走科技强国之路。人才是国家发展的根本资源，创新是社会进步的根本推力。中国要想真正实现中华民族伟大复兴的中国梦，就必须走创新发展之路，而在这一过程中人才将发挥着至关重要的作用。在当前竞争激烈的国际环境与时代背景下，科技革命的浪潮声势浩荡，产业变革的速度日趋加快，要想依托强盛的综合国力使中国在全球占据领先地位，就一定要注重人才培养、提高人才的国际竞争力。人才资源对于国家发展的基础性作用不断凸显，其在国家竞争中的核心价值不言而喻。因此，只有培养大批高素质人才，国家竞争才有实力与底气。

　　人才是助推国家进步的关键性要素，创新的事业更加迫切呼唤创新的人才。人才是创新驱动的根基，是创新驱动的核心要素。创新驱动实质上是人才驱动。在新时代，具备强烈的爱国主义情怀是对我国科技人员的第一要求。科学无国界，科学家有祖国，要把科技成果应用在实现国家现代化的伟大事业中，把人生理想融入为实现中华民族伟大复兴的中国梦的奋斗中。另外，新时代新人还必须有科学精神。科学精神就是实事求是，求真务实，开拓创新的理性精神。这种科学精神，就是一种批判和怀疑的精神，就是创造和探索的精神，就是实践和求真的精神，就是平权和团队的精神，就是奉献和人文的精神。而科研就是培育具有爱国精神、创新精神、科学精神和人文精神的时代新人的重要载体。

　　科研育人，首先要回答科研与育人两者之间的关系。科研活动是人类特有的一种认识和实践活动，学习和从事科研活动的人可以养成好的思想品德。人的思想品德的形成和发展是一个十分复杂的过程，受到内在外在多种因素的影响，其中最主要的影响因素是人的实践行为。科研的过程是艰辛的，人在参与科研实践活动的过程中，科研行为与思想品质相互作用，锤炼出认真专注、不断进取的科学精神、创新精神。换言之，科研具有育人的功能，是高校培育具有爱国精神、创新精神、科学精神和人文精神的时代新人的重要载体。其次高校要提高教育质量，培育创新发展的领军人才，需要加强科研育人的作用。加强以科研应对新变革，以科研活动强化战略思维，以科研对接新技术、新业态、新产业的需求，以科研培育具有时代化、国际化、现代化、综合化的人才，培育能抓住新时代发展脉络的时代新人。随着时代向前发展，科研育人的地位和作用愈发凸显。

总而言之，实现中华民族伟大复兴的中国梦，一定要着重培养国家自主创新能力，在前沿科技领域不断突破，以此更好地服务于我国发展需求的战略目标，提升我国在世界之林的地位，使全球竞争力不断提升。只有重视科研育人，才能助力创新发展，才能培养更多的创新型人才。高校科研育人，就是要突出这样的育人作用：向学生广泛宣传科技知识、积极引导其参与科研实践活动，在参与团队合作、接受教师指导的过程中学习科学理念、锻炼创新能力，在全年级、全校范围营造热爱钻研的良好氛围，从而激发学生的创新智慧，迸发出强大的创新力量。

（二）创新创业的内在要求

创新与创业是推动社会经济发展、提升人民生活质量的基石，在这一过程中，青年学生凭借其丰富的想象力、大胆的创造力、勇敢的开拓力而成为国家创新创业的核心群体。开展创新创业教育是当今时代学生适应社会发展的重要途径。学生创新创业发展需要做到的内容如下：①"突破口"，以深化高校创新创业教育改革为突破口；②"紧密结合"，把创新创业教育、专业教育、思想政治教育紧密结合起来；③"关键领域改革"，着重改革创新创业课程体系、教学方法、实践训练、队伍建设等。

新时代背景下，高校要提高创新创业教育的质量，还要鼓励学生加入更广阔的科学研究平台，积极参与课题研究，积极参与"互联网＋"创新创业大赛，培育学生的创新精神，激励学生参加更多资格和能力考试，增强创新创业的能力。因此，高校科研育人是创新创业的内在要求，新时代创新创业要以高校科研平台为主要孕育地，充分发挥高校科研育人的作用。

第一，创新创业要求高校要充分发挥科研平台创新基地的育人作用。

一是高校科研平台拥有丰富的创新人才与智力资源。主要表现为：科研平台通常拥有由一批各个专业领域的专家学者及其所带领的硕士、博士研究生等组成的科研团队。这些具有丰硕的科研成果、坚定的科学精神、严谨的科学态度、科学的研究方法和技巧的科研团队成员是许多学生心中的榜样，很容易吸引学生到科研平台学习和锻炼，既能提高教师"教"的质量，也能增强学生"学"的兴趣，通过科研活动，促进师生交流和沟通，营造良好的科研氛围。

二是高校科研平台为大学阶段以上的学生提供大量参与科研实践的机会。高校科研平台承担大量的科研项目，科研任务量大，需要学生的参与和协助才能更好地完成，这就为学生的科研学习实践活动提供非常好的机会。同时，学生通过学习使用科研平台的先进设备，提高了动手能力。

三是举办诸如"挑战杯"等科技创新大赛，激励学生积极参加形式多样的学生创新创业训练计划及竞赛，使学生参与其中，积累创新创业经验，提高创新创业能力。因此，高校科研平台要发挥人才、智力、项目和设备资源等各方面的优势，从而可以承担创新基地的重任。

第二，创新创业要求高校科研平台要充分发挥创业桥梁的作用。很多高校科研平台拥有实用技术、专利和产品，这些科研成果的转化、应用与推广可以结合学生的个人特点和专业情况，以实习方式安排他们从事设计、研发、生产、质检、销售和财务等多种工作。通过企业化的运作模式，来锻炼和提高学生的创业意识。

第三，创新创业要求高校科研平台要发挥连接社会和企业的桥梁作用。不少高校的科研平台与企业有密切的合作关系，并帮助企业进行技术研发和"订单式"技术人员的培养等工作，可以成为推荐学生到企业进行实习和科研实践，以及培养学生的重要渠道。同时，可以借助科研平台积极联合企业搭建学生创新创业实践教育基地，通过资源整合，组成由导师、企业家和投资人等组成的学生创业导师联盟，定期邀请企业家开设创业讲坛，为学生创业实践架起桥梁。因此，高校依靠科研平台开展前沿的、多样的、有针对性的科研活动，使学生增强创新创业意识，开阔视野，积累雄厚的创新创业资源，培育创新精神、团队精神、合作精神，提高学生创新创业能力。

（三）建设一流大学的抓手

当前，世界上一流大学普遍重视训练学生的创新思维，施行以问题为导向的教学，提倡理论与实践结合、科学与人文教育并重。一流大学的重要内涵包括：要有一流的学科专业、一流的师资队伍、一流的学生人才、一流的学习风气、一流的大学精神、一流的研究条件等。建设一流大学，离不开科研育人的积极作用，离不开在科研育人中培育和发展一流教师、一流学生。

具体而言，就是要充分挖掘科研育人的作用，加强教师队伍建设，提高学生科学创新能力，丰富大学的人文精神和科学精神，创设一流科研项目，完善高校的科研机制和保障。要发挥科研工作的引领作用，注重人才培养模式、方法、手段的优化，加强对各级各类科研机构的平台建设，打造多学科人才并存的高效科研团队，以此促进基础学科、前沿学科、应用学科等学科交叉，组建学科联盟，拓宽对外交流平台。

一流大学的建设离不开新型的人才培养模式，要充分发挥科研活动的重要作用，力争在原始创新和自主创新上勇攀世界科技高峰。要着重形成高质量高效的人才培养模式，塑造高素质、专家型、研究型的教师队伍，创建高水平的富有开拓精神的科研团队，培养训练有素、结构合理的科研管理人员队伍，完善科研机制保障体系。更需要着眼世界前沿，围绕重大现实问题，依托科技创新平台，加强基础学科、前沿学科、应用学科等学科交叉，促进学科联盟发展，推动科技创新，加速科技成果转化。不仅要打牢学生科学文化知识基础，还要培养学生的人文精神、科学精神，增强其创新意识，提高学生的科技创新能力、团结合作能力。

总而言之，科研水平、科研质量是衡量一流大学建设成效的关键指标。一流大学的建设，离不开学科、师资、人才、大学文化、大学精神、科研条件等要素的高质量发展，它们之间应形成相互促进、相互依托、相互作用的紧密关系。建设新时代一流大学，必须遵循社会需求逻辑，紧跟科技前沿，强化科研育人的作用，加强知识创新、人才培养，营造自由探索、追求卓越的氛围，提高学生的创新能力。由此可见，科研育人是建设一流大学的重要抓手。

（四）科教融合的应有之义

科教融合的思想最早起源于国外教育思想。德国教育家洪堡的"教学"和"科研"是内在统一、相互作用的观点，被认为是科教融合的起点。科教融合强调高校办学要坚持"教学与科研相统一"原则。美国高等教育家丹尼尔·吉尔曼则将科教融合的思想应用于研究生教育中，使研究生教育的形式得到发展。要围绕共同目标，建立包含探究、综合、应用以及教学四个基本方面的学术共同体，使科教融合更具体化。科教融合是世界高等教育的大趋势，强调的是一个将科学研究和教学融合，实现协同育人的过程。在这个过程中，让师生在专业知识和前沿科学知识相互作用中，不断促进学科内容和科学研究相融合，促进学科专业成果转化，提高师生的人文素养和科学素养，强化专业和创新能力。这里的科教融合包含两个过程，具体内容如下：

第一，科研与教学的双向互动的过程。前沿的科学研究可以促进教学内容及时更新，同时，教学研讨活动可以促进师生对前沿问题的进一步把握，反过来促进科学研究发展。

第二，科教融合是一个寓教学于科研之中、教学促进科研发展，最终相互融合的过程。一般是在教师的指导下，学生运用所学知识去开展科研活动、解决实际问题，并得到反馈，实现教学与科研同一时空的融合。通过科研和教学的融合，师生的科研创新能力不断增强，教学的时效性和实效性不断提高，师生共同进步，实现教学相长，也即是实现了育人的目标。

科教融合实现了育人的目标，其中一个最重要的方面就是科研在培育师生的知识、技能、科学素养以及创新能力中，发挥了不可替代的作用，换言之，科教融合要求必须实现科研育人，特别是创新型人才的培养。而就我国的情况而言，科教融合是实现科教兴国、提升我国高等教育水平、打造创新型人才队伍的关键渠道。因此，要突出教学对学生创新意识培养的重要作用，保质保量夯实创新人才基础，同时要突出大学在提供研究活动、开展创新实践、掌握前沿技术等方面的关键地位。

高校只有将实践活动与理论学习结合起来，在科研与教学中搭建流畅通道，才能更有效地培养创新型人才。从国家领导人到国家的战略规划纲要，都把科教融合看作培育创新型人才的关键。如何实施科教融合，国家教育主管部门认为科研育人是关键的环节。一定要坚持科教融合的发展战略，紧紧围绕提升人才培养能力这一关键点展开工作，推动人才培养、学科建设、科学研究相互融合；在实现我国高等教育内涵式发展、培养高素质人才的过程中重视科研育人的引领地位，在打造创新人才队伍的过程中推动整个国家的创新力与竞争力的提升，实现国家的可持续性发展。

要将科研与教学更紧密地结合起来，在二者相互融合促进的过程中培养学生的创新能力。要将学生纳入各等级、各类别的科研活动中来，积极创造条件与环境，激发本科生参与科研的热情，增强其信心，并在专业老师的指导下将科研工作转化为对学生的教学工作，使优质的科研成为培养优质本科人才队伍的基础。科教融合强调以培养创新型人才为中心，建立"科研—教学—学习"的联结体，通过教师来引导学生自主学习、主动实践，培育学生的批判性思维和创新精神。最重要的环节是，在科研活动中，老师帮助学生获得更丰富的专业知识，培育学生科学探索精神，提高其科技创新能力，促进教学与科研协同发展，培育真正有创新意识和创新能力的人才。

总而言之，科研育人体现了科教融合的必然趋势，是培育具有创新自信、科学敬畏、科学精神、科技创新能力的时代新人的必然途径。

二、高校科研育人的主要特征

在新时代，科研育人与课程育人、实践育人、文化育人、网络育人、心理育人、管理育人、服务育人、资助育人、组织育人共同构成了高校思想政治工作的"十大育人体系"。作为高校"十大育人体系"的重要组成部分，科研育人是适应新时代的育人模式，着力回答了高校科研"育什么样的人，如何育人，为谁育人"的根本问题。科研育人不同于科教育人。科教育人是指科研与教学协同育人，可以简单地理解为"科研+教育"的培养模式。

大学从人才培养出发整合科学研究功能，科研机构则从科学研究出发整合人才培养功能。科教育人模式容易走向重科研轻教育的极端，大学主要看重实验室、课题项目、课题经费等数量指标。这在某种程度上就把高校的教书育人理念改变了。而科研育人更强调师生的主体性，在新时代，科研育人就是通过科研实践活动培育师生敢为人先的科学精神，培养师生开拓进取的创新精神，培养师生严谨求实的科研作风。当然，在不同的学科背景下，科研育人有不同的含义。从教育学或高等教育学的范畴来看，科研育人是指以培养学生科研能力为核心目标，通过与教学育人相配合，组织指导学生开展科学研究活动，从而达成全面育人的目标。换言之，这个界定是指通过科研来实现"全面育人"的目标。所谓的"全面育人"，不仅包括学生成长成才所需要的知识技能的培养，而且包括学生思想品德和人格尊严方面的培育。

凡是学生成长所需要的学习及培育，高等教育所要求的培育，只要能利用科研来进行的，就可以认为是科研育人。而从宣传或思想政治教育学的角度来看，科研育人的含义则主要是指，通过科研活动或在科研活动中逐渐培育学生的健全人格和思想品德。在"科研育人"侧重于学生思想政治品德方面的培育和培养工作这个视野下，科研育人是指老师在组织、带领和指导学生开展科学研究的过程中，既要培养学生科学研究的能力、科学精神、科研道德，还需要教会他们做人的一般道理，以及使他们形成正确的世界观、人生观和价值观。

科研育人作为一种适应新时代发展的育人模式，是一种培养学生综合素质能力的有目标、有责任、有意识的教育引导行为。科研育人是一种有目标的教育行为，能够激励学生进行科技创新，使其配合高等院校实现全员育人的目标；科研育人也需要责任感，要求高校教师不断强化育人意识。新时代坚持科研育人，高校要坚持以全面育人的目标为导向，引导学生积极学习科学研究方法，参与科技创新，做出科研成果；坚持发挥教师言传身教的作用，用最新科技成果来吸引和鼓舞学生，用不畏困难的科学探索精神来塑造和教育学生。同时，新时代实现科研育人，要积极探索开展科研育人的方法渠道，努力探求科研育人与高校各方面工作的结合点；要积极营造有利于科研育人的氛围和环境，培养学生崇尚科研；还要组织动员学校各方面力量，使其服务于科研育人工作，大力构建高校科研育人的良好机制，注重将科研育人纳入学校目标考核体系，有效推进科研育人工作。

总而言之，中国特色社会主义新时代的科研育人，是指学生在教师的指导下，在开展相关科研活动的过程中习得科研知识及技能，激发自身的主观能动性，养成良好的人格品德；是一种有目标、有极大能动性和塑造性的教育引导行为；是一种培养大学生综合素质、创新能力，尤其是培育爱国情感、社会主义核心价值观和人格品德的有效方式。

科研育人的特征体现了科学育人的内涵要求。当前，要求高校在教学科研等多项工作中做到全员、全程、全方位育人。而科研育人作为高校思想政治教育改革、创新、发展的重要载体，承担着立德树人的根本任务。深刻认识科研育人的特征，是做好科研育人的关键。在教师的指导下，开展相关科研活动的过程中习得科研知识及技能，激发自身的主观能动性，养成良好的人格品德；是一种有目标、有极大能动性和塑造性的教育引导行为；是一种培养大学生综合素质、创新能力，尤其是培育爱国情感、社会主义核心价值观和人格品德的有效方式。科研育人的主要特征如下：

（一）实践性

实践是人类生存以及发展的基本形式，是人类特有的、对象性的感性活动。人们在这种对象性活动中，将自身所具备的包括思想意识与实践能力在内的诸多概念对象化为客观实在，并通过这样的客观实在来认识和确证自己的本质力量。科研活动是一种特殊的实践活动，不管是人文学科的论文写作还是理工科的实验操作，都是师生亲身探索、亲自参与的实践过程。科研育人相对于传统育人模式，最显著的特征就是其本身所具有的实践性，是一种更为高级有效的育人方式。

科研育人使师生走出课堂从事课外科研活动，育人效果明显。首先，内在动力强。师生主动参与科研实践活动，具有内在的积极主动性，为了研究，投入全部的精力，释放出无限的潜力和创造力。其次，学习效率提高。老师和学生带着问题进行资料的搜集和整理，可以获得更丰富的、有效的知识。最后，学用结合好。老师和学生将课堂所学到的知识运用于研究实践当中，有利于理论知识与实践活动的结合。高校和教师要通过组织、鼓励、引导学生参加科研实践活动，积极地尝试和探索，培养学生理论联系实际的学风和解放思想、实事求是、勇于创新的科学精神，提升学生善于发现问题、敢于提出问题、乐于分析问题、勇于解决问题等多方面涉及创新思维与能力的相关素质，增强学生自我钻研、自我教育的意识和能力。

总而言之，通过科研活动培养和增强学生的思想品德和科研能力，培养出有责任担当、有家国情怀、有世界眼光的全面发展的时代新人。

（二）创造性

人的主体性所表现出来的能动性、自主性和创造性能对周围的环境及生产关系产生自觉能动的影响作用，是以人的方式改造物的存在方式，使物按照人的方式存在，最终使客观性与人的内在尺度、需要、利益、发展等结合起来。科学研究本质上是一种创新活动，科研育人是培养求实创新人才的关键。一方面，科研育人有利于激发师生的创新思维和创造力。

科研育人改变了传统的育人模式，教师在进行科学研究的过程中，落实立德树人的根本任务，创新教学方法，引导学生积极参与、独立思考，从而对知识进行反复学习、讨论、批判和探索。学生在课题研究中学会了质疑，不再畏惧权威，敢于提出自己的见解，敢于研究前人没有研究过的问题。教师利用学术热点以及学术前沿问题指导学生认识社会，把学生塑造成探索未知世界的终身学习者。另一方面，科研育人有利于创造丰富的育人资源。

首先，科研育人要求教师课堂授课前，要了解学术发展前沿、吸收学术新观点，将新的研究思路带进课堂，增加科研视野广度，从而激发学生的研究兴趣，增强学生的问题意识；其次，将在科研实践活动中获得的新知识、新技术和新方法带进教学课堂，有利于改变照本宣科的落后教学方式，有利于更新教材内容，不断满足学生的学习需求，有利于将创新性精神的培养贯穿于育人的全过程；最后，科研价值最终转化为人才的价值。

（三）超越性

超越性是人的能动性的最高体现，是人摆脱束缚而占有"自由自觉"本性的基本途径。科研的根本属性就是批判现实，探索未知、掌握规律，发现真理，是从未知向已知的跨越，是从不确定到确定、不可能到可能的转换，超越常态是科研活动的核心意蕴。

科研育人超越了传统的思想政治教育方式，增强了思想政治教育的科学性，增加了信息量，也就增添了自主探索的特点。传统的思想政治教育方式是单向的知识和理论的灌输，不利于学生创新思维的培养。而在科研育人的活动中，师生在研究中不断进行怀疑和批判，实现对事物探究的超越，同时带来理念、思想的超越。要实现科研育人的超越性，就要求师生在科学研究中自发自主地进行独立思考和探索，在批判现实的过程中超越常态。

（四）全面性

新时代科研育人的目标是全面的，更加关注人的全面发展。人的全面发展是人以一种全面的方式，换言之，作为一个完整的人，占有自己的全面的本质。人的全面发展模式，不仅指个人的发展过程，而且指人在社会生活的实践中，在智力上、体力上能够有所提高，多方面、多领域、多维度地自由和谐发展；并且在本质上是使人的实践活动能力得到较大提升，使其熟知社会生产的各个方面，具备进行实践操作的能力。

科研育人是一个实践过程，是人的全面发展的过程。在整个过程中，学生在教师的指导下，全身心投入，开展学术探究工作。教师不仅要培养学生的科研能力、科学精神、科研道德，而且要培育他们为人处世的态度，使他们形成正确的世界观、人生观和价值观，形成与社会发展相符合的道德品质和人格。由此可见，科研育人的过程中高校应把知识目标、能力目标、情感态度价值观共同融入科研活动之中。在这个过程中，教师不仅要合理满足学生现实层面的需求，还要积极引导学生建立精神世界，关注学生的全面发展，把他们培养成德智体美劳全面发展、能担当民族复兴重任的时代新人。

（五）综合性

科研育人将高校两大重要职能即"教学"与"科研"体现在人才培养的过程中。在科研育人视域下，教学不再是传统形式下的知识灌输，不再是单向传播，而是灵魂的碰撞。简单而言，外在表现为：教学方法在学生中普及，学生主动学习的能力提升、探索知识的方法改进；更进一步而言，就是发挥科研在教学中的润滑、桥梁作用，从课堂互动凸显科研思维，到课后布置课题，都在激发学生的探索欲望，让学生在科研中加深对课本知识的理解，促进学生创新思维和科研能力的培育。科研育人作为一种新的理念，倡导科教融合、寓教于研，打破了以往高校教学与科研分而治之的既有传统，将教育与创新融合为培育人才的一股合力，是一种综合性的育人模式。因此，高校应重视科学研究对提升人才培养质量的促进作用，重视科研成果向教学成果的转化，形成科研与教学良性互动，共同推动办学水平不断提高。

（六）协同性

协同育人需要深化、完善制度。人才培养是高校的根本任务，是大学的基本职能。科研育人体现了科技与教育相结合、教学与科研互动的人才培养方式。教学与科研两者互促共进、协同发展。一方面，科学研究弥补了教学方面知识上的落后，对以往的认知体系进行重构。科研成果用于教学，将改善教学效果，意义重大。从学生层面来看，学生通过参与科学研究活动，培养科学精神与科学道德，掌握正确、高效的科研方法，形成正确的人生观、价值观和世界观；从教学层面来看，科研的最新研究成果可以及时应用在教材的编写和修订中，丰富教材内容，有助于打造精品课程。另一方面，教学有利于促进科学研究实践。相关领域知识的更新有利于教师进行科学研究，从而获得学科前沿理论和新的教学方法。教师在授课过程中，与学生交流互动而产生的思想和观念的碰撞，能够为师生进行科研探究带来灵感，激发科研思维和动力。

总而言之，科研的功能、作用只有通过教学活动才能更好地实现，在科研育人的道路上，只有坚持教学的普及与深度讲解，坚持以高水平的科研支撑高质量的人才培养，努力把科研探索与教学模式结合起来，才能最大限度地发挥协同育人的作用。

三、高校科研育人的目标

科研育人要实现的目标可以分为总体目标和具体目标两个方面的目标，具体内容如下：

（一）科研育人的总体目标

科研育人重点强调立足新时代，强调不忘教育强国之初心、牢记民族复兴之使命，不忘立德树人之初心、牢记人才培养之使命，自觉坚持把立德树人作为中心环节，着力培养德智体美全面发展的社会主义建设者和接班人，着力培养能担当民族复兴大任的时代新人，为实现中华民族伟大复兴的中国梦提供强大的人才保障和智力支撑。

新时代，要牢牢把握立德树人这一中心环节，把学生掌握科研知识技能与思想道德培育作为一个总的目标，将其贯穿于课题的设计、立项、研究和运用的全过程，着重培育学生的道德品质，从而打造一批文化水平高、专业技能强、创新实践多、家国情怀浓、思想品德正的国家栋梁与行业之才，这就是科研育人的总体目标。为此，要完善教师科研团队的思想道德建设机制，完善科研和学术评价的标准，加强学术诚信体系建设；要培养师生科学精神和创新意识，加强产学研一体化的机制建设；还要加大学术名家、优秀学术团队先进事迹的宣传力度，加大全国高校黄大年式教师团队培育力度，培养选树一批科研育人示范项目、示范团队。以此来引导师生树立正确的政治方向、价值取向、学术导向。

（二）科研育人的具体目标

1. 引导师生树立正确方向

引导师生树立正确的政治方向、价值取向、学术导向。人才培养一定是育人和育才相统一的过程，而育人是本。人无德不立，育人的根本在于立德。这是人才培养的辩证法。根据总体目标的要求，在科研育人的全过程中充分发挥中国特色社会主义教育的育人优势，把正确的思想价值融入科研育人的全过程。在科研活动中，坚持以立德树人为根本原则，让师生在科学研究中提高品德修养；以理想信念教育为核心，让师生在科研活动中坚定信念，永不言弃；以社会主义核心价值观为引领，让师生在科研活动中不迷失方向，不缺失精神动力。在科研育人理念的引导下，高校应当营造合理完善的科研环境，建立科学有效的科研成果评判指标体系，在师生中营造自觉恪守学术道德、维护学术尊严的文化氛围。

此外，对于学生而言，无论是自然科学还是人文社会科学的研究活动和研究成果，都会对学生的人格和能力的培养起到重要作用。如师生参与或从事数学研究，可以增强逻辑思维能力；参与或从事物理研究，可以培育科学实验精神；参与或从事生物技术尤其是生命科学技术研究，可以树立正确的生命观；参与或从事地球科学研究，可以开阔视野，增强对未知世界的感知，激发对未来的探索欲；参与或从事传统文化研究，可以接受优秀传统文化的熏陶，修身养性，进一步提高正确处理公德和私德关系的思想认识；参与或从事历史文化研究，可以进一步汲取深厚的历史文化营养，以史为鉴，开拓未来等。这些对学生的人格和道德的健全可起到促进作用。

2. 培养师生报国理想追求

爱国，是人世间最深层、最持久的情感，是一个人立德之源、立功之本。

（1）就历史的角度而言，至诚报国的理想追求是中华民族的优秀传统，是应该融在中华儿女血液里的精神，是不能忘记的原则。

（2）就现实的角度而言，科学没有国界，但是科学家有祖国。当前，高校科研育人的关键是要以爱国报国的鲜明主题为引导，引领师生明确科研的目的，使师生增强爱国情怀，培养他们心有大我、爱国报国的理想追求，将爱国之情、报国之志融入国家富强、民族振兴、人民幸福的复兴梦想中。

科学是知识，可以共享，但是科学家是有底线的，这个底线就是国家利益。科学无国界，科学家有祖国。因此，要热爱伟大的祖国，热爱伟大的人民，热爱伟大的中华民族，牢固树立创新科技、服务国家、造福人民的思想，继承中华民族先天下之忧而忧，后天下之乐而乐的传统美德，传承老一代科学家爱国奉献、淡泊名利的优良品质，把科学论文写在祖国的大地上，把科技成果应用在实现国家现代化的伟大事业中，把人生理想融入为实现中华民族伟大复兴的中国梦的奋斗中。

科研人员是实现伟大中国梦的一分子，应该用自己的智慧将科技和实践与建设中国特色社会主义结合起来，而不能损害祖国的利益。因此，至诚报国的理想追求是我国科研人员的必备素质和基本要求，也是科研育人的重要任务和基本目标。科研育人培育师生至诚报国的理想追求，也就是教育和引导师生始终把国家和人民放在心上，以国家和人民的利益为根本利益，以维护国家和人民的利益为根本追求，以满足人民发展需求为根本导向，增强责任感和使命感，勇于创新，报效祖国，把人生理想融入为实现中华民族伟大复兴的中国梦的奋斗中，贯彻科教兴国战略、创新驱动战略，为把我国建设成为富强、民主、文明、和谐、美丽的社会主义现代化强国做出贡献。

3. 培养师生敢为人先的科学精神

科学精神是科学研究的根本，没有科学精神，就很难在科学研究上有所作为，有所贡献。随着科技社会的迅猛发展，各种新知识、新技术层出不穷，因此必须适应国际形势的变化，跟紧时代的潮流。科学研究不能仅仅停留在"跟跑"的阶段，必须超越"跟跑"，实现"并跑"，甚至"领跑"。要实现这些重大飞跃，就要敢于研究别人没有研究的科学前沿问题，树立敢为人先的科学精神。

高校科研育人，要培养师生敢为人先的科学精神，就需要在科学研究的过程中引导师生独立思考，培养师生勇于创造的精神，引导师生勇于打破陈规戒律，善于发现新情况、解决新问题、创造新理论。进行科学研究，要坚定敢为天下先的志向，在独创独有上下功夫，勇于挑战最前沿的相关科学问题，提出更多原创理论，做出更多原创发现，力争在重要科技领域实现跨越发展，跟上甚至引领世界科技发展新方向，掌握新一轮全球科技竞争的战略主动。

4. 培育师生开拓进取的创新精神

创新是一个民族进步的灵魂，是一个国家兴旺发达的不竭动力。新时代建设伟大事业，必须有开拓创新、进取向上、勇于变革的精神状态。高校是思想活跃、创新精神迸发的"乐园"。科研讲究创新精神，即在科研中要具有大胆探索的科研精神、力求创新的科研理念、求真务实的科研操守。

另外，对于学生而言，科研育人通过引导学生参与科研实践，一方面，推动学生吸纳其在科研过程中所学习领悟到的知识、理念、精神、态度价值准则，培育学生的学习自主性与积极性，激励学生参与、互动、研究，对研究过程中所呈现的理论知识进行自我理解与反思，并在批判性认知的基础上进行知识改造与更新，以此来培育学生的创新意识、创新精神与创新能力，培育学生发现问题、解决问题的能力。另一方面，积极发挥学生的能动性，在资料分析、实地考察、师生交流、独立思考等一系列研究的过程中，促进学生科研实践能力的提升。

总而言之，高校科研工作要着重培养师生探索未知以及发现未知的创新精神，引导师生在科研过程中攻坚克难，勇于探索，敢为人先，力争走在科学研究的前沿，培养师生严谨求实的科研作风。科学是求真务实的学问，科学探索要尊重事实，尊重规律，来不得半点虚假浮夸。高校育人要通过科学研究着重培养师生严谨求实的科学思维。这种思维主要体现在以下方面：

（1）在做科学研究时，能根据实际情况进行独立的分析和思考，对问题的解决有独到的见解。

（2）对原有的定理要勇于批判，打破思维定式，打破墨守成规的思想。

（3）善于以全面发展的眼光分析和思考问题，不固执己见，不先入为主，不按图索骥。因此，高校要培养师生严谨求实的研究作风，需要高校科研育人的规范和引导。从高校的角度而言，要出台相关的科研规范，引导师生在科研工作中遵守相关的学术道德和规范，避免不规范不道德的学术行为的发生；从师生的角度而言，教师在科研实践中要有意识地引导学生一步一个脚印地进行科学研究，培养学生坚持不懈的精神，以及严谨求实的良好科研作风，避免陷入急于求成的泥潭。师生要遵守学术规范、胸怀学术道德、坚持学术诚信、尊重他人的研究成果，养成良好的规范意识，不能盗窃他人的研究成果，借鉴引用要注明出处。

四、高校科研育人的基本路径

（一）构建科研育人的主体

随着社会的发展和时代的进步，主体间的自主互动模式已成为现代交往理论发展的基本哲学认知基础，以往主客对立的教育理念逐渐被摒弃，代之以主体间交互的教育理念，并成为思想政治教育的新范式。科研育人的重要主体包括教师（科研人员）、学生、科研团队、科研管理部门、学校党委行政部门等。

1．教师（科研人员）

（1）高校要注重发挥教师（科研人员）在科研育人中的主体作用。在科研育人过程中，教师（科研人员）要自觉把思想引领和价值引领贯穿于选题设计、科研立项、项目研究、成果运用的全过程，自觉把思想政治表现作为组建科研团队的底线要求。

（2）高校积极主动完善科研评价标准，推动学术评价方法改进，不断为健全具有中国特色的学术评价标准和科研成果评价办法做出自己应有的贡献；积极参与构建集教育、预防、监督、惩治于一体的学术诚信体系，杜绝在学术研究、科研成果运用中的不良倾向和行为；积极参与组织编写师生学术规范与学术道德读本，在本科生中举办相关专题讲座，在研究生中开设相应公共选修课；积极参与健全优秀成果评选推广机制，自觉服务国家和区域经济发展，不断促进全社会思想文化建设。

（3）通过科研实践活动，积极培养学生科学精神、创新意识、创新精神和创新能力；积极参与科研创新团队的培育和建设；积极参与科教协同育人计划和产学研合作协同育人计划等；积极加入科技创新团队和参与科研创新训练；及时掌握科技前沿动态；注重培养学生集体攻关、联合攻坚的团队精神和协作意识；努力向学术名家、优秀学术团队看齐；积极参与培育全国高校黄大年式教师团队，力争在科研育人示范项目、示范团队中发挥重要作用。

2．学生

学生是有潜力、有思想、有求知欲望的群体。在高校科研育人的学术活动中，学生主动参与、自我接受挑战、自我分析，学生之间的互动与课后的反思显得十分重要。科研育人要想取得良好效果，必须发挥学生党、团组织的作用，由学生团体中的党员起先锋模范作用，与同学们积极互动，党、团组织的负责人带领学生积极参加科研育人活动。加强学生的科研自觉力，鼓励合作、倡导团结在科研中快乐成长。与此同时，还要在日常科研活动中挖掘有潜力、有资质的学生进行重点培养，鼓励他们参加各级各类科技创新比赛，通过参加竞赛增加学生自信心以及对学术科研的热爱，以此发挥部分优秀学生在学生群体中的示范引领作用。

3．科研团队

科研团队是推进科研育人的重要力量。科研团队一般突出问题导向，通过组建科研团队，开展重大项目申报和联合攻关，开展国家战略和区域发展战略急需的课题攻关。建立科研团队不仅有利于产出高水平的科研成果，而且有利于培养师生的团队精神和协作意识。加入一个高水平的科研团队，应该成为每个教师的梦想和追求。通过科研创新团队的培育和建设，可以更好地发挥科教协同育人的作用；更好地发挥产学研合作协同育人的作用；更好地开展集体攻关、联合攻坚。在科研育人过程中，高效要高度重视优秀学术团队、全国高校黄大年式教师团队、科研育人示范团队的重要作用。

4. 科研管理部门

（1）科研管理部门在科研育人中具有不可替代的作用。科研管理部门要积极推动科研环节和科研程序的改进，自觉把思想引领和价值引领贯穿于选题设计、科研立项、项目研究、成果运用的全过程；组织各相关部门完善科研评价标准，改进学术评价方法，把思想政治表现作为组建科研团队的底线要求。认真研究并积极健全具有中国特色的学术评价标准和科研成果评价办法，努力构建集教育、预防、监督、惩治于一体的学术诚信体系，遏制学术研究、科研成果运用中存在的不良现象。

（2）组织教师编写师生学术规范与学术道德读本，组织教师在本科生中开设相关专题讲座，在研究生中开设相应公共选修课；组织相关部门，健全优秀成果评选推广机制；组织实施科研创新团队培育计划、科教协同育人计划、产学研合作协同育人计划等项目；组织师生积极加入科技创新团队和参与科研创新训练；组织广大科研工作者开展集体攻关、联合攻坚；积极宣传学术名家、优秀学术团队先进事迹；协助相关部门大力培育全国高校黄大年式教师团队；设立一批科研育人示范项目和选对一批科研育人示范团队。

5. 学校党委行政部门

（1）高校要坚持和加强党对科研育人工作的全面领导。科研育人强调发挥高校党委领导核心作用、院（系）党组织政治核心作用和基层党支部战斗堡垒作用，强调发挥工会、共青团、学生会、学生社团等组织的联系服务、团结凝聚师生的桥梁纽带作用，把科研育人贯穿科研实践活动，促进师生全面发展。要求成立高校思想政治工作委员会，加强工作统筹、决策咨询和评估督导，也要求设立高校思想政治工作专项经费，保证科研育人顺利实施。

（2）强调健全高校思想政治工作质量评价机制，研究制定高校思想政治工作评价体系，创新评价方式，探索引进第三方评价机构。强调强化高校思想政治工作督导考核，把加强和改进高校思想政治工作纳入高校的巡视、"双一流"建设、教学科研评估范围，并将其作为各级党组织和党员干部工作考核的重要内容。要求各高校结合自身实际，将包括科研育人在内的"十大育人体系"实施纳入整体发展规划和年度工作计划，明确路线图时间表和责任人。

（二）构建科研育人的载体

构建高校科研育人载体是实现高校科研育人的重要抓手。以组织学生参与科技竞赛、组织师生参与项目研究、组织师生参与平台建设、组织学生参与团队活动、组织师生参与科研管理为载体，不断实现科研育人的目标。

1. 组织学生参与科技竞赛

高校科研是一项十分有益的学术活动，可以全面考查学生对基础知识和学术技能的运用情况。高校科研，包括常规性科研和竞技性科研两方面。常规性科研注重对学生基础科研知识的考查；竞技性科研注重对学生科研能力的考查。加强关注国内外学术前沿，促进学生科研能力的提升。科技竞赛是学生提升自我创新能力、挖掘潜在创业机会的有力途径，学校应出台多种措施推动学生参与科技竞赛，积极鼓励学生参与不同层次的科技竞赛活动，促进学生的创新创业能力的提高。

2. 组织师生参与项目研究

高校科研项目管理，指的是科研项目的系统性分类，根据学术要求和特点，将学术科研的任务按照一定标准进行科学化管理，从而达到校、系统院校、科研院所等各岗位的覆盖率标准。积极组织学生参与项目研究和管理工作，提升学生参与项目的管理能力。

3. 组织师生参与平台建设

高校科研平台建设是国家和企业科技自主创新的重要载体，是高校科研育人的重要平台，是产出高水平、高质量科研成果的重要条件保障。知识大爆炸时代，高校科研平台可促进国家科教战略的实施、企业科技创新；一个优秀的科研平台，充当了国际交往以及吸纳人才的媒介。科研平台具有独特性，其学科领域广、人才济济、成果丰硕等都足以证明科研平台的不可代替性。高校科研平台对于提升学生的科研学习能力、营造社会自主创新氛围、增强国家的整体创新实力的作用巨大。在新时代，应当加强对高校科研基地的职能内涵与功能的拓展，使师生对其有较为全面的认知，鼓励和支持科研平台紧密围绕产业共性技术、关键技术和前沿技术开展研究，为国家和地方经济建设提供科技和人才支撑。应积极组织师生参与平台建设，提升师生参与科研平台建设的能力。

4. 组织学生参与团队活动

科学研究是一项综合工程，科研团队要出成果、有创新，需要多元激励。参与团队建设，整合团队整体力量，优化团队发展结构，是高校进行科研育人的有效途径。组织学生参与团队活动，是开拓学生创新视野、进行思维碰撞的重要载体。首先，进行科学研究，学术交流必不可少，跨专业、跨学科研究已成为学术热点；其次，开展学术讲座，选择权威专家现身说法；再次，开展田野调查，开展下乡调研活动；最后，打造专业科研团队，挖掘新史料、新资源。团队活动不是单个人自由放任的活动，是多人有计划、有组织、有目标、有方法的活动。参与团队活动越来越成为高校科研育人优化人才培养模式，以及优化导师培养制的重要途径。通过团队活动可以激励学生在专业领域不断地学习和积累，钻研科研问题，提升发现、分析和解决问题的能力。在参与团队活动中，学生可以学习了解当前最先进的科研成果和科研经验，优化科学研究的技术与方法，发现科研创新增长点和扩大点，发现短板，补齐短板，充分激发自身的积极性和创造性。此外，团队合作是保持团队成员对科学研究的热情、坚定正确的科学研究态度的重要方式，有利于提高学生团结合作能力，培养团结协作、互帮共进的内在素质。

5. 组织师生参与科研管理

科研管理工作是将基础研究的成果与国家层面的需要结合起来。做好科研管理不是一朝一夕的事情，需要"荷枪实弹"地做好、做准、做精。科研管理工作不仅需要教师、行政管理人员的参与，而且需要领导层的大力支持和参与。领导层需要努力为高校科研提供机会，组织专业骨干参与科研管理，做好科研管理的程序工作。参与科研管理，注意人才的选拔和管理。科研管理不是简单地照搬别人成功的模式，要用规律管理科研，要突出科研的正确价值取向。科研管理是一个系统的工作，要从思想高度上予以把握，加强对科研人员的意识形态教育，完善管理制度，实现科研育人，以更好适应新时代国家建设的需要。

（三）构建完善的科研育人体制

实现科研育人铸魂，高校必须建立健全科研育人的体制机制。首先，建立健全科研管理体制；其次，建立健全人才培养制度。当前，从高校的科研工作的现实角度来看，高校科研取得了一定成绩，促进了高校的发展，值得肯定。但是，也存在一定问题，如科研压力大、发表文章讲求数量等，这些都不利于科研水平的提高，也不利于科研育人效果的提升。科研育人讲究的是慢工出细活。在现实的压力下，反思是最重要的一步，要加强相应的体制机制建设，从外部环境上推动科研育人真正落到实处。

1. 构建长效机制

针对科教结合协同育人在运行过程中存在的主要问题，结合国家及有关部委的实际情况，以下从管理、长效保障制度、师资队伍、合作原则、思想意识五个方面，探讨科教结合协同育人的保障机制的构建。

（1）建立科教结合协同育人管理体系。为实现国家科教结合协同育人的战略要求，建立科教结合协同育人管理体系，不仅要完善自上而下的科教结合协同育人领导小组体系，而且要设立国家层面的科教结合协同育人咨询委员会。通过自上而下的努力，成立完善的科教结合协同育人领导小组。贯彻国家意志的领导小组的成立，能够有效协调工作，统一配置资源，推进改革。

教育部（或其他部委）和中国科学院（或中国工程院、中国社科院等）先成立领导小组，切实配合，共同开展研究，多措并举打造科研精品。而且领导小组要切实地、长期地履行职责。教育部（或其他部委）所属的高等学校要相应地成立学校层面的领导小组，中国科学院（或中国工程院、中国社科院等）所属的科研院所也要相应地成立院所层面的领导小组。各领导小组负责宏观布局、统筹协调重大事项，通过组织召开领导小组全体成员会议的形式，讨论确定工作计划和未来的发展规划，总结阶段性工作的开展情况，协商解决运行过程中出现的问题和困难。各领导小组下设办公室负责具体的日常运行工作。自上而下的领导小组体系的完善，能够保障科教结合协同育人的沟通协调机制、资源整合机制等的顺利建立和运行。

另外，设立国家层面的科教结合协同育人咨询委员会。在国家层面，可以考虑在目前国家科技教育领导小组下设立科教结合协同育人咨询委员会，作为科技教育领导小组的常设咨询机构，主要负责有关科教结合协同育人方面的资料汇集、政策研究、可行性评估以及咨询工作。人员构成包括专职人员和兼职人员，专职人员主要负责咨询委员会的日常运转工作，而兼职人员则由科研院所和高等学校从事科学研究和人才培养的专家和中高级管理人员构成，主要负责调研、撰写研究报告、咨询等工作。该咨询委员会的研究报告和咨询报告可提供给国家科技教育领导小组参阅，这不仅有助于提升国家的科技和教育决策水平，而且可以促进和保障科教结合协同育人的有效运行。

（2）健全可持续发展的长效保障制度。如果要达到长效保障目标，可以从以下方面寻求支持：

第一，国家计划的具体支持。近年来，国家先后颁布了一系列与科教结合协同育人发展相关的政策文件。这些政策文件的出台，无论是对国家战略发展，还是对高校与科研机构建设都具有指导意义，对科教结合协同育人工作更是起到了重大的引领作用和推动作用，提供了长效的制度保障。为了切实把科教结合协同育人工作的开展落到实处，需要以国家战略需求为导向，由领导小组制定各项具体的计划，包括各类人才计划和科技合作计划，以计划为导向，以共同开展科学研究和人才培养为目标，以机制探索和创新为重点。同时，还要制定在实施与推进过程中的各项责任、措施、监管、考核、激励等相关实施细则，确保高等学校与科研院所之间的合作能够有效、持久地开展。

第二，合作运行的经费保障制度。建立合理的资源配置机制，调整资源供给模式，划分经费投入责任，增加高等学校的保障性经费，增加高等学校的专项教育经费，稳固高等学校作为科教结合协同育人主力军的地位。同时，还要通过科教资源共享等渠道，吸引社会各界增加对科教结合协同育人的投入，多渠道筹集经费。另外，科教结合协同育人部际联席会议和科教结合协同育人咨询委员会发挥协调与咨询的职能，研究制定国家财政科技与教育支出中科教结合协同育人的专项经费比例和引导性经费项目，全面规划与保障科教结合协同育人的资金来源，满足科研需求。

（3）建设高质量的协同育人师资队伍。科教结合协同育人师资可以从科研队伍中挖掘，也可以从高等学校的教师队伍中挖掘，这两支队伍主要的日常工作是为建设社会主义强国而贡献学术力量，他们对科研创新、科研育人都承担着主要的责任。科研队伍人才的选拔分别通过科研院所和高等学校来实现，具体做法包括两种：①充分利用科研院所的人力资源，鼓励科研院所中富有教学经验的科研人员到高等院校讲学；②高薪引进科技人才，尤其是海外科技人才。国家不仅鼓励海外人才回国，而且为这些高层次人才提供各种科学研究的机会。

（4）制定合作共赢的发展机制。共赢发展已成为当今时代的趋势，不管在哪个领域，合作才能共赢，因此，高等学校与科研院所之间应该相互合作。

第一，高等学校的核心使命是培养新时代中国特色社会主义接班人，而科研院所的核心使命是做好科研，两者都承担着服务社会的责任，都需要相互支持。

第二，两者都为国家战略、人民福祉开展科学研究，高等学校申报国家、省（自治区）、市等课题，同样，科研院所也申请很多研究项目，两者可以充分利用各自的优势进行项目合作。例如，在人文社科项目中，高校在社会调研方面，可以动员大量的学生参与；而科研院所可以发挥其在历史文献方面的优势。

第三，各个高等学校和科研院校之间可以形成共同的合作框架和机制，共同合作申请国家级、省（自治区）级等科研项目，共同完成合作项目的研究。当然，两者合作还需要得到上级主管部门、省（自治区）、国家等层面的支持。此外，高校要出台相关的奖励政策，为师生合作参与科研活动提供资助。例如，为学生开展团队科研活动提供奖励资金，设立高校学生科研团队创新项目，要求学生团队在老师的指导下开展科研项目的立项申请、调研或研究工作，在这个过程中实现科教结合协同育人。同时，高校还可以设立学生科研团队创新奖和优秀科研指导老师奖等，进一步发挥教师传帮带的作用和鼓励学生积极参与科研活动，实现科研育人。

（5）增强深化合作的思想意识。高校与科研院所都是国家科研的重要力量，都是在国家的统一布局下开展工作。因此，深化合作的思想意识的增强，两者进一步的合作，相互理解、包容和信任显得尤其重要。高校努力提高教师的科研能力，努力学习国内外的学术成果。科研院所要加强与高校的合作，关键在于与高校建立科教结合协同育人联盟，将其作为科研院所的力量，把握时代动态，增强核心素养和创新意识，支持高校的科研。

总而言之，以上五种机制的相互影响，作用是十分明显的。科研育人，科教是核心，师资队伍是基础，制定共赢发展的合作原则是合作开展的保障。任何一种保障机制的缺失，都可能导致科教结合协同育人不能顺利、有效地进行。

2. **构建评价机制**

高校科研育人评价体系，需要引进吸收当下先进的学术、管理智慧来认识和评价科研育人。科研育人的评价体系，首要就是科研的评价体系。科研评价体系不合理，就不能有效开展科研活动，就更谈不上科研育人。科学有效的科研评价体系，能够激起全体科研人员的斗志，使其扎根学术的大志向得以实现。因此，评价机制十分重要，机制需要符合中国国情，结合中国科研工作的实际，解决经济社会发展的重大需求，同时科研评价问题落到实处，具体到细节才会发现问题。

具体而言，分门类、分特点、重点建设，在开展科研活动的全过程中让学生获得实实在在的参与感、收获感，从实质效果上保障高校科研育人功能的实现。所以，高校要构建科研育人的科学评价体系，以此完善中国科研评价体系。科研育人评价，重点在价值评价。科研育人价值评价，指的是科研育人的理念与社会主义核心价值观是否一致。各种评价体系是否承认科研育人价值评价值得关注。目前，科研育人的科学评价体系还处于探索之中，我国部分大学已对科研育人的理论思路与实践方式有了深入思考，各级领导与管理层、各种教育机构和社会人群都在思考着，都在为了制定合乎规律的科研育人评价体系而努力。

科研育人评价体系可以从三个维度考虑：①构建完整的科研评价体系；②树立正确的价值理念；③落到实处，要有经验丰富的研究者指导年轻学者，共同努力建设科研育人的评价体系。高校特色，是科研科教育人，是科学的评价，是有重点、有思想的评价；专业特色，人才特色，科研育人的优化，合理地选拔人才都将产生效益。此外，还应在师生的教育教学活动评价体系中纳入科研育人相关指标，通过细化评判标准、规范评判方式等途径，将科研育人理念融入高校教育教学工作的方方面面，力求标准明晰、制度规范、操作合理、长期有效。

总而言之，科研育人价值评价，要注重师生对科研的创新思维的把握度，创新、科教融合与产学研协同是科研育人重要的实施途径。

3. 构建激励机制

完善的激励机制是人类社会进化的一大动力源泉，无数心理学理论，例如，巴甫洛夫的刺激激励、条件反射理论和强化理论等都证明人类在日常生活中离不开激励奖赏。因此，在科研育人中，需要做到如下内容：

（1）要建立完善的奖励激励制度。各种奖项应针对科研工作者的成绩设立。

（2）可以将社会的评级和激励模式引入高校评价系统进行科学的综合考量，设置科研育人的奖项。新时代需要新的激励体制，新的激励体制应符合新时代的核心价值观，促进师生掌握核心技术，提升创新能力。

（3）打通问题关节，实现各项育人工作的协同协作、同向同行、互联互通。只有这样，才能更快实现科研育人的目标。

4. 构建监督机制

构建科研育人质量提升体系需要良性有序的制度作为支撑。因此，高校开展科研育人工作的首要任务是做好领导统筹、通畅信息、反馈评估等具体事务，确立规范科学的科研育人实践。

（1）完善监督体系。认识来源于实践，实践作用于认识，由人类社会的经验可知，脱离实践的活动意义不大。高校要重视人才，关心科研成果，在规章制度与管理实践方面需要做出反思。另外，科研机构在进行科研工作时，一定要体现时代的精神，这是十分必要的。

（2）国家要加强奖惩制度法律法规的建设。用法治思维指导实践，强化主体自我管理与大局意识。与此同时，要注意发挥法制在科研育人中的制度保障作用，对符合规范、成果丰富的团队或个人通过多种方式提供奖励与支持，而对存在学术不端等恶劣行为的团队或个人要及时予以相应处罚，在保证法制的权威性与公正性的过程中推动科研育人理念的贯彻落实。

（3）加强学术诚信监督体系建设。学术诚信监督体系是我国学术研究事业健康发展的重要保障机制。高校要始终坚持诚实、信任、公平、尊重和责任的根本原则，致力于消除科学研究中出现的学术腐败、项目造价作假、论文抄袭等现象，构建集教育、预防、监督、惩治于一体的学术诚信监督体系。

五、高校科研育人的有效方法

（一）思想价值引领贯穿科研活动全过程

一般而言，师生的科研活动包括三项内容：

第一，申请与设立科研项目。

第二，在科研项目负责人的指导下产出科研成果。

第三，在科研项目研究和产出科研成果的过程中组建联合攻关的科研团队。

总而言之，科研育人的要求是：一方面改变以往以教师为主的较为独立的科研工作传统方法，鼓励师生共同参与，学生在科研中学习专业理论知识、进行科学创新实践以及培养学术品德；另一方面，在进行科研活动、创建科研团队等过程中严守道德品质底线，使科研团队始终坚持正确的政治方向。

（二）构建多方协同的多元育人培养体系

创新、科教融合与产学研协同是科研育人的重要实施途径。因此，科研育人需要培养师生的科学精神和创新意识，通过实施科研创新团队培育计划、科教协同育人计划、产学研合作协同育人计划等项目，引导师生积极加入科技创新团队和参与科研创新训练，以此来更好地把握科学发展趋势，培养师生协力攻坚克难的团队精神。

（三）完善学术评价标准和科研成果评价办法

学术评价标准和科研成果评价办法是对科研成果的学术价值、完成质量、运用前景等予以正确、合理、科学的评价，是科研成果管理的一项重要内容，直接关系到科研的发展方向和研究人员的工作积极性。科研育人要求高校通过优化科研评价体系、发展学术评价方法，构建具有中国特色的学术评价标准和科研成果评价办法。

（四）发挥学术名家和优秀学术团队的榜样效应

学术名家、优秀学术团队的先进事迹在科研育人过程中能起到重要的表率和模范作用。因此，科研育人需要立足高校发展实际，充分挖掘和宣传学术名家、优秀学术团队的先进事迹，并应用多样化的现代传播手段进行宣传，增强学术名家及优秀学术团队的榜样力量，营造良好的学术氛围和创新创业环境，培养师生的学术兴趣，帮助师生树立正确的科研道德观，培养师生的创新意识，为师生深入开展科学研究、抓住当前科学研究动态提供借鉴，为进一步开展科学研究，加快科研成果转化提供有效的经验和方法。

第二节　高等学校科研育人的对策

一、建立高校科研育人的体制与机制

如果想要促进科研育人，学校必须强化使命担当。高校立身之本在于立德树人。学校各级管理工作者必须强化"立德树人"的使命担当，把握科研育人是高校职能转变的必然要求，是学生成才的迫切要求，是改进德育工作的客观需要的定位，高度重视并亲自主抓科研育人；学校要建立科学合理、能够总揽全局、指挥通畅的领导体制和层级分明、良性对接、齐抓共管的长效机制。在科研育人过程中，强化各级组织的责任和担当，形成在学校党委的领导下，科研部门、人事和教师工作部门、宣传部门、学工部门等协同配合的工作局面。各部门要履行好各自的职责，齐抓共管，共同推进科研育人建设。同时，高校应成立科研育人领导小组，对科研育人各项工作进行组织与协调、统筹规划，对科研育人过程中存在的障碍进行分析讨论，为科研育人的实施提供切实可行的建议。

二、健全规章并发挥制度导向作用

如果要把科研育人落到实处，必须建立健全完善的科研育人制度，不仅使科研育人有章可循、有章可依，而且要通过规章制度引导广大教师和相关部门开展科研育人工作。制定规章制度，一定要因校制宜。由于学校类型层次不同，科研发展水平也存在差异，因此，科研育人规章制度的制定应该符合各学校的人才培养特点和学科发展规律，使科研育人的内容更加具体化、规范化。

（一）创新科技平台管理制度

实施科研平台育人，创新科技管理制度，引导师生开展创新活动。学校的所有活动本质上均是出于育人的目的，而科研的客体是技术，育人的客体是学生，为实施科研育人，应将科研与育人紧密结合。这就要求学校科技管理制度的设计，不仅要遵循科技规律，还要赋予人才培养的制度性规定，构建师生向往、思想重视、切实行动的科研导向机制。

在人才培养方案中，高等院校应开设创新教育课程或开展创新励志讲座，以营造教育氛围、进行知识传授、加强榜样引导、增强学生创新意识、教授学生创新方法、提高学生创新能力。学校自行组织的科技研发和技术服务项目，引导和鼓励甚至规定必须有学生参与，或者明确有学生实质性参与的项目才能给予优惠政策支持。有条件的学校可以设置学生科研和技术研发专项项目，鼓励支持学生自主开展创新活动。另外，学校还可以有针对性地组织各类科技创新社团，丰富活跃学生创新生活，形成创新的组织文化和场域文化。

（二）确立明晰的人才培养目标

无论是建设创新型国家还是建设人力资源强国，均需要依托高校培养大量的高素质创新型人才。人才培养是高校的基本职能和重要使命，能否培养高素质创新型人才，很大程度上决定着能否在激烈的国际竞争中占据优势、赢得主动。科研项目的实施将从政治导向、价值取向、科研精神、团队合作等层面引导学生，从而达到育人的目的。高校科研工作广泛吸纳青年学生参与科研实践，从而培养具有创新意识、创新能力、创新精神的高素质人才，而这些人才将是适应时代改革创新发展、建设创新型国家的重要依托。

（三）健全科研项目成果的评选与推广机制

如今，我国科技创新能力已经显著提升。为进一步扩大科研项目和成果的影响力，在高校形成良好的科研氛围，亟待健全创新成果的评选和推广机制。科研项目成果评选与推广是科学评价体系中的重要内容，是科研管理的基础性环节，是学术规范体系建构中不可或缺的组成部分。作为一种特殊的制度，科研项目成果评选与推广制度发挥着鉴定学术成果、审核学术质量、引领学术方向、激励学术创新的重要作用。当前，进一步完善科研项目成果的评选和推广机制已刻不容缓，必须遵循"规范、科学、公正、有效"的原则健全该制度。

科学的评选与推广机制既可以引导学术活动坚持正确的政治方向、理论方向和科研方向，为我国建设创新型国家提供智力支持，也可以充分调动科研人员从事科学研究的积极性、主动性和创造性，激发其科研活动的潜力和创造力，优化学术资源的配置。从长远来看，健全该制度可以营造良好的学术氛围和环境，形成严谨、扎实、规范和风清气正的学术风气。首先，应该坚持科学且合理的评选机制，避免为达指标而降低对科研项目成果的要求；其次，高校科研育人是时代改革创新发展的迫切要求，必须在整个项目的实施过程中严格把关，推进科研项目成果的转化与应用，发挥科研项目的育人功能。

三、加强教育培训并优化育人环境

提高教师科研育人的意识是做好科研育人的前提。因此，要加强对教师的教育引导，培养教师科研育人意识。教师承载传播知识、传播思想、传播真理，塑造灵魂、塑造生命、塑造新人的时代重任。因此，应该强化教师科研育人意识。同时，还要提供多层次、多类型的教育内容，帮助教师树立正确的人生观和价值观，树立科学报国、服务人类的理想和勇于创新、敢为人先的科研目标；强化科学道德和学术诚信意识，形成良好的学风、文风，奠定教师科研育人的基础。

另外，提升教师科研育人的能力是做好科研育人的基础，因此，要通过开展各种形式的宣讲会、交流会、现场会、专题学习活动等培训方式，对教师的科研育人能力进行培训和指导，让教师掌握更多的方式方法，有效地开展科研育人工作。同时，要鼓励教师加强对教师科研育人的研究和总结，分析得出有效的咨询报告、方法建议等，以指导教师科研育人实践。优化环境，营造氛围，是促进科研育人的重要手段。良好的育人环境和浓郁的育人氛围是科研育人的肥沃土壤。环境和文化的熏陶是一个潜移默化的过程，对学生的影响是深刻而长远的，要特别注重科研育人的氛围营造和文化建设。

第一，要加大对科研育人政策、措施和全国科研育人典型的宣传，如"时代楷模"黄大年的感人事迹，营造科研育人的氛围。

第二，要开展科研育人楷模评比活动，树立身边的典型，发挥科研育人模范的榜样作用，营造树师德、正师风的良好风气。

第三，要开展科研育人的各种主题活动，通过专题讲座、广播、征文比赛等形式，借助微信、微博等网络平台开展科研育人活动，并为育人楷模设立专门的奖金。

第四，要重视科研育人团队建设，增强团队中教师和学生的互动，在其共同参与的过程中，使教师的科研精神感染学生，培养学生的合作精神和拼搏精神，构建积极向上的科研育人环境。

第五，要构建重视科研育人的校园文化，传承学校的优良文化。每个学校在各自的历史发展中，都形成了特有的校园文化，在构建科研育人文化的同时，要将科研育人与其自身的校园文化相结合，发掘优秀的文化传统，弘扬学校精神，将继承与发展相结合，走出自己的科研育人之路。

四、发挥科教与产教协同育人作用

(一)　发挥科教协同育人的重要作用

将科研与教学结合起来,培养理论基础与实际应用相统一的创新型人才是科教结合协同育人的最终目标。不同于传统教育模式中科研与教学相分离的特点,科教结合协同育人通过科研与教学深度融合,能够使学生更加准确地把握学科的特点、方法、前沿动态,实现学科知识技能与社会发展实际需求的互嵌式发展,切实提升应用型创新人才的培养水平,达到科研育人的目的。教师是开展科教结合协同育人工作的主体,因此教师的培养应该注重以下内容:

第一,注重教师的思想建设,引导教师协调处理好科研与教学的关系,实现教学与科研相互促进,认清自身教书育人的职责,正确看待利益得失,不急功近利。

第二,加强交流和沟通,加强教师与教师、教师与学生之间的交流和沟通,及时发现问题,探寻解决办法,总结经验教训。

第三,鼓励教师将行业的关键技术问题、科研成果直接引入课堂,或者让学生直接参与研究,使学生能够近距离接触科技前沿,培养学生的创新思维和实践技能。

(二)　发挥产学研协同育人的重要作用

产学研合作协同育人在培养复合型人才方面具有明显优势,能够较好地将科学研究能力培养与实践生产能力培养有机结合起来,有效提升学生的综合能力。因此,在开展科研育人的有利环境下,产学研合作协同育人项目将充分抓住机遇,创新产学研合作体制机制,解决在育人过程中存在的各种障碍,培养出更多具有科研和实践双重属性的高水平创新型、复合型人才。为促进产学研合作协同育人的发展,在创新型人才培养的全过程中,要确保教学内容和教学形式紧跟产学研育人的特点。

第一,推动教师将国际前沿学术发展、最新研究成果和实践经验融入课堂教学,在条件允许的情况下到企业中进行现场教学,增强教学的实践性,注重培养学生的批判性思维和创造性思维,激发创新创业灵感。

第二,建立长期稳定的校企合作平台。在企业真实环境中进行科研素质的培养和训练,学生能够将课程中所学的专业知识、技能与实际生产结合起来,增强动手实践能力,实现在学习期间与技术问题的零距离接触。

第三，校企互动，请企业人员到学校举办交流会、讲座，加强校企合作，联合制定、完善与执行人才培养方案，增加实践学时。

五、建立对教师科研育人评价机制

加强管理、严格考核是促进高校科研育人的重要措施，是高校科研育人工作持续深入进行的保障。为此，需要建立一套多元化的评价方式，从教师的思想道德素养、科研理想、科研动机、科研精神、科研诚信、科研作风等方面进行全方位的评价，通过采用教师自评、他评相结合的评价方法，对各种评价方法按照一定的比例进行量化。

六、正确引导教师和学生教学实践

在科研育人实践中，应引导教师和学生做到如下内容：

第一，教师多形式开展科研育人工作。为了改变高校在校学生在应试教育中所形成的惯性思维，教师可通过实验、交流讨论、创建跨学科科研攻关团队等形式激发学生的求知欲，并通过传授科学研究方法，培养学生的创新思维、提高他们的科研创新能力。此外，教师要鼓励学生参与教师的科研创新活动，使学生主动参与文献检索、实地调研、方案制定、分析论证、实验操作、经验总结等环节，充分发挥学生的主观能动性。学生在参与科研创新活动的过程中，在教师严谨的科学态度影响下，其研究性学习与科学探究的热情也被激发。教师通过参与学生自发的科研活动，将自己的科研知识及经验传授给学生，一旦发现学生的缺点和错误，便及时向学生传递正确的世界观、人生观及价值观，用严谨治学的理念和勇攀高峰的科学精神影响和教育学生。

第二，学生多渠道参与教师科研活动。鼓励学生参与各类国家级、省部级课题，以及应用开发课题，协助教师或独立完成科研活动中的部分工作（如查阅资料、社会调查、分析数据等）。学生在教师的指导下开展科研工作，教师向学生阐述科研项目的意义、预期目标、技术方案等。学生参与教师科研，完成某项科研项目的子项目，并在教师的指导下分析结果。

第三，学生参与多元化科技创新活动。科技创新活动作为学生创新教育的有效载体和重要途径，在创新人才培养中发挥着重要作用。近年来，高校对大学生创新创业训练和实践能力的要求日渐提升，学生参与科研育人的广度和深度不断拓展，学生科技创新活动已经由过去学生自发性的课外活动，转变为高校人才培养的创新实践模式。通过参加"创新杯"学生学术科技和创业计划竞赛、"互联网+"创新创业大赛等，学生可充分利用学生创新创业训练计划等创新性实践平台，积极探索真理，求实创新。

七、构建联动育人的人才培养体系

第一，教师作为科研育人的主要实施者，先要牢固树立协同育人理念，形成"整体融通式思维"与"综合渗透式思维"，构建诸多教育方式融合的教育模式，以德育为引领，以德定才智、以德健体魄、以德悦美、以德塑造劳动品格，将德育渗透到各教育领域之中，构建德育、智育、体育、美育、劳动教育各个要素之间的互动关联。

第二，将科研作为育人的重要途径之一。教师不仅要重视促进学生的德育，还要注重发挥科研对智育、体育、美育乃至劳动教育方面的促进作用。通过带领学生进行科研活动，提高学生的科研能力；通过引导学生参加科研实践，增强学生的体能；通过带领学生参与科研活动，培养学生正确的审美观念，提高学生的审美情趣、审美能力和创新思维能力；通过让学生参加科研劳动，培养学生的劳动观念，引导学生形成崇尚劳动、热爱劳动的劳动品格。

第三节　全方位育人体系下的科研育人

全方位育人体系中共包括十项育人体系，如课程育人、管理育人、文化育人等，其中科研育人是极为重要的育人体系之一。对此，高校需充分借助全方位育人体系的价值与优势，开展科研育人工作，并明确育人过程中所面临的难题，采取科学的应对措施，实现全方位培养社会型、创新型人才的目的。全方位育人是指丰富德育教育内容以及德育途径，促使大学生可以养成优良的道德素质结构。德育中具有极为丰富的内涵，而思政教育、道德品质教育是全方位育人的核心，此外，德育又涵盖了法治与环境等多种教育内容。由此可见，高校需实施全方位育人工作，为教师与学生营造全面且优良的德育环境，促使德育教育可以体现在学生学习与生活中的方方面面，使学生自主参与到育人的计划中，以增强全方位育人工作的实效性。

全方位育人体系在形成时，需将爱国主义作为前提、求真务实视为科学真理，同时还需将端正的学术态度作为最基本的底线，养成团队协作精神，对高校中所拥有的各类育人资源进行合理化整合，将所预期的育人成果作为发展方向与动力，实现创新型人才培养的同时，重新平衡科研同育人之间存在的关系，加强对学生的思政教育，时刻对学生可能产生的有关心理问题进行关注，促使高校育人、育心以及育德三项工作相结合，实现对学生的全方位培育。全方位育人体系的建设为高校科研育人工作的开展提供了更为多样化的实现渠道，并形成创新型的工作思路，但是间接增大了高校教师的育人难度。全方位育人体系下高校实现科研育人的有效途径如下：

一、建设健全的考核标准

高校全方位改革期间，进一步推动了科研型高校的建设进程，但也在不断发展的过程中，极大程度地限制了高校科研活动的开展。而研究类院校为了能够始终立足于教育领域，巩固自身的地位，就需不断提升院校自身的科研水平，这就意味着高校无法充分发挥出科研工作的育人功能。因此，高校教育人员需树立育人为本的教学理念，而高校则需针对教师建立科学且完善的考核体系，并将科研育人相关工作内容纳入考核体系中，提高科研育人的整体权重，在计算教师晋升有关工作量时，需将科研育人计算在内，以保证科研、育人二者之间能够达到平衡。

二、创新科研育人的方式

"科研创新团队是高校提高科研能力和水平的重要力量，培育科研创新团队是高校科研管理部门的重要工作"[①]。高校需注重对科研育人方法的创新，并在该思想以及全方位育人体系下，推动科研育人持续且良性发展。高校内负责科研工作的教育部门与团队需定期组织高校教师与学生开展学术性讲座，或通过报告与交流活动的方式鼓励全校师生参与，科学落实科研育人的宣传与总结工作，并将该项工作的实施情况与取得的成效展示给全体师生以及院校领导。此外，高校需做好校内、外教育资源的协调工作，邀请科研学术水平优良的校友、院校内专业科研教师以及科技企业的负责人为院校科研育人工作提供指导。同时，还需科学利用科研项目，实现学生创业活动覆盖面的拓宽，并为其专门打造创新创业活动基地，鼓励学生将创新项目研究工作转换到创业实践活动上，以充分发挥出科研育人创新创业人才培养的功能。

---

① 刘志会，袁淑影. 地方高校科研创新团队建设初探［J］. 长春工业大学学报（高教研究版），2011，32（4）：30.

三、提升科研成果的转化率

为了使科研成果得到有效转化，就需重视转化渠道的拓宽，并为该项工作提供更为专业的人才团队，打造健全的成果转化平台。同时，高校需依托于当前科研育人工作开展的实际情况，科学制定分配政策，并将教师科研成果转化工作的实施计算到教师晋升机制中，以此激发教师科研育人工作的积极性。此外，高校还需重视科研实践基地建设工作的开展，将科研成果转化作为科研工作的重点，鼓励并组织院校中的教育人员以及学生到校友企业进行实习，尽可能整合学校与社会上的科研资源，实现教育人员与相关人员之间的双向流动。

对于综合实力较高的院校而言，可以同地方政府、科技企业一起开展科研成果转化基地的建设工作，聘请专业的科研人员为该项工作进行指导，以进一步提升科研成果转化的进程。同时，还需重视科研人才的培养，组织高校技术人员打造健全的科研项目数据库，对于科研成果成功转化且达到育人效果的工作而言，可以借助互联网实现线上与线下共同展示，不仅为后续一系列科研成果转化工作的开展提供参考与技术支持，还可以为其他开展科研育人的高校提供学习与借鉴的机会。

四、整合资源搭建科研平台

在全方位体系下，高校想要保证科研育人工作开展的有效性、实效性，就需针对该项工作构建完善的科研平台，并加强对学生思政教育工作的开展，重视日常教学时的指导，帮助学生解决科研过程中遇到的难题。同时，高校还需鼓励大学生参与社会实践，并为其提供可以接触前沿探究的机会，注重科研活动的开展，组织学生参与到活动中来，有助于学生团结协作精神的培养，还可以使其形成创新精神。但是，为了从真正意义上达到这一效果，高校就需树立科研育人新思路，寻求创新型的育人方法，将能够推动科研育人工作的各项资源进行合理化整合，为学生多方面科研技能的培养提供更为优良的资源服务。

五、增强科研机制顶层设计

第一，高校需重视科研师资队伍的建设。在全方位体系下，需依托于高校教师的发展规律，尤其是将青年教师作为科研育人工作的突破口，以此为基础，打造以院领导、辅导员以及专业讲师为核心的科研育人团队，以保证队伍整体专业水平以及层次达到育人标准，促使队伍的引导作用得到充分发挥。同时，还需以实验室、科研团队等平台作为科研育人工作开展的载体，达到思政教育科研育人的效果，并在不断育人的过程中，逐渐对学生的学术能力、道德品质等进行培养。

第二，制定科学且完善的科研制度。将国家教育部门所下发的改革政策作为科研育人的工作导向，充分发挥高校自身所具备的科研优势，同时，还需依托于国家最高科学技术奖、国家科学技术进步奖特等奖、国家自然科学奖评选内容，针对性地对院校当前的学术评价方法进行完善与创新，以此为基础，打造学术诚信体系。此外，还需加大科研实验室等育人平台的建设力度，提高科研成果的转化率。

第三，创新高校当前的人才培养制度。依托于全方位育人体系，深入探索创新型、复合型等人才培育方式，并以科研相关项目作为育人工作开展的载体，为其配备专业的教师团队，实现对学生专业知识、技术素养等全方位培育的目的。在各方的共同努力下，制定出与市场接轨的科研项目，为学生创造优良的科研环境，并为其提供先进的科研设施，以实现对学生道德品质以及创新意识的进一步培养。

总而言之，全方位育人体系下，教育更倾向于学生道德与思想的不断完善，这就要求科研育人的教师与作为培育对象的学生都能够树立正确的学术导向，并逐渐培养自己养成科学精神，具备积极进取、严谨求实的科研作风，合理利用高校的育人资源，构建全方位育人平台，做好科研机制顶层设计，促使学生健康成长。

第三章 ▶ 高等学校科研的管理机制

第一节　高等学校科研管理及其构成

一、高等学校科研管理的认知

(一)　科研管理的指导思想

高等学校科研管理作为一项实践活动，已存在很长时间，积累了许多丰富的经验，高等学校科学研究也发生了很大变化。项目经费的资助力度、参与科研的高等学校教师数量、科学研究的普及程度、科研成果的创新等，都已进入了一个全新的阶段。高等学校科研管理的指导思想包括以下内容：

第一，要建立确保哲学社会科学重要地位的管理体制，从制度上避免说起来重要、做起来次要的情况。要切实落实哲学社会科学的重要地位，就要把哲学社会科学和自然科学放在一起进行全局规划、全程规划、全面规划，整体把握，总体决策，确保哲学社会科学的重要地位落实到师资建设、学科建设、经费投入、氛围营造的各个环节，同时又分工负责，做到职责、权利分明，保证哲学社会科学发展的各项工作有目标、有规划、有要求、有条件、有措施；保证哲学社会科学的研究队伍不断壮大，经费不断增长，水平不断提高；保证"四个同等重要"在高等学校各项工作中得到切实体现。

第二，要以科学发展观为指导，正确认识和处理学校发展过程中的一些基本矛盾关系，促进科研与学科建设、科研与培养人才的共同发展。在科研与学科建设的关系方面，科研的方向和成果是学科建设的主要标志，学科建设特别是研究方向要根据科研的需要不断调整。科学研究经过长期发展，会形成若干个学科和研究方向。这些学科和研究方向向纵深发展，与其他学科和研究方向的区别愈加明显，形成较稳定的学科和研究方向。这是学科通过分化不断深化的一种形式；通过综合不断深化是另一种形式。在对一个复杂现象的多学科交叉研究、联合攻关中，会形成新的学科和研究方向。后一种形式更值得我们重视。要坚持以科研为龙头，整合、提升传统优势学科，培育新兴、交叉、边缘学科，尤其要大力推动哲学社会科学之间、哲学社会科学与自然科学的相互渗透、相互结合、相互融合，努力构建具有中国特色的哲学社会科学学科体系。在科研与培养人才关系方面，要坚持科研与人才培养相互促进，高等学校肩负着教学和科研的双重任务。要重视科研成果向教学的转化，在教学中及时反映科研新成果，使科研成为教学改革的动力，促进教学内容和教学方法的更新，不断提高教学质量。科研管理人员不仅要对科研本身进行管理，还要对整个学校的发展，对人才培养通盘考虑、建言献策。

第三，要正确认识和处理数量与质量、个人与团队等关系，促进科研水平与人才素质的共同提高。科学研究，数量是基础，质量是生命。没有一定的数量不可能有高质量，没有质量的提高数量也就失去了意义。目前我国哲学社会科学研究的主要问题是高质量的精品少。要建立起保证数量、引导和强调质量的评价标准和评价机制。在个人与团队的关系方面，要充分发挥学科带头人、学术骨干的作用，充分发挥他们把握方向、战略设计、宏观规划、全面协调的作用，改变个体分散、零敲碎打的局面，形成人才梯队、学术团队，形成科研联合攻关的能力。要尊重科研人员独立研究、自由研究的特点，有总有分，有分有合。要加速高校哲学社会科学创新团队建设和学术带头人培养工作，努力造就一批立足中国、面向世界、学贯中西的思想家和理论家；造就一批理论功底扎实、勇于开拓创新的学科带头人，造就一批年富力强、政治和业务素质良好、锐意进取的青年理论骨干。

第四，要形成有效机制，处理好竞争与合作的关系。哲学社会科学管理本身就是一门科学，我们要通过改进创新，努力在全国高等学校营造出一种既能统一规划，又能保证科研主体有充分的自主空间；既能促进良性竞争，保证优秀的人才、优秀的成果能脱颖而出，造成能者上、庸者出的良好气氛，又能形成合作团结、互通有无的健康环境；既能全面关注哲学社会科学的发展，又能有自己的特点、优势、强项，有所为有所不为的氛围，促进学校和学科的可持续发展，促进高等学校哲学社会科学的繁荣发展。

（二）科研管理的基本原则

高等学校科研管理的原则，应根据今天的形势，重新界定。首先，依靠现代管理，尤其是行政管理的基本规律；其次，依据高等学校科学研究活动的特殊性；最后，要围绕高等学校科研管理的最终目的。所有原则要有利于高等学校科学研究事业的发展，有利于充分调动广大科研人员的积极性，有利于促进科技、教育、经济协调发展，有利于科研资源最优化配置。

1. 以人为本原则

在高等学校科研管理中坚持以人为本原则，是现代社会管理的必然要求。科研人员、高校教师是高等学校科研活动的核心，对人的管理是高等学校科研管理的重点。如何提高科研效率、怎样调动科研人员的积极性，是管理的中心问题。科研管理的对象包括科研人员、科研经费、科研设备、资料、仪器等，也就是人、财、物几个方面。人在科研活动中处于主导地位，包括从事高等学校科研活动的教师、学生、实验室人员、后勤人员，也包括高等学校科研管理人员。进行科学研究，离不开经济活动，研究规模越大，从事科研活动的人员越多，经济活动也就越复杂。进行科学研究，离不开科研的必备条件，尤其是自然科学，要有实验室、仪器、设备、药品，有些仪器特别贵重。即便是社会科学的基础研究也必须拥有图书、资料、信息、计算机。

确立以人为本的管理原则，就要考虑"人"的需要。把科学研究人员当成"科研人"来对待，不要把他们看作"科学家"。贯彻这一原则，就要想方设法调动科研人员的积极性，实施激励措施，运用经济奖励杠杆，解决科研人员最基本、最起码的生存需要。当前高校设立特聘教授岗位，加大科研奖励力度，都是"以人为本"管理原则的具体实践。这一管理原则已为高校科学研究注入了很大活力，为其带来了很大生机。当然，贯彻这一原则绝不是不要进行职业道德建设和精神文明建设，也不是不要艰苦奋斗作风，在充分重视科研人员"人"的需要的同时，在政治上关心他们、信任他们，使他们具有良好的科研道德品质和科学精神，也是贯彻这一管理原则不可缺少的内涵。

2. 公平合理原则

高等学校科研管理的对象是人，对所有的科研人员要一视同仁。科研选题的评审不能看选题的人，而要看报选的课题。年轻科研人员和知名专家学者，在科学研究面前一律平等。没有公平，科学研究就无法推陈出新，就难以选拔、培养年轻科研人员。在制定和运用科学研究管理的各种方法时，都必须以公平合理原则为指导，不能以个人意志来决定。公平并不是平均，在科学研究中是不能讲平均主义的；公平合理是反对平均主义的。面对科研人员，不论是有一定行政权力职位的人，还是一位普通教师，只要其有良好的科研能力，有科学思想，提出了好的选题，又有明确的研究路线，就应得到资助。可是在目前高等学校科研管理中，公平合理原则往往不能全面实行。如教育部在规定科研项目的申报上，重点学校和普通地方高校教师的科研选题就难以被公平合理地对待。因为过去的指导思想是教育部明确资助所属重点院校，地方院校教师的科研选题由地方政府主管部门资助。这种方法不利于地方高校参与国家教育系统的科学研究活动。

3. 支持重点原则

在高等学校科研管理中，无论是经费的分配、项目的审批、人员的培养、成果的报奖等整个高等学校科研管理的各个环节，都应该始终贯彻支持重点的原则。尽管高校中的大多数教师，都不同程度地开展科学研究，但真正能成为科学家、专家、学者的，必定是少数。科学研究的目的，一是出人才；二是出成果。国家科研资源有限，一所高校年科研经费不会平均分配，只能资助那些优秀人才。贯彻支持重点原则，学校主管部门要真正全面了解"重点支持对象"的综合素质，尤其是科学道德素质。如果发现支持对象存在着不可改正的缺点、错误，就要用行政管理手段停止支持。管理中要真正能从"重点支持对象"中培养造就出著名的学者、大师。支持重点原则，往往与人才流动紧密相连。有些高校为了留住人才，往往将多种科研荣誉、多种科研项目交给这些拔尖人才，可结果并不尽如人意。在具体管理中，要注意因人而异，区别对待，能够继续支持的就支持，没有必要继续支持的，就要停止支持。

4. 系统协调原则

管理是取得管理者、管理对象、社会应用单位最高程度的协调，尽可能地减少矛盾冲突。高校科学研究的最大目标，就是发展科学研究事业，有利于创新人才的培养和社会经济的发展。高校科学研究管理者、研究人员、研究成果应用的社会单位，是一个有机的整体，也是一个完整的系统。从系统的整体出发，在把握整体与部分、部分与部分、整体与外部环境的相互制约、作用、联系中，充分发挥系统的整体作用，协调各自利益，达到最大效益。

一个完整的系统由各个子系统组成，子系统又由元系统构成。高等学校科研系统由各个院系科研子系统组成，各个院系科研子系统又由各个专业、研究室、实验室元系统构成，元系统又由一个一个的课题组组成，而课题组是由研究人员组成的。这是一个复杂的整体系统。这个整体系统内部的大大小小的组成部分，由于各自的利益、地位、出发点不同，不可避免地产生冲突和矛盾。一个高等学校科研系统又和教学、后勤、人事等系统发生关系和冲突，同时又与上一级科研管理的大系统产生关系；也有利益分配不均衡的矛盾，与兄弟院校科研管理系统之间也会发生矛盾和冲突。在复杂的系统内部、外部之间，科研管理的主要职能就是协调关系，处理矛盾，解决冲突，提高效率，扩大效益。高等学校科研管理系统协调原则是极其重要的原则。

高等学校科研管理系统协调原则，就是运用系统原理、冲突原理，一方面，要把冲突造成的破坏减少到最低水平；另一方面，使冲突产生有效、积极的结果，保证管理的整体性、连续性，使系统整体获得健康的发展，求得最大化科研效益。冲突是客观存在的，旧的矛盾解决，新的冲突产生，系统协调原则将能一直起到作用。

（三）科研管理的价值导向

导向的实质是一种来源于社会的刺激和影响，因此对导向的管理也就是对个人及组织行为与资源流向进行的指引、诱导和规范。价值导向则是社会对个人价值和集体价值取向的路线、方针、法规及舆论等方面的制约、引导。价值导向强调社会整体的利益和需求，重视一定程度的约束与调控。它以理性约束感性，以规范制约失范，以有序替代无序，从而使社会生活更加稳定。因此，价值导向具有社会化、整体化、理性化及规范化的特点。其中，社会化和整体化是价值导向的目标指向，理性化是价值导向的选择方式，规范化是价值导向的实现手段。

根据行为导向范式，不论是导向者，还是被导向者都会重视导向效果的信息反馈，依据信息反馈来调整或改变自己的导向行为或反应行为。高等学校科研管理是一种组织行为，在促进人才培养、提高科研能力、扩大学校影响、直接为社会经济和科技发展服务等方面起着举足轻重的作用。高等学校科研管理行为也必然会受到外部环境特别是社会环境的影响，高等学校科研工作的顺利开展及其功能的发挥，在较大程度上取决于科研管理的价值导向成效。鉴于高等学校科研管理目标导向的差异，可将其价值导向概括为以下四种形式：

1. 市场需求价值导向

市场经济条件下需求的多样化和时效性对高等学校科研管理的导向作用大大增强，高等学校科研技术开发与创新的节奏大大加快。市场需求对高等学校科研管理的价值导向是间接的。通过市场需求的价值导向作用的发挥，使那些具有市场发展潜力的科研活动随着市场经济的发展逐步转化成为现实需求。高等学校科研根据市场需求，理论密切联系实际，选择市场竞争中所需要解决的关键技术问题，提炼出解决技术难题所需要的新科学知识，开展相关技术导向性的基础研究。

2. 方针政策价值导向

随着时代的发展，信息科技逐步成为推动经济增长和知识传播应用进程的重要引擎，生命科学和生物技术将进一步对改善和提高人类生活质量发挥关键作用，能源科技为化解世界性能源和环境问题开辟途径，航天科技将促进人类对太空资源的开发和利用，基础研究的重大突破也将进一步为人类认知客观规律、推动技术和经济发展展现新前景。国家的宏观科技发展战略、经济政策和诸多社会发展方针政策都会对高等学校科研管理有不同程度的价值导向影响。各项具体的科技、产业、产品、环保等政策及经济发展战略不仅给高等学校科研项目明确了发展方向，还利用一些人才、资金、区域发展导向等相关的政策优惠，鼓励高等学校科研为国家和地方经济发展服务。

3. 社会舆论价值导向

经济、科技与社会的快速发展，一方面带来经济的繁荣与科技进步；另一方面也带来对社会和经济资源的过度消耗和生态环境的恶化。科研学术导向体现了科技进步和创新的要求，也要求高等学校科研管理的价值导向与时俱进。当人们越来越关注社会发展中生态平衡的科技需求时，节约资源、保护生态环境和提高医疗卫生公共事业水平的社会舆论导向，特别是针对农业发展新技术、危害人类健康与生存重大疾病的防治、地质灾害等开展的研究，成为高等学校科研项目的行为导向之一。

4. 核心业务价值导向

任何技术都有其发展的局限性，因而高等学校科研管理的价值导向应逐步围绕科研技术创新中的核心业务进行，开发新的独有技术，这一行为导向选择不仅与科技核心业务有关，而且也是科学前沿领域进行开拓性的探索研究的要求。

二、高等学校科研管理的构成

（一）科研管理的主体

高等学校科研管理的主体，主要是指各高校、高校的上级行政管理部门，包括地级市、省、中央等教育行政主管部门。此外，人力资源是科研力量的核心，也是科研力量的灵魂，没有人力资源就无所谓科研力量。科研力量能否实现内聚力、集约化发展，起决定性作用的是"人"，即广大的科研人员，是具有生命的鲜活个体，人的整体发展态势决定着"物"的流向与存在的状态。可见，广大教师和科研人员是高等学校科研活动的主力军，他们的积极性能否得到完全发挥，是高等学校科研实力能否发展壮大的关键。高校科研水平的高低与科研管理人员有着密切的关系，科研管理水平对高校科研发展起着举足轻重的作用。高校科学研究除了需要一支高水平科研人员队伍，同时也需要一支高素质科研管理人员队伍。建设一支结构合理、训练有素、有开拓精神的科研管理人员队伍是高校科研管理充分发挥管理效能的必要条件，也是科研水平不断提高的重要保证。高等学校管理人员的素质要求如下：

第一，较强的政策能力。对高等学校科研管理人员而言，应该重点了解、熟悉和掌握国家发展科学事业的路线、方针、政策及规定，科学制定本单位科学研究的发展方向、重点研究领域、重点研究项目或课题、本单位科研管理各项规章制度或条例；应重点了解、熟悉和掌握科研管理工作范围内的有关政策和规定，以保证自觉地贯彻执行这些政策、规定，防止和杜绝违反政策、规定的情况发生。同时，在执行过程中，还要同本地区、本单位、本部门实际情况结合起来，充分发挥自己的主动性和创造性。只有这样，才能保证党和国家发展科学事业的路线、方针、政策得到正确贯彻和落实。

第二，崇高的敬业精神。科研管理工作归根到底是一项服务性工作，没有认真负责的工作态度和敬业精神，一切工作就会成为无源之水、无本之木。高校从事科研管理工作的人数有限，工作复杂，既要对科研活动实施管理，又要为科研人员服务，所以科研工作需要走在前列，只有把敬业放在首位，才能以工作为重，不计较个人得失。科研管理人员必须以饱满的热情投入工作，在科研管理工作中，不怕困难，虚心请教，锐意创新，树立为科研服务的意识，踏踏实实地做好本职工作。科研管理人员还应牢固树立实事求是的思想和客观公正的办事作风，树立起耐心、细致的工作态度，在所从事的科研管理工作中，发扬敬业奉献的精神和一丝不苟的工作作风。

第三，高尚的职业道德。科研工作技术含量大，涉及先进技术多，良好的职业道德是做好科研管理工作的必要条件。以道德为基础、以职责为根本、以法律为准绳，充分认识知识产权含义，牢固树立知识产权意识，严格遵守科研保密规定，尊重科学，崇尚真理，公正、客观地对待各个项目、各项工作、各位科研人员，排除杂念，这是科研管理人员必备素质之一。科研管理人员应树立服务第一的意识，想科研人员之所想，急科研人员之所急，处处为科研人员着想，做科研人员的坚强后盾，尽量解决他们在科研工作中遇到的困难，使他们能一心一意地投入科研工作。

第四，扎实的专业知识。科研管理工作面临着各个学科、各个研究方向不同的研究内容，这就需要科研管理人员了解相关学科的一般知识，只有这样才能较好地对不同学科、不同研究方向、不同研究领域的研究工作进行有效管理。随着大学学科重组、交叉学科增多，管理人员要加强专业知识的学习，及时补充相关知识，以适应现代科研发展的需要。科研管理人员要不断学习科研管理理论、方法和政策，并创造性地与本院校实际情况相结合，学会发现问题、分析问题和解决问题，善于从大量细微的工作中总结经验，不断把握科技工作的特点和规律，解决工作中的问题，并以此来指导今后的科研管理工作。

第五，综合的管理能力。科研管理人员的工作是围绕管理进行的。管理能力包括创造性的思维方式、较强的判断能力、独立的工作能力、组织能力、表达能力等。科研管理人员既要学习管理理论，以管理理论指导实际工作，又要在丰富的实践中总结经验；既要面对大量的数据、信息，又要与不同层次的人员沟通，要有分析能力。所以科研管理人员掌握一定的管理艺术，把管理的方法和理论、手段应用于工作中是非常必要的。要以科研管理理论为工作指导，以科研实际为前提，以科研实践为准则，在工作中善于厘清思路，判断出要点。

第六，较高的信息能力。首先，要广开信息源，科研管理人员既要了解科研的基本特点及基础知识，又要从宏观上掌握科研动态信息，从中采集有价值的科研信息；既要了解当前的领先课题和研究重点，又要掌握科研发展的客观要求及主要矛盾，不断吸收新信息，充实科研工作。其次，要收集、转换和处理信息，并对信息进行检索，核定其可靠性。科研管理人员在收集信息时，要重视调查研究，掌握全面而系统的情况，绝不能让东拼西凑的信息作为决策的根据。再次，要将信息进行整理和纯化，并将信息编制索引供人查询。最后，科研管理人员还要重视信息反馈，努力使之形成人本管理的灵敏的网络化的信息反馈机制。

第七，良好的协调能力。科研管理人员与各级各类部门、单位管理人员联系时，要在科研项目开发和申报工作中起穿针引线的作用。上级部门的政策和指示、科研人员的研究成果都要通过管理人员相互传达，这样才能保持良好的互动关系，才能使有价值的项目得到上级主管部门的支持，尽快转化为生产力，推动科技进步。高校科研管理人员不但要有横向、纵向协调的能力，还要有与科研人员保持联系的协调能力，使科研人员对政策和指示有全面的了解和掌握，并且把各个环节协调好，为科研工作创造一个有利的外部环境，充分调动广大科研人员的积极性、主动性和创造性，促进科研工作的开展。

第八，高超的服务能力。高校科研管理工作的一个重要目标就是最大限度地调动科研人员从事科研创新活动的积极性，使他们快出成果、多出成果、出高水平的成果。因此，科研管理人员应牢固树立以人为本的思想，树立科研人员至上的观念，提高服务质量，营造良好的科研环境。科研管理人员平时要注意加强与科研工作者的交流和沟通，听取他们的建议，了解他们的工作进展，帮助他们反映问题，解决困难，协调好各方面的关系，把服务贯穿工作的全过程。科研管理人员要有奉献精神，主动、热情、高效地为广大教师从事科研工作发挥桥梁和纽带的作用。

第九，不断的创新能力。科研管理也要有创新，包括管理观念的创新和管理方法的创新。观念创新要求科研管理人员对科研、对管理的认识更加科学化、系统化，能够突破以前的管理模式，适应高校体制的改革需要；不能仅把使用计算机等现代科研手段当作管理观念的创新，对于过去好的管理观念，现在尚未被广泛应用的，也要继续加强，这也是创新的重要方面。方法的创新对于现代管理而言，先是建立在熟练应用现代化科研手段的基础上，在当前，这是方法创新的基本问题。管理工作涵盖的面很广，方法的创新至关重要。管理工作的创新可以更大地激发科研人员的创造力，推动科研工作的科学化进程。

第十，持久的市场开拓能力。市场经济在本质上是促进科技与经济社会结合的催化剂，是推动科技繁荣进步的推动器。科研管理人员要善于洞察市场，善于组织科技人员到市场经济的大环境中，根据市场经济和社会发展的需要，及时调整和合理配置基础研究、应用研究和开发研究三方面的力量，在保持拥有一支从事基础研究精干队伍的同时，积极组织更多的科技力量，主动走向市场，把研究与开发的成果尽快转化为生产力，服务社会，使之参与社会经济大循环。面对激烈的竞争，面对活跃的市场，要想抓住机遇，发展自己，并赢得支持和宽松的环境，科研管理人员的公共关系活动很有必要。通过科研管理人员的公共关系活动，可以促进科研组织内部的协调，优化科研组织外部环境，沟通和协调与各方的联系，推进科研课题的立项和成果转化。

总而言之，高校科研管理人员的自身素质和管理水平对高校科研工作的发展有着重要的影响，科研管理人员应不断加强自身建设，树立高度的敬业精神和奉献精神，充实管理专业知识，拓宽自身知识面，运用现代管理思想和手段做好科研管理工作，为实现学校整体研究水平的提高和科研工作的跨越式发展做出应有的贡献。

（二）科研管理的客体

高等学校科研管理的本质就是在高校科技系统目标的指导下，把对高校科技系统的资源投入——组成系统的要素（如高校教师、学生、管理服务人员、经费、信息等）——结合在一个统一的有机体内，以实现不同的分目标，并最优地实现高校科技系统整体目标，即解决对高校科技系统有限的资源投入与高效益地实现高校科技系统目标的矛盾。在解决这一矛盾过程中，高等学校科研管理的客体就是科技活动和科研服务。高等学校拥有包括高水平的科技专家在内的丰富的人才资源，其学术思想活跃、学科门类齐全，非常适合进行自由探索式的、多学科交叉的基础与应用研究。

1. 科研的过程管理

高校科研的过程管理是对科研项目立项、项目实施与经费管理、监督与检查、结题验收等科研环节的具体过程进行管理。现行科研管理体制以课题制为主，是典型的过程管理。在过程管理模式下，国家在真正的科研开始前就对项目投入资金，科研经费在整个项目周期内的所有权是国家的，使用权属于研究者，而监督权属于项目的依托单位，实行的是跟踪式的管理。大致流程是：政府根据国家科技发展战略制定项目指南，符合资格的科研人员申报项目；经过一个复杂的立项评估程序，一部分项目获得批准；项目的实施阶段；验收和结题。其中项目的实施阶段又包括项目的具体实施、项目阶段评估、项目中期评估、经费管理和监督检查等环节。但是，高等学校科研的过程管理模式也存在一些问题，例如，重立项轻产出、难以反映科学前沿动态、科研经费管理不够完善、监督难度大等。

2. 科研的目标管理

在过程管理模式下，科研经费的所有者、使用者和监督者，三者的利益是不一致的，为了追求各自利益最大化，就形成了研究者想方设法花钱，监督者因为钱不是自己的监督起来没有动力，而所有者又难以直接监督的局面，必然导致科研效率低下，科研经费大量浪费。科研管理应摆脱惯性思维，改为以目标管理模式为核心。目标管理模式是指以成果评价为核心对项目所达到的目标进行管理。相对于过程管理模式在真正的科研工作开始前即对项目投入科研资金，注重对项目立项、项目实施、科研经费管理、监督与检查等科研的具体过程进行管理，目标管理模式下，政府对科研项目基本没有先期投入，仅对通过审核认定的科研成果投入资金，强调对科研项目所达到的目标进行管理，即注重对成果的审核、鉴定、购买与转化等方面的管理，而对出成果前的科研的具体工作诸如人员安排、项目研究的进展、经费预算等都不予关注。

高等学校科研的目标管理模式以成果为核心，抓住了问题的本质，使有限的科研资金投入最能产生效益的地方，同时简化了管理程序，无疑是一套真正公平的竞争机制，它促使激烈的竞争由项目的申请转移到研究和出成果上，形成重视产出的导向，极大地提高了科研的整体效率和科研投入产出比。

第二节　高等学校科研评价体系建设

高等学校科研评价是指一定的评价主体依据一定的评价标准对高等学校科研条件达到某种水平及满足高等学校科研活动顺利实施的程度，高等学校科研过程达到某种水平及满足预期科研计划实现的程度，高等学校科研成果达到某种水平而满足社会相关方面需求的程度及其促进人才培养、科技进步和社会经济发展的程度所进行的价值判断。简单而言，高等学校科研评价体系是指对高等学校全体师生员工开展一切类型科学研究的条件、过程及结果进行价值判断与价值评定时的一整套依据，是由高等学校科研条件评价体系、高等学校科研过程评价体系和高等学校科研成果评价体系有机构成的一个价值判断体系或价值评定体系，其中，高等学校科研条件评价体系、高等学校科研过程评价体系和高等学校科研成果评价体系各自均由相应的评价指标体系、评价指标权集及评价标准体系三个部分组成。

一、高等学校科研评价体系建设的逻辑依据

（一）科研评价体系建设的指导原则

高等学校科研评价体系建设的指导原则如下：

第一，针对性原则。任何一套评价体系都是针对一定评价对象的某方面本质特征（或本质属性）而言的，这些本质特征或本质属性就是评价的目标。任何一套评价指标体系都是根据评价的目标而逐步分解而来的，都是围绕一定评价对象的某方面本质特征而设计的，具有明显的针对性。评价标准是评价一定评价对象的某方面实际达到相应指标程度的具体要求，反映评价指标体系中相应末级指标对应评价项目的状况，清晰指明一定评价对象某方面的优劣水平及努力方向。高等学校科研评价体系建设时，无论是拟定相应的评价指标，还是拟定各项评价指标的权重，抑或是拟定各项末级指标的评价标准，都应具有一定的针对性。

第二，指导性原则。之所以拟定相应的指标、权重及评价标准，既是为了判断一定评价对象某方面本质特征的价值，也是为了引导一定的人群朝向某一方向发展。评价体系具有明确的定向指导作用。针对高等学校科研构建评价体系，既是为了评价高等学校科研的状况，也是为了给高等学校师生员工指明具体的奋斗目标与努力方向。显然，构建高等学校科研评价体系时，务必把握好评价体系的指导作用，千万不能随意拟定指标、权重及评价标准。

第三，公平性原则。由于评价具有价值判断的作用，因而评价体系的指标体系、权重系统及评价标准不同，最终得出的有关评价对象某方面本质特征的价值判断就会有别。由此可见，评价体系的指标及其权重和末级指标的评价标准是否能够被科学合理地拟定，直接关系到评价结果的公平与否。为此，在拟定高等学校科研评价体系的指标、权重及评价

标准时，务必充分考虑到不同类型、不同层次高校的特殊性，针对不同类型、不同层次的高校，设计具有相对弹性的指标、权重及末级指标的评价标准，以之尽量保证评价结果的公平。例如，为了公平地评价研究型高校和教学型高校的科研状况，在拟定高等学校科研评价体系时，可以设计一定数量的弹性指标，有差别地评价研究型高校和教学型高校，还可以针对研究型高校和教学型高校，对同一指标尤其是同一末级指标有差别地设定不同的权重，甚至可以针对研究型高校和教学型高校，对同一末级指标拟定有差别的评价标准。

第四，客观性原则。主观性的存在，无疑会降低评价结果的信度与效度。为了保证评价结果具有较高的信度与效度，在构建评价体系时，务必保证评价体系的指标及其权重和末级指标的评价标准体系，尽可能客观反映一定评价对象的本质特征。为此，在建设高等学校科研评价体系时，应尽可能从当下客观实际出发，在广泛、充分调研的基础上，实事求是地拟定相应的指标、权重和评价标准。

第五，统一性原则。一般而言，评价指标体系是通过逐级分解评价目标而来。尽管评价指标之间具有一定的层级性，但它们最终都是指向同一评价目标的。为此，在拟定高等学校科研评价指标体系时，要确保指标内涵的一致性，要确保评价指标与评价对象或评价目标的一致性，要确保下一层级的评价指标与上一层级的评价指标（评价对象或评价目标）保持一致。

第六，科学性原则。所谓科学性原则，是指在构建高等学校科研评价体系的过程中，既要以一定的科学理论作指导，又要以一定的科学思维方法着手实施，确保评价体系具有较高的信度与效度。具体而言，在拟定高等学校科研评价体系的指标体系及其权重系统和末级指标相应的评价标准的各个环节时，都应符合科学要求，力求指标体系及其权重系统和相应的评价标准能反映教育方针与教育政策，能反映高等教育的基本规律与高等学校科研的本质特征，能反映高等教育的客观现实与高等学校科研的客观实际。此外，务必确保评价指标体系中各项指标之间不相互矛盾，同一层级上的指标之间相互独立、互不包含，下一层级指标能完整地反映上一层级指标，整个指标体系能完整地反映总体评价目标或评价对象。

第七，可行性原则。评价体系是一种价值判断的工具，其自身的价值直接体现在评价实践活动中。显然，某种评价体系在评价实践中是否可行或可行性程度的大小，不仅直接关系到该种评价体系自身价值的有无或自身价值的大小，而且直接关系到相应评价结果的有效性或合理性。为此，构建高等学校科研评价体系时，一方面应力求评价指标及其权重和相应的评价标准做到具体、可测、明确、简洁，并能为被评价者所理解和接受；另一方面应尽量少用甚至不用抽象的数学模型。

第八，发展性原则。评价既是一种价值判断活动，又是一种反馈促进活动；构建评价体系，既是为了判断一定评价对象或一定评价对象的某一方面的本质特征之价值，也是为了激励一定评价对象更有针对性地发展与改进。为此，构建高等学校科研评价体系时，既应关注指标体系及其权重系统和相应评价标准对高等学校科研状况的评判作用，也应关注指标体系及其权重系统和相应评价标准对高等学校科研的促进作用，确保最终构建的评价体系不仅能够科学、合理地评价高等学校的科研状况，而且能够科学、合理地促进高等学校科研事业可持续发展。

第九，基础性原则。高等学校科研是不考虑其工作是否有间接或直接的用处的。科研首先是针对知识本身的，是为了发展知识，而不是为了利用知识。衡量高等学校科研的尺度是认识上的进步、方法和结果的真实性和可检验性。构建高等学校科研评价体系时，务必将基础性研究成果作为评价高等学校科研状况的一项重要评价指标，同时加大高等学校基础性研究成果评价指标的权重，以此鼓励高等学校开展基础研究，促进高等学校回归科研应有的本位，并承担科研应有的发现知识与创新知识的使命。

第十，教学性原则。高等学校是培养高层次人才的场所，尽管科学研究也是高等学校的一项基本职能，但从高等学校的性质看，人才培养是高等学校的根本职能。高等学校科研的出发点应立足于培养人才，尤其是培养具有创新思维与创新能力的高层次人才。为此，高等学校科研应与教学相结合，为培养高层次人才服务。高等学校教师不应该为了科研而科研，而应该通过科研这种渠道或方式，一方面将科研取得的新成果转变成教学内容而将大学生带到学科发展前沿；另一方面吸纳大学生直接参与科研而加快实现科研育人的愿望。高等学校科研的理想状态应是既能推动学科体系的发展，又能促进学生思维的发展，在构建高等学校科研评价体系时，务必从指标体系及其权重系统和相应的评价标准三个层面突出高等学校科研在教学方面的贡献。

(二) 科研评价体系建设的方法依据

高等学校科研评价体系建设的方法依据如下：

第一，明确评价目的。评价体系是指出于评价某种事物的目的与需要，在对该事物的本质特征进行广泛调查与深入研讨的基础上，抽取其中具有典型性的本质特征而制定的一套适用于一定范围内的评判依据。显然，任何评价体系都是基于一定的评价目的而构建的。明确评价目的是构建高等学校科研评价体系的首要环节。

第二，明晰评价对象。评价对象亦称评价目标，是评价的客体。明晰评价对象，是解决评价内容或评价标准的问题。评价体系是用来评价一定评价对象某方面本质特征的价值的，因而评价体系必然围绕评价对象构建而成。可见，明确评价对象是构建评价体系的前提与基础，评价对象越明晰，构建评价体系也随之越容易。对于高等学校科研评价体系而言，其评价对象理应是高等学校科研。显然，要想构建一套科学、合理的高等学校科研评价体系，必先明晰高等学校科研的内涵与外延。

第三，初拟评价指标。评价指标是对评价对象的某方面本质特征进行价值判断的依据。其中，每一个指标只能反映评价对象的某个局部特征，指标体系（按评价对象本身的逻辑结构，将处于各层级的全部指标进行排列所得到的指标集合）才能反映评价对象某方面的总体特征。初拟各层级评价指标的方法通常有因素分析法、理论推演法、头脑风暴法和专家咨询法。其中，因素分析法是一种逐级分解评价对象，并将分解出来的主要因素作为初拟指标的方法；理论推演法是一种根据有关学科的理论推演具体评价指标的方法；头脑风暴法是一种在不受他人干扰的情况下，根据个人见解提出评价指标的方法，或者多个人在智力碰撞的基础上，因激发智慧灵感而提出评价指标的方法；专家咨询法是一种在征询专家意见的基础上初拟指标的方法。在构建高等学校科研评价体系时，可以综合运用以上初拟指标的方法。

第四，筛选评价指标。一般而言，初拟指标还需要进一步筛选，方能作为评价指标体系的一部分，其原因主要有二：其一，在各层级初拟指标中，有的初拟指标能反映评价对象的本质，有的初拟指标则并非如此；其二，有些初拟指标之间出现了交叉、重复、包含、矛盾及因果关系，理应进行归类、合并或舍弃。筛选多层级初拟指标的方法主要有经验法、专家会议法和调查统计法。其中，经验法是指评价指标的设计者根据自己的学识水平与工作经验筛选初拟指标的方法；专家会议法是指相关专家在集体探讨的基础上筛选初拟指标的方法；调查统计法是指在调查统计的基础上筛选初拟指标的方法。这三种筛选指标的方法各有优缺点，在构建高等学校科研评价体系时，可以将它们结合起来运用。

第五，确定指标权重。指标权重是反映一项指标在评价指标体系中重要程度的量数，常用小数、整数或百分数等形式表示。对于多层级评价指标体系而言，应针对每项评价指标分配权重，以之确定其相对重要性的程度。不过，值得指出的是，有时为了方便表达，可在一套评价体系中仅列出末级指标的权重。在拟定高等学校科研评价体系中相关指标的权重之时，可以适当增大或减小某些指标的权重，以此促进高等学校科研质量与水平的提升。

确定指标权重的方法主要有关键特征调查法、两两比较法、专家评判平均法和倍数比较法。其中，关键特征调查法是指，先请被调查者从所提供的初拟指标中找出最关键、最有特征的指标，再对指标进行筛选并求出其权重的方法，这种方法其实可以作为筛选指标的方法；两两比较法是指，先对指标进行逐对比较，并加以评分，重要者记 1 分，次重要者记 0 分，然后分别计算各项指标得分之和，再除以所有指标得分之总和；专家评判平均法是指，先分别请专家评判其权重，然后以专家评判结果的平均数作为各指标权重；倍数比较法是指，先对已确定的指标，以每一级指标中重要性程度最小的指标为基础，记为 1，然后将其他指标与它相比，做出重要性程度是它多少倍的判断，再经归一化处理，即获得该级各指标权重。

第六，设计评价标准。一般而言，评价标准可分为效能标准、职责标准和素质标准。其中，效能标准是关于工作效果和效率的评价标准，职责标准是关于承担职责或任务的评价标准，素质标准是关于应备条件的评价标准。在构建高等学校科研评价体系时，应该针对每项指标所反映的具体内容设计相应的评价标准。

第七，设定评价标度与等级。评价标度简称标度，是指评价对象某方面本质特征达到标准的程度。表示标度的方法既可以用描述性的语言表示，又可以用量化形式表示。设定标度是为了说明怎样的程度属于怎样的等级。为了精确评价一定对象的某方面本质特征，通常将评价标准设定为多个等级。关于设定等级的数量，评价标准的等级一般为 3~5 个。当然，到底设定多少等级为宜，还得依据具体实际来确定。

第八，检验评价体系的信度和效度。从评价体系的性质与作用看，评价体系可以看成是一套量表。与一般量表需要检验其信度和效度一样，对于初步构建的评价体系必须检验其信度和效度，信度和效度是衡量评价体系质量的重要尺度。由此可见，对构建而成的高等学校科研评价体系，必须检验其信度和效度。

第九，完善评价体系。如同所有初步构建而成的评价体系一样，初步构建而成的高等学校科研评价体系不一定符合当下实际，需要进一步征询意见及在实践中加以试测、验证、修改，并在此基础上逐步完善。例如，使用初步构建的高等学校科研评价体系测量几所典型高等学校的科研体系，看其是否能够客观公正地评判并反映这几所高等学校的科研状况。

第十，编制评价表。评价表是指以表格形式将评价体系中各层级评价指标、各项指标权重及评价标准（含评价标度与等级）等内容直观显示出来的一种表格。为方便使用，评价表中往往还专设一栏"评价结果"，其目的是供评价者填写各项评价指标的得分或等级。

同理，为方便使用，最后还需要将完善后的高等学校科研评价体系编制成高等学校科研评价表。

二、高等学校科研评价体系建设的价值取向

高等学校科研评价体系价值取向是指对高等学校科研评价主体进行认识和实践的过程中，产生的具有主导性的价值观，即评价主体的评价价值标准所取的方向，它是评价主体对高等学校科研评价行为所取的方向。价值取向在高等学校科研评价中涉及不同的评价主体需要的满足，高等学校科研评价体系价值取向是评价主体对于高等学校科研评价体系、评价功能所进行的选择与评价，不同的评价主体（政府、社会、高等学校、科研人员）在高等学校科研评价过程中对高等学校科研的认识、判断和改进不同，因而对高等学校科研评价体系就会持有不同的价值取向。

对于政府而言，最基础的价值取向是管理价值取向，即政府对高等学校科研进行评价，主要目的是对高等学校科研水平进行鉴定，对高等学校科研运行进行监督管理，对高等学校科研资源进行合理配置；对于社会而言，最主要的价值取向是社会价值取向，即社会关注高等学校科研对社会的服务功能；对于企业而言，最主要的价值取向是经济价值取向，即注重高等学校科研评价体系满足企业的经济需求，高等学校科研成果产出能够转化为经济效益，促进产学研协同创新；对于高等学校而言，由于强调学术自由、要求免受外部影响、强调通过自由探索精神来发展新思想，因而更主张学术价值取向、教育价值取向；对于高校科研经费的提供者（政府、企业）而言，认为高等学校科研应该满足政府的公共政策目标和企业的经济效益目标；对于科研人员而言，认为高等学校科研评价应充分考虑科研人员的经济报酬、职业发展等现实需求。总体而言，不同评价主体所持有的价值取向是不同的，不能脱离具体的评价主体而抽象地讨论高等学校科研评价体系的价值取向。

（一）科研评价体系建立的价值取向特征

1. 理念性特征

理念是一般意义上的观点或观念，也就是我们对教育、教学、科研等的看法或所持有的信念。高等学校科研评价体系价值取向是理念形态的，是我们对高等学校科研评价体系的一般意义上的观点和看法及所持有的信念。价值取向支配着主体对高等学校科研进行评价，是评价活动的起点。高等学校科研评价体系价值取向具有理念性，主要表现在以下

方面：

（1）精神性。价值取向实际上是对于某种"客观实在"所实施的认识层面的"纯化"。高等学校科研评价体系价值取向是在高等学校科研评价体系经过主体内化以后产生的观念或意念，是对高等学校科研评价体系认识层面的高度概括，具有精神性。

（2）主观性。无论哪种高等学校科研评价体系的价值取向，都是从实在的某一点或者某些观点出发而建构的一种思想图像，是根据研究者当时的知识状况，以及其所惯于支配的概念结构，给高等学校科研评价带来的一种价值判断准则以及一种价值取向的选择。基于此，它绝不表示其自身是唯一可能的观点或者见解，随着知识的逐步积累，原先建构的价值取向可能失效，而为了达到对实在更为深入的认识，就需要研究者改进其价值取向或者重构新的价值取向。

（3）非有形、非物质性。价值取向是用来理解经验实在的一种方法，是看不见摸不着的，没有具体的形态，存在于人们对于某种价值的信仰的基础之上，价值理性的行动将某种价值追求引入高等学校科研评价体系当中，并形成行为的目的；而工具理性的行动则借助于科学或者客观的知识，设计出实现此目的的最为适当的、有效的手段。高等学校科研评价体系价值取向首先通过价值理性的行动确立某些"可欲的"价值，例如，自由探索、科技创新、社会效益等成为高等学校科研评价体系所应追求的价值目标；然后再以工具理性的方式从具体规则，即手段上予以体现和保障。在工具理性与价值理性之间，任何一种都不具有价值上的优先性，二者同样都是非常重要的。因为作为手段的工具理性的行动固然重要，但是它的重要性恰恰就在于它能够用来实现某个目的。

2. 导向性特征

高等学校科研评价体系的价值取向应该向被评价对象明确传达"应该做什么""应该如何做"等导向性信息。价值取向不同导致高等学校科研评价体系的差异，正确的、应有的价值取向对高等学校科研评价体系具有积极的引导作用，偏颇的价值取向对高等学校科研评价体系具有消极的引导作用。确立科学合理的高等学校科研评价体系的价值取向，可以引导高等学校科研健康有序发展，引导被评价对象的科研目标和国家（或社会）需要相结合，突出高等学校在科研事业发展中的重要作用，鼓励创新，服务需求，科教结合，特色发展，从而保障高等学校科研评价的有效运行，有效提高高等学校科研质量与水平。

3. 合规律性特征

合规律性指的是高等学校科研评价体系的价值取向必须符合科学精神，符合社会潮流。高等学校科研评价体系的价值取向应该符合客观规律，具体表现在高等学校科研评价体系的价值取向应该具有科学性、可行性。在高等学校科研评价中，价值取向的科学性是指评价体系的价值取向必须以科学的精神为指导，积极引导评价活动的组织与实施。其科学性要求在对高等学校科研这一评价对象的本质进行理解的基础上，确立科学合理的价值取向。评价体系价值取向的可行性主要是指评价体系的价值取向必须具有可实现性，是评价体系科学性的补充，要求评价体系的价值取向符合现实条件，能够引导高等学校科研评价活动顺利实施与操作。总之，评价体系价值取向的合规律性是评价有效实现主体价值选择的基础，是评价活动得以顺利实现的保证。

4. 合目的性特征

合目的性是指高等学校科研评价体系的价值取向应该符合社会需求，符合高等教育的理念和价值追求，需要体现正当性、有益性和适当性。在高等学校科研评价体系中，价值取向的正当性是指评价体系的价值取向是否满足了实践主体目的。从一般意义上而言，在人类的社会实践活动中，只有充分满足实践主体的需求，实现实践主体的目的的评价活动才是正当的、有益的。高等学校科研评价的目的在于更好地改善与提高高等学校的科研质量与水平，只有实现或者满足这一目的的评价，才能被视为正当的、有益的评价。

评价价值取向的适当性，主要是指评价活动的近期目标和长远目标，以及最终目标之间的适应与平衡，评价的根本需要与现实需要之间的协调、和谐与统一。合目的性必须考虑高等学校科研评价的不同主体之间的评价目的不同。就政府而言，高等学校科研评价是其对高等学校科研质量与水平进行管理与咨询的工具，目的是全面提高高等学校科研质量与水平，促进高等学校科研可持续发展；就企业而言，高等学校科研评价是高等学校技术转移、科技服务、成果转化能力的参考依据，目的是考察高等学校为企业带来了多大经济效益；就高等学校而言，高等学校科研评价是为促进高等学校科研发展、学术创新及人才培养服务的；就高等学校科研人员个人而言，高等学校科研评价是对其自我价值实现的一种评价。高等学校科研评价体系的价值取向应该是在平衡各方目的的基础上形成的，不应该顾此失彼或厚此薄彼。

(二) 科研评价体系建立的价值取向原则

1. 目的价值与工具价值的统一原则

从逻辑上讲，在高等学校科研评价体系中，目的价值与工具价值之间不应该存在断裂，不可能存在价值无涉的纯粹的工具价值，也不可能存在完全抛弃工具价值的纯粹的目的价值，作为高等学校科研评价体系价值取向的两极，工具价值一定要发展到目的价值，同时目的价值必定要在工具价值的基础上得以实现。高等学校科研评价体系的应然价值取向必须在目的价值和工具价值之间取得平衡，在尊重工具价值的同时，更加重视高等学校科研评价的目的价值。高等学校科研评价的价值取向必须有效地整合目的价值与工具价值，避免价值取向上的单一性、片面性与畸形化。

2. 社会价值与个人价值的统一原则

高等学校科研评价体系是一个有机整体，在这样的一个整体中，各个组成部分之间是相互联系、相互作用的。高等学校科研评价体系价值取向必须使高等学校科研的社会价值和个人价值有效统一，不能仅重视个人价值而忽视社会价值；高等学校科研评价体系价值取向应该坚持社会价值和个人价值的有机统一，这种价值取向的有机统一，事关不同类型高等教育主体在招生、教学等方面公平竞争。因此，在高等学校科研评价中，必须平等地发展和高扬人的主体性，激发人的自我创造、自我完善的潜能，同时兼顾他人、集体和社会的利益。总之，高等学校科研评价体系的价值取向需要遵循社会价值和个人价值的统一原则，寻求个人价值与社会价值的最佳结合点。

3. 科研规律与社会需要的统一原则

科学的本质在于求真，其本质上是自由的，科研人员从事科学研究，探索自己感兴趣的或者自认为有价值的课题，具有自由探索的特性，这是由科学的本质特点决定的。科学源于人们的困惑、好奇和兴趣，其动力在于人们具有解除困惑的精神需求。科学在起源上是自由的，在其后来的发展上也有着明显的自由探索的特性。科学的发展既得益于外部的功利性的激发和推动，又得益于内部科学精神的激励。科学研究应该是自由的，人们应该有自由选择科研课题的权利，这符合科学发展的规律性要求。高等学校科研评价体系的价值取向需要在尊重高等学校科研自身规律的同时，重视社会需要，实现科研自身规律和社会需要的统一。

4. 科学研究与人才培养的统一原则

高等学校的科学研究不能完全离开人才培养这个根本，只有这样才能使高等学校科研与人才培养的目标定位一致。高等学校科研对学校专业建设具有引导作用，对专业教育具有促进作用，对青年教师具有培养作用；高等学校科研是培养学生创造力的源泉，是培养学生科研意识的动力，是培养学生思想教育的重要阵地；高等学校科研可以促进教学内容更新，可以促进教师的教学质量提高，可以促进学生的社会实践能力提高，可以促进科研与教学的融合。所以，需要充分认识高等学校科研育人的本质特征，高度重视高等学校科研育人功能，强化以人才培养为导向的高等学校科研评价体系的价值取向。科学研究在知识创新、技术创新的同时，必须重视高等学校人才培养，高等学校科学研究的过程也应该是创新人才培养提升的过程，科学研究贡献的衡量不能仅依靠那些以出版物的形式体现的外显知识，也必须充分重视无形的产出，包括创新人才的培养，研究人员与组织创新能力的提升。因而，高等学校科研评价体系的应然价值取向必须遵循科学研究与人才培养和谐统一的原则。

（三）科研评价体系建立的应然价值取向

在建设高等学校科研评价体系时，应该坚持以下价值取向：

1. 注重原创，积极探求未知

科研评价是一种手段，其价值取向是一支指挥棒，高等学校科研评价这根指挥棒先应该引导高等学校科研工作者注重原创、探求未知。高等学校以忠实、客观地追求高深知识或高深学问为指向，一直遵循的是以学术为中心的价值取向。在国家科技创新体系中，高等学校是我国科技创新的重要组成部分和主力军，理应主动积极承担科研任务，特别是承担国家重大专项。高等学校应以基础研究和自由探索为主，基础研究是高等学校科研的传统和长项，科研院（所）等科研机构应以应用研究为主，企业则应以应用研究和开发研究为主，以此构成一个各有侧重、分工明确、相对稳定，又相互协作的科技创新体系。因此，需要引导高等学校准确定位，以基础研究和自由探索为主。只有这样，才能有效端正高等学校教师的科研动机，助推高等学校科研创新，促进高等学校科研可持续发展。

2. 创新技术，尽力服务社会

科研的终极目标是为经济和社会发展服务，在科学技术是第一生产力的当今时代，提高解决关系国家发展战略的重大科学问题和关键技术问题的能力，支撑经济发展方式的转变，推进产业结构战略性调整，已成为当前十分重大而紧迫的任务。在这种形势下，一方面，高等学校应积极主动发挥自身在人才、条件和基础研究方面的优势，积极开展科技攻关，履行起创新技术、服务社会的职能；另一方面，也应通过相应的评价机制引导高等学校面向社会需要、创新技术、尽力服务社会。创新技术、服务社会理应是构建高等学校科研评价体系时坚持的价值取向之一。

3. 科教融合，推动协同育人

科教融合，一方面是指科学研究与教学研究相融合；另一方面是指科学研究要为促进教学提供服务；协同育人，是指科学研究与教学活动共同培育人才。高等学校科研与科研院（所）、企事业机构的科研部门所开展的科研虽然有许多相似之处，但高等学校科研必须具有育人性，这是高等学校科研与其他科研活动的最大的区别。之所以有这种不同，其主要原因在于：首先，高等学校科研源于人才培养，高等学校科研的育人导向是高等学校科研与生俱来的。其次，高等学校的根本任务是人才培养，科研不能置身其外。人才培养始终是高等学校的根本任务。尽管高等学校科研也要讲究科研成果与科研产出，但它不能脱离人才培养这个中心，不能脱离人才培养这根主线，否则高等学校就不配称学校。最后，高等学校科研的主体主要是高等学校教师，高等学校科研不能完全离开人才培养这个中心，促进人才培养是高等学校科研义不容辞的责任与使命。高等学校应该明白，尽管自己有时也会承担一些纯科学类的研究，尽管自己不是在每一项科研活动的每一环节中都要体现科研育人（培养学生）的使命，但总体上应该牢记自己的根本使命是育人，在科研过程中，尽可能做到以研促教，以培育学生为根本使命。为此，通过科研评价引导高等学校注重加强对自身的反思与检讨、总结与研究，注重科教融合。以培育学生为根本使命，是高等学校科研评价不可忽视的又一价值取向。

第三节　高校科研评价管理机制的优化

"高校科研评价管理机制是高校科研事业发展的指挥棒，是将科研成果转化为教学改革和人才培养资源的重要途径，亦是促进高校教师专业发展的关键环节，事关教育管理水平"[1]。高校科研评价管理机制包括评价理念、评价目标、评价主体及客体、评价内容、评价方法等基本要素之间的关系和相互作用，以及评价过程运行的原理，是各要素之间的结构关系和运行方式。即谁来评、评什么、怎么评、评价结果怎么反馈、相互之间的关系等议题及其要遵循的学术研究和知识创新的内在规律。科研评价是静态结果和动态过程紧密结合的，其机制的变革实质上是教师、高校和政府等不同主体的复杂博弈过程，引导和规范着高校教师个体的学术行为，而且深刻影响着高校学科专业的发展。高校科研评价管理机制的优化可以从以下方面着手：

一、构建激励与反馈管理机制，调动教师科研内驱力

高校科研评价机制改革的关键是解决教师开展科研活动的内驱动力问题。教师在高校

---

① 时君友. 高校科研评价管理机制的优化 [J]. 北华大学学报（社会科学版），2022，23（1）：111.

科研过程中起着承担科研活动的主体作用，其对科研评价管理的认同度直接决定了教师专业发展的内驱动力。教师普遍对科研评价的政策内容认同度较高，反而是对政策执行认同度较低，政策的合理性与稳定性、具体执行情况、教师在学术发展方面的获益、政策制度参与的程度是影响认同程度的主要因素。科研管理机制尤其要加强激励机制，通过对教师的科研过程和成果进行鼓励，加强教师的认同感，并完善与优化反馈机制，提升对教师的人文关怀，激发教师进行科研的内驱力。

二、提高科研评价的质量，兼顾终结性与过程性评价

科研评价中的终结性评价和形成性评价是对立统一的。绩效评价是终结性评价，偏向结果，是可以量化的数据，便于科研评价、教师职称评聘与相关量化需求；形成性评价是在科研过程中，为便于及时对科研各环节活动进行调整的过程性评价，具有诊断性和过程性，包括科研的目的、教师专业发展、反哺教学、服务立德树人、服务社会等方面。两者是可以相辅相成、相互补充和促进的，正确认识和处理二者的关系对于科研评价改革至关重要。

形成性评价目的和评价程序民主对教师主动性科研创新行为会产生积极影响，终结性评价通过补偿性创新动机的间接作用对大学教师被动性科研创新行为会产生积极影响，处理好终结性评价与过程性评价的关系，在肯定"五唯①"的积极意义的同时，根据实际情况，对不同学院分级，对不同学科专业分类，增补评价内容，探索变"五唯"向"多元化"的人才培养和科研的过程性评价与终结性评价相结合的标准，是提高评价质量的关键。

三、构建科研成果转化机制，贯穿立德树人培养过程

高校教师科研评价是以突出科研评价的质量为导向，立德树人是根本任务，以教书育人为使命，明确了科研评价的目的，不单是通过绩效量化数据对教师或科研进行鉴定，而是更加关注评价对科研本身的诊断性和改进性。科研成果在一定程度上代表了学校或教师的科研能力和水平，将科研量化指标与绩效工资和奖励等挂钩在特定环境中是有积极促进作用的，但是过于重视结果性评价，则会导致忽略对学术贡献、社会贡献以及支撑人才培养情况的形成性评价及诊断性反馈。

---

① 五唯这里指：唯论文、唯帽子、唯职称、唯学历、唯奖项。

创新科研成果转化教学的机制，关键是如何落实，探索有效解决科研评价目的偏离人才培养的矛盾的办法。要把立德树人作为科研与评价的根本任务，正确处理好各要素的关系，建立科研成果与教育教学转化机制，加强过程性指标的设计与保障措施，积极推进科研成果转化为教育教学，如建立科研育人评价制度，重点考核科研活动中学生参与情况与创新贡献、师德师风建设、建立教师心理反馈与干预机制等。

四、完善分类科研评价制度，兼顾学科与岗位实际需求

分类科研评价制度的完善要涵盖不同学科、不同岗位教师科研评价的标准问题，提高评价质量和效率，深入贯彻以人为本的管理理念，促进教师专业发展和学科专业平衡发展，坚持评价的公平公正性原则。分级评价包括学校评价和学院评价，分类评价按科研成果、研究平台、绩效、活动、人员等不同类别评价。在有效分级评价基础上，对于评价内容，要注重"分类"评价和"贡献"引领，如关注论文的创新水平和科学价值，对于应用研究和技术创新，评价重点是对解决生产实践中关键技术问题的实际贡献等，对于不同高校，具体怎么分类，分类的标准与内容，采取怎样的评价形式，需要加强基础性调研，且具体问题具体分析。

五、利用大数据信息化手段，构建智能科研评价云平台

随着大数据时代的来临，高校教育教学内容与手段的数据化，教育时空壁垒已被突破，各种网络开放课程已全面进入校园课堂，并成为重要教学手段。新媒体如短视频等手段的出现，大数据时代的到来，正以难以想象的速度变革着教育管理数据系统，科研管理平台也面临着全面更新与资源共享。大数据的强大决策力、洞察力和流程优化能力的海量、高增长率和多样化的信息资产，强烈冲击着高等教育管理的变革；文化建设也已渗透到高校管理中，使用量化绩效考核的同时，重点研究如何提升人性化、弹性的管理与服务，利用大数据技术为科研评价提供动态的决策辅助分析、科研人员评价、智能科技信息推送服务等，探索智能化科研评价云平台，进而处理好科研评价的主体、客体、第三方同行评价、监督部分的反馈等的关系，提高科研评价的质量。

第四章 ▶ 高等学校科研团队的知识管理

第一节 高等学校科研团队内部知识整合

一、高等学校科研团队内部知识整合的内涵

关于高等学校科研团队内部知识整合的内涵，可以从以下方面理解：

第一，知识创新目标的实现及团队内部知识体系的优化是高等学校科研团队内部知识整合活动的最终体现。知识整合的结果包括三个层面：知识创新目标的实现、个体知识体系的优化、团队知识体系的优化，其中个体知识体系的优化和团队知识体系的优化是团队知识创新目标实现的副产品，即为了实现知识创新目标，通过知识整合的过程实现了知识体系的优化与更新。

第二，知识整合的过程知识是高等学校科研团队内部知识整合活动的具体体现。知识整合的过程知识是指团队成员在知识整合过程中所获得的有关知识资源获取、知识资源识别、知识资源筛选、知识资源配置、知识重构等方面的经验以及解决问题的方法与途径。这对于团队而言是一种宝贵的知识财富，能够增强团队成员整合知识资源的能力，增加团队成员的知识存量，如果能将这些过程中所获取的经验和方法在团队内部充分分享和扩散，也能体现新知识的产生与增长。

第三，知识整合由一系列以实现知识创新为目标导向的知识活动构成。知识整合是实现知识创新的过程与手段，与知识创新紧密相关的知识整合的前续过程和后续过程都应该理解为保证以知识创新为导向的知识整合活动顺利进行的一系列活动。高等学校科研团队内部知识整合的流程包括"知识整合目标设定、知识资源获取、知识资源识别、知识资源筛选、知识资源配置、知识重构（个体融知、团队知识的有机整合）等一系列知识活动"①。

---

① 赵丽梅. 高校科研团队内部创新知识整合研究 [M]. 北京：知识产权出版社，2019：42.

第四，在知识整合的过程中，团队内部的知识主体之间形成了错综复杂的复合式的知识整合网络。根据对团队内部知识整合活动中参与人的角色划分，作为现实参与人和虚拟参与人的团队成员之间可形成基于知识引用行为的知识整合网络，作为知识创新引领人和知识创新跟随者的团队成员之间可形成基于知识交互行为的知识整合网络。在知识引用行为中，团队成员在知识引用方面和知识被引用方面可能存在着共性特征，如果在知识引用方面存在共性特征，团队成员之间就存在着知识引用耦合关系，如果在知识被引用方面存在着共性特征，团队成员之间就存在着知识被引用耦合关系，因此根据知识引用和知识被引用方面的共性特征，团队成员之间可形成知识引用耦合关系网络和知识被引用耦合关系网络，这两种网络是基于知识引用行为的知识整合网络的共生网络。

根据知识整合参与人的角色划分，在基于知识交互行为的知识整合关系中，知识整合参与人之间如果存在着共同的知识资源或共同的知识特征，参与人之间就可能存在着共同的交流主题，参与人之间的知识交互活动可以顺利进行。因此，参与人之间知识特征耦合关系与基于知识交互行为的知识整合关系是共生的。团队内部的知识整合网络包括基于知识互引行为的知识整合网络、基于交互行为的知识整合网络、基于知识引用耦合的知识整合网络、基于知识特征耦合的知识整合网络、基于知识被引用耦合的知识整合网络，并且这五种网络不是完全分离的，通常存在着交叠关系。如存在知识引用关系的主体之间也可能存在着知识交互关系或知识引用耦合关系，而存在知识交互关系的主体也可能存在着知识特征耦合关系或知识被引用耦合关系。因此团队内部的知识整合关系网络是由上述五种网络组成的复合式知识整合网络。

第五，团队成员的参与行为和贡献知识的意愿是团队知识整合进行的基础，因此，团队的激励机制是成员参与知识整合的保障，并能够激发成员贡献知识的意愿。根据知识创新目标确立知识创新任务以及根据任务确定需要整合的知识类型，也就确定了知识整合活动参与人的类型，即知识整合活动参与人应该具备任务所需的知识类型，如何激励团队成员（包括潜在的团队成员）为知识创新目标的实现贡献其个体知识，激发参与团队知识整合的热情和动力，是高等学校科研团队内部知识整合活动顺利进行的保障机制，这种激励机制主要体现在个体和整体两个层面，对于参与知识整合的成员个体而言，即是激励其参与团队的知识创新活动，为团队内部知识整合的激励机制奠定微观基础；对于参与知识整合的成员集体而言，根据个体成员对知识创新目标实现的知识贡献量大小，设定合理的利益分配机制，从而实现"兼顾内在动机与外在激励、兼顾个体与整体、兼顾内部公平与外部公平"的团队内部知识整合激励机制。

二、高等学校科研团队内部知识整合的特征

（一）团队内部知识整合的任务引导性特征

任何知识整合活动都是有一定动因驱动的动态过程，高等学校科研团队内部知识整合的动因就是实现知识创新。高等学校通过对科研团队内部知识创新目标的系统分析，确立为实现知识创新目标所要完成的任务，然后判断完成相应知识创新任务所需要的知识，搜集并引导相应的知识力量汇聚在任务中，以完成知识创新任务为契机来实现知识的集结。

（二）团队内部知识整合所需知识的离散性特征

知识的离散性特征是高等学校科研团队内部的知识主体在为知识创新目标的实现而开展知识整合活动的过程中，部分所需知识以各种形式或方式与知识的最终应用处于分离状态。知识的离散特征分为客观离散特征和主观离散特征。客观离散特征是指知识寻求者无法接触到所需知识，主要是由知识的空间分布性特征和主体分布性特征造成的；主观离散特征是指知识主体由于认知能力原因造成的不能对已经拥有的知识资源进行利用。

（三）团队内部知识整合依靠团队成员知识能力

按照知识存在的形态，可将知识分为显性知识和隐性知识。而在高等学校科研团队内部知识整合活动中，为了实现知识创新目标，需要利用两种知识：一种是已经脱离于知识主体的显性知识或隐性知识；另一种是没有脱离于主体的显性知识或隐性知识。对于团队内部的成员个体而言，知识创新目标所需知识的显性或隐性是相对的：成员个体已经掌握、能够利用或通过再学习的过程并以较低的成本能够利用的知识，就个体而言就是显性知识或者假隐性知识，而不管其是否脱离知识主体或团队其他成员是否已经掌握；那些对于成员个体而言，没有掌握的、无法直接利用的或者通过再学习的过程需要以较高的成本才能够利用或者无法利用而令个体成员不愿意花费时间与精力去掌握的知识，就个体而言就是隐性知识或者假显性知识，同样不管其是否脱离主体或团队其他成员是否已经掌握。

（四）团队内部知识整合参与人角色的多重性特征

根据参与人是否主动提出知识创新目标，为知识创新目标设定详细而明确的规划，并主动寻求为实现知识创新目标而所需的知识资源（主体资源和客体资源），可以将团队内

部知识整合活动的参与人分为两种角色：知识整合活动的主动参与人和知识整合活动的被动参与人。前者是团队内部某些知识创新目标的最初倡导者，并在目标规划中起到绝对的主导作用，能够把握知识创新目标的最终方向，称之为知识创新引领人；后者是知识创新引领人为实现知识创新目标根据任务需要而寻求的具有完成任务所需知识类型的参与人，即为实现团队内部其他成员所提出的知识创新目标而贡献自身知识能量的知识主体，可以称为知识创新跟随者。这样在高等学校科研团队内部知识整合活动中，对于每一个知识创新目标的实现，团队内部成员都可能扮演着上述两种角色，即以最微观的知识创新活动为实践平台来分析团队内部知识整合活动参与人的角色。

在高等学校科研团队内部知识整合活动中，根据参与人是否发挥其主观能动作用可以为知识创新目标的实现随时调整自身的行为，知识整合活动的参与人又分为现实参与人与虚拟参与人，这种角色划分方式是由参与人所掌握的知识类型状态所决定的。以一个成员独立完成知识创新目标的情况为例，如果知识创新引领人能够依靠个人的知识能力，通过整合团队内外已有的知识或者通过再学习的过程掌握知识创新任务所需的全部知识，能够胜任知识创新过程的全部工作。那么在团队内部知识整合活动中，真正发挥主观能动性去整合知识创新目标所需知识的实际参与主体只有知识创新引领人一个人，而他所利用的知识创新成果的主体们只是扮演着完全被动的团队内部知识整合参与人的角色，只是确定了被整合的知识的类型、特征与状态，称之为团队内部知识整合的虚拟参与人。同样，在多个成员完成知识创新目标的知识整合中，这些实际参与的成员就是团队内部知识整合的现实参与人，而被利用知识的创造主体就是虚拟参与人。因此从上述分析可以看出，团队成员还可能扮演着现实参与人和虚拟参与人的角色。

（五）团队内部知识整合模式的多样性特征

依据团队内部知识整合活动中现实参与人的数量特征，可以将团队内部知识整合分为独立式知识整合和合作式知识整合。独立式知识整合中现实参与人只有一个，合作式知识整合中现实参与人有多个，即使现实参与人中存在非团队成员，也可以将之看作为潜在的团队成员，为团队吸纳新的知识力量提供人力资源储备。如果从知识是否被直接利用和参与主体是否具有交互行为的角度看，将团队内部知识整合活动分为基于引用关系的知识整合模式和基于交互行为关系的知识整合模式。

知识的寻求主体从团队内部其他知识主体已有的知识创新成果中汲取有用的知识，并将所汲取的知识与自身原有的知识体系予以整合以实现知识创新目标，而整个过程中没有与被寻求知识的拥有主体进行深度的知识交流，知识的寻求主体将所寻求知识与实现知识创新目标所需的其他知识予以整合，知识的寻求主体在知识整合的过程中发挥了主要作用，被寻求知识的拥有主体是以虚拟参与人的身份参与团队的知识整合活动的。在这种知识整合模式中，知识的寻求主体和被寻求知识的拥有主体之间呈现的是知识的直接利用与直接被利用的关系，如科学计量学中知识主体之间的引用关系（排除自引）即是典型的案例。可以将这种直接利用知识本身进行知识整合实现知识创新目标的模式定义为基于引用关系的知识整合模式。

如果知识的寻求主体无法直接利用团队其他成员所拥有的知识，并将其与自身原有的知识体系予以整合实现知识创新目标，必须经过与他人的深度交流才能将创新目标所需知识予以整合，知识利用的方式表现为基于其他主体的间接利用方式，参与主体需要经过能动式的交互行为实现知识整合进而实现团队内部的知识创新目标，如科学家之间的合作关系即为典型的案例，可以将其称为交互式的知识整合模式。交互式的知识整合模式为知识主体提供了相对紧密的物理空间或缩小了成员彼此间的心理距离，为团队内部知识的深度交流提供了机遇，相对于基于引用关系的知识整合模式，通过交互式知识整合模式，团队内部的知识主体将会获取更具有隐匿性的知识、方法或技能。

按照被整合知识的形态，可将团队内部的知识整合分为显性知识整合和隐性知识整合，这两种知识整合模式不是独立存在的，是嵌入在引用式或交互式的知识整合活动中的。在引用式知识整合模式中，团队成员将自身的显性知识、隐性知识以及他人的显性知识进行整合，以实现知识创新的目标；在交互式知识整合模式中，团队成员将自身的显性知识、隐性知识整合，与他人的显性知识及隐性知识予以整合，以实现知识创新的目标。

三、高等学校科研团队内部知识整合的流程

（一）高等学校科研团队内部知识整合的详细流程分析

1. 设定知识整合目标

在知识整合活动开始之前必须明确团队内部知识整合所要达到的目标，根据以往的研究结论，知识整合目标的实现主要分为组织知识体系的更新与优化、实际问题的解决和知识创新任务的实现。高等学校科研团队内部的一切知识整合活动都是围绕知识创新而展开的，因此这里所探讨的知识整合的最终目标是实现团队内部的知识创新。团队内部的知识创新引领人根据相关研究领域中所存在的问题，利用以往的知识创新经验或已经掌握的知

识技能设定知识创新目标，以解决自己在实践中所发现的问题，即知识创新引领人首先决定的是"想做什么"，这是团队内部进行知识整合的基本动因。在高等学校科研团队内部的知识整合活动中，知识创新引领人不仅要知晓团队内外部知识系统的知识结构体系，而且要掌握实现知识创新目标的方法论。知晓团队内外部知识系统的知识结构体系需要获悉团队内外相关的知识资源及其特征。

2. 获取知识资源

获取知识资源是知识整合活动的准备阶段，是为适应知识创新所需，从团队内外获取知识资源的过程。成功的知识资源获取是提升组织绩效的关键因素，对于知识密集型组织而言，知识资源获取对知识整合活动的成功实施具有能动作用。高等学校科研团队内部知识资源获取是一个动态的持续的行动，几乎每一个创新目标的实现以及平时的个体学习，都要进行知识资源获取行动。团队内部已有的知识资源是不断累积形成的知识资源库，是团队所有成员共同努力的结果，并成为团队后续的知识创新奠定基础。知识资源获取不是单个人的行为，而是整个团队的行为，但知识创新的目标导向和知识主体将决定所获取的知识资源的类型和状态。

在高等学校科研团队内部知识整合活动中，知识资源获取就是知识创新引领人和知识创新跟随者根据知识创新的任务，收集团队内外部的相关的知识资源，以便对所处的知识环境进行了解。知识资源的获取包括两个方面：一方面是对主体知识资源的获取，了解哪些知识主体具有与知识创新所需的相关知识或技能；另一方面是对客体知识资源的获取，即检索或查阅现实世界中与团队知识创新目标有关的已经客观存在的知识，这样不仅可以确认是否存在相同或相似的知识创新成果，避免重复的知识创新，还可以了解与自身的知识创新目标有关的知识资源辅助自身的知识创新。一般情况下，主体知识资源与客体知识资源往往是相匹配的，主体知识资源往往已经生产出一定的客体知识资源，而客体知识资源也有其相应的知识主体，因此对于上述任何一种知识资源的获取即是对上述两种资源的获取，对于客体知识资源而言往往可以获取其本身，而对于主体知识资源而言，获取的往往是主体资源的相关信息。

对于高等学校科研团队及其成员而言，为实现知识创新目标所需要获取的知识资源主要是指团队内外的主体知识资源及这些知识主体所完成的知识创新硕果；如果某些知识主体并没有公开发表的知识创新成果，可从其以往的经历（如曾经学过的专业、从事的工作性质等）中判断出其所掌握的知识和所具备的知识技能等。以客体知识资源中的科研论文为例，如果想获取相对完备的科研论文资源，需要从三个方面着手：①科研论文本身的信息（包括科研论文完成主体的信息）；②科研论文所引用的参考文献信息；③引用科研论文的来源文献信息。参考文献是科研论文创作思想的来源，来源文献反映了科研论文所取得知识的被利用程度，是科研论文创作思想的进一步拓展。因此为了系统了解与知识创新目标有关的知识资源信息，还需要获取知识资源所引用的知识资源（即知识资源产生的理论基础或技术背景等）和知识资源的来源知识资源（知识资源的进一步利用）。

3. 识别知识资源

识别知识资源就是对所获取的知识资源进行辨别，了解团队内外，从事相关领域的知识主体及其所具备的知识能力，展现知识创新成果中的主要知识特征，进而挖掘知识主体及其知识特征之间的隶属关系，并能够揭示出知识特征之间的关联，以判别知识资源对团队内部知识整合的适用性。因此知识资源识别的主要任务就是知识特征抽取及揭示知识元素（知识主体、知识创新成果、知识特征）之间的关联或隶属关系。可以绘制知识图谱为基本分析方法来阐释知识资源的识别过程，根据知识图谱的分析方法，识别知识资源主要分为三个部分：①知识特征提取；②知识特征的关联分析——客体知识资源的识别；③知识主体的知识特征识别——主体知识资源的识别。

4. 筛选知识资源

在高等学校科研团队内部知识整合活动中，所需要的知识资源包括拥有某种知识特征的知识创新成果或具有某种知识创新能力的知识主体，因此团队内部知识整合活动中对知识资源的筛选包括对拥有某种知识特征的知识创新成果的筛选和拥有某种知识创新能力的知识主体筛选。

对于同一知识创新任务，知识创新引领人要寻求多种知识资源作为知识整合活动所需的储备，换言之在知识资源的储备上允许冗余，即对相关知识资源进行获取并识别其类别。但真正应用知识资源时却要尽量降低冗余度，因此在知识资源筛选过程中，要筛选出与知识创新目标需要的最可靠（不确定性程度最低）的知识资源，降低所筛选的知识资源的不确定性程度，为获取可利用的优势知识资源奠定基础。因此完整的知识资源筛选过程主要包括三个方面：相关知识资源定位、可靠知识资源筛选和优势知识资源提取。相关知识资源定位是知识资源筛选的基础工作，知识资源获取和知识资源识别对定位相关知识资源奠定了基础，为可靠知识资源筛选提供了初步知识资源集合，进而从可靠知识资源中提取出优势知识资源。由此可见，可靠的知识资源筛选是知识资源筛选过程的主要工作，而优势知识资源提取是知识资源筛选的最终结果。

知识资源的可靠性主要取决于两个方面：一方面取决于已经获取和识别的知识资源与

知识创新目标实现所需知识资源的关联强度，即知识创新成果所体现的和知识主体所拥有的知识特征与目标所需知识类型的关联强度；另一方面取决于知识主体的知识创新效率，而知识创新成果的可靠性也取决于其知识主体知识创新能力，知识主体知识创新能力的不确定程度不仅取决于其知识创新效率，而且取决于其所拥有知识特征与目标所需知识特征的关联强度。因此为筛选出可靠的知识资源，对知识整合活动参与主体（包括虚拟参与人和现实参与人）知识创新能力的不确定性程度进行分析是需要考虑的重点。

5. 配置知识资源

团队内部知识整合活动中的知识资源配置是指在对知识资源进行筛选后，知识创新引领人将目标任务分解为多个子任务，并将各个子任务转化为参与主体的目标行为。为此知识创新引领人需要设计知识资源配置规划，以对知识创新目标所涉及任务的知识特征进行结构化分析，并配置合适的参与主体去完成相应的任务。在知识资源配置规划中，知识资源配置的内容共有以下类型的内容节点：

（1）知识创新目标的概念模型：决定"做什么"的问题，也是分析"如何做"的根节点，是团队内部知识整合的动因。

（2）知识创新目标的子任务：知识创新引领人通过对知识创新目标的分析，对知识创新目标进行任务分解，得到若干子任务，对于同一知识创新目标，不同的知识创新引领人因为分析的视角不同，可能得到不同的子任务集合。

（3）各个子任务所需要的知识特征：承担各个子任务的知识主体需要具备什么样的知识能力，而知识能力最外在的表征就是知识主体所完成知识创新成果的知识特征，成为知识创新参与主体的身份标识。

（4）知识整合模式的选择：知识主体或者通过独立式知识整合模式实现知识创新目标，或者通过合作式知识整合模式实现知识创新目标。如果知识创新引领人完全具备或者通过学习过程具备了完成知识创新所需的知识能力，那么知识创新引领人就会独立完成知识创新的过程；如果知识创新引领人不完全掌握或者需要花费更高的学习成本才能掌握或者无法掌握所需要的知识，那么知识创新引领人就会选择合作式知识整合模式，以实现知识创新的目标。根据复杂网络中的局域世界优先连接机制，知识创新引领人如果选择合作式知识整合模式，先会在团队内部寻求合作伙伴，如果团队内部没有合适的人选，知识创新引领人会在团队外部寻求相应的合作伙伴，以实现知识创新的目的。

（5）拥有某种知识特征的知识主体：在团队内部的知识整合活动中，并不一定能够找到可直接为知识创新任务提供相应知识的主体。如果不能找到能直接解决该问题的知识主体，就要分析所需知识特征与其他知识特征之间的关联，也可为知识创新问题的解决提供相应的启示。因此知识创新引领人在筛选知识主体的过程中，不仅要寻找直接具备所需知识特征的知识主体，而且要寻找拥有与所需知识相关联的知识特征的知识主体，有时候同一知识主体可以同时具备这两类知识特征。

6. 知识融合重构

知识重构是知识创新引领人及其知识创新跟随者对知识创新所需要的相对比较完备的知识资源进行配置后，需要进一步将这些知识资源中的知识联结起来，才能最终将这些知识进行有机整合，催生知识创新的实现。知识分为两个层次：基于个体层次的知识融合和基于团队层次的知识有机重构。

（1）个体层次的知识融合。知识之间的可融合性是整合的前提，从团队外部或团队其他成员那里所获取的知识能否被团队内部个体成员有效整合，取决于这些知识能否被消化和吸收，与团队内部原有的知识特征发生联结，而知识吸收是知识整合的重要基础。个体层次的知识融合过程不是简单地寻求知识资源的过程，而是一个学习的过程，这个学习过程是团队成员以自身原有的知识体系为基础和前提，将外来知识或其他成员的知识转化为自身可接受的知识状态，并且该知识状态是因人而异的，不仅因为个体原有的知识体系差异，还有个体的知识能力差异。因此知识融合的过程就是个体对知识建立内在关联的过程。经过个体知识融合的过程，团队成员将他人的知识与自身原有的知识体系进行融合，形成新的知识结构，在这个过程中，知识的寻求主体无须与知识的拥有主体进行深入的知识交流，便可获取所需的知识，即对知识拥有主体的依赖程度很弱。

（2）团队层次的知识有机重构。知识的有机重构是指参与知识整合活动的参与人将经过知识融合后的各自的知识体系建立有机联系的动态过程，这一过程主要依赖的是知识主体之间的交互行为。因为主体之间的交互行为能够增加知识主体之间的交流频次，通过交流过程中大量的个体与群体思维活动，经过彼此之间的反复激发、观点交流，对彼此思维方法的评价与修正，成员个体不仅要关注与自身原有的知识体系相容的知识进行学习，而且也要特别对与现有思维活动相矛盾的知识进行深思熟虑，经过反复的互动行为，找出知识之间的内在关联并建立知识之间有效的内在关联，逐渐达到一个新的知识状态。如果在交互的过程中发现彼此的依赖程度很高，说明知识整合活动参与人之间专有的、隐匿的隐性知识的交流就越多，彼此之间的信任水平就越高，使得各个参与人更愿意投入到彼此所引领的知识整合活动中，能够促进知识创新目标能更有效率、更高质量地实现。

每个参与主体作为独立的知识整合活动的运作单元，对所需完成的任务进行感知和完成该任务的确定性程度进行度量，根据自身对任务所需知识掌握的确定性程度与任务所需知识要求之间的差距选择知识获取的多少以及交互过程中的参与程度，这种预期需求与现实状态的知识势差、团队内部知识整合的激励机制决定着团队成员个体融知过程的努力程度和团队层次的知识有机重构过程中的主观能动投入。因此，高等学校科研团队内部的知识整合活动需要设置有效的知识整合参与约束规则和激励机制，使团队成员对知识创新感兴趣、积极参与知识整合活动对知识创新目标的实现贡献自身的知识能量。

（二）高等学校科研团队内部知识整合流程的行为规则

通过分析备选的知识主体知识创新能力的不确定性程度，知识创新引领人对预期的知识整合活动的参与人就有了比较清晰的了解。接下来就是如何与这些预期的知识整合参与人建立知识整合关系以实现知识创新的目标。对于独立式的知识整合，只需选择能够对自身的知识创新提供理论方法方面的指导或提供突破性启示的知识创新成果。对于合作式知识整合，就是要设计团队内部知识整合活动的行为规则，吸引其他知识主体参与到知识创新引领人所规划的知识整合活动中。除了知识整合活动的参与约束外，还需要制定知识整合过程中的保密规则，以及知识整合的激励机制和成果的利益分配规则等。

第一，参与约束规则。无论独立式知识整合还是合作式知识整合，都要满足知识创新引领人和知识创新跟随者的参与约束，即引领或参与知识整合实现知识创新目标所获收益的效用不小于从事其他活动所带来收益的保留效用。

第二，激励机制约束。如果知识整合活动满足了参与约束规则，在知识整合的过程中不实施相应的激励机制，知识整合活动的参与人感受不到预期的知识创新成果给自己带来的价值，可能会出现不为知识整合目标的最终实现而努力工作。因此，需要对预期的知识创新成果带给成员的未来收益进行衡量，取得的知识创新成果水平越高或者对知识整合的贡献越大，成员可能获取的收益也越多，这就涉及知识整合活动中的利益分配原则。

第三，知识整合实施的保密规则。知识主体在实际参与知识整合过程所需要遵循的行为规范，主要就是指不泄露知识整合过程的机密信息，如知识整合的思路与方法、知识整合过程所使用的信息资料、知识创新实现过程中所使用的工具方法等。

第四，知识创新成果的产权配置规则。团队内部知识创新成果作为特殊的资源，与团队成员的智力性思维活动密切相关，从无到有，是一种经过创造性劳动而得到的新生资源，主要涉及两个重要问题：一是知识创新成果如何创造出来，这是团队内部知识整合使其从无到有的过程；二是知识创新成果产生后如何界定知识产权及其利益分配机制的问题，如合作的知识主体确定谁为第一作者，谁为通信作者以及谁为主要的利益分配主体。对知识创新成果的产权配置的界定实际是在团队内部参与知识整合活动的个体与集体利益之间寻找一种平衡，以便更有效地发挥产权配置的激励作用，这往往与团队成员所在环境的学术评价机制有关，评价机制往往决定了知识创新成果的产权界定的规则与激励机制，进而在一定程度上影响着知识整合的最终态势，特别不利于合作式知识整合关系的建立。

第二节　高等学校科研团队知识共享机理

知识共享是"在某一个群体中不同知识储备的人员之间为获得自己不具备而又所需知识所进行相互交流的过程；并在此过程中使知识不断加以吸收、消化、应用与创新，并最终把个体知识转化成团队整体知识，从而使个人、团队的知识得到价值增值。知识共享不只是简单的团队成员之间知识的交流，更为重要的是把在知识共享的基础上团队成员知识互相吸收和利用，甚至创造新的知识，即知识创新的过程。同时也是一个不断共享、不断创新的循环往复的运动过程"①。

高等学校科研团队知识共享是当科研团队成员意识到自己要完成某项科研项目或活动而缺乏某种知识或技能时，通过与科研团队其他成员的交流或探讨等互相影响过程获取完成科研任务所需的技术知识或在教学与科研中积累的技巧，并在科研项目研发的过程中加以吸收、应用、创新、再次吸收和创新的循环运动过程。

一、高等学校科研团队知识共享的主要特性

高等学校科研团队知识共享的特性，主要包括以下方面：

第一，高等学校科研团队知识共享的系统性和复杂性。高等学校科研团队中的成员既可以是知识共享的提供方，将独有知识贡献出来与团队其他成员共享，也可以是知识共享的接收方，消化、吸收其他成员贡献的知识，内化到自己的知识体系之中。高校科研团队知识共享活动在一定的环境中进行，受到知识共享主体的影响，同时和知识的特征有关，知识共享行为受到多种因素的影响，是一个复杂、系统的过程。

第二，高等学校科研团队知识共享的运动和循环性。高等学校科研团队知识共享团队

①　韩国元，康伟．高校科研团队知识共享：机理、影响因素及对策研究［M］．北京：人民日报出版社，2015：29.

概念中提到知识共享是一个不断吸收知识，应用和创新知识，再次吸收、创新的循环反复的运动过程，加之知识本身的特性注定知识的共享不是一个静止的状态。因此它是一个知识识别、获取、分析、吸收、利用、传递、共享、创新的运动过程，并在创新基础上又进行识别等循环的过程。高校科研团队知识共享以高校科研团队为载体和媒介在团队内部成员之间不断地流动。

第三，高等学校科研团队知识共享的内部互动性。在知识的传递过程中，会遇到知识转移的节点和障碍，这些障碍可能是由于不同科学领域的成员在吸收非本学科的知识过程中，理解程度较低。因此只有通过不断的沟通和互动才能使知识接收方完全领会知识传递方的知识。

第四，高等学校科研团队知识共享的扩散性。高等学校科研团队内部各成员由于来自不同学科领域，因此成员之间的知识结构和技能经验都有差异，团队因科研任务需要时会把自己的知识传递给科研团队的其他成员，从而与他人共同拥有这种知识，并且把知识扩散到整个团队，把个人知识变成团队的整体知识，这种知识的扩散性，不仅仅限于团队内部，也可以是团队与团队之间，从而把个体知识扩散到团队或组成层面。

第五，高等学校科研团队知识共享的有限性。高等学校科研团队的特点表明，有着共同的目标和利益，如企业一样有着自己的科研机密，这种机密可能是本科研团队阶段性的研发成果或关键的知识技能，而高等学校科研团队成员都有着本学科的同事，再者科研团队没有一个明文规定的行动准则，有可能无意中会造成知识的外流，尤其是一些核心科研成果和知识技能的外泄，会导致科研活动的流产和终止，团队的努力白费。因此，团队的知识共享的范围应有一个合理的限制范围，这种限制不仅是团队对内部成员的，也是团队与团队之间的。

二、高等学校科研团队知识共享的网络分析

要构建一个合理的知识共享网络的前提是应有一个合理的组织结构，高等学校科研团队的组织结构在一定意义上可以理解为由横向和纵向两个结构层次构成。横向为高等学校科研团队科研活动的运行结构，即科研人员—立项—研究—成果的应用—评价；纵向为科研管理结构，即科研人员管理—学院管理—学校管理—批准立项单位管理。高等学校科研团队组织结构的合理与否会对科研团队知识共享的成功与否起着重要的作用，科学合理的高等学校科研团队组织结构一般具备组织结构的扁平化和教学与科研的结构平衡。

在高等学校科研团队中，科研人员在科研团队领军人的带领下，形成类似于扁平化的

组织结构形式。在其团队内部，各个科研成员相互分工协作，齐心协力完成自己负责的各项科研任务。随着科研项目和系统的复杂程度不断提高，一项科研任务的完成已经不可能完全依靠团队成员的一己之力，而是必须依靠团队内部成员之间的密切合作，在相互合作中发现、吸收、利用、分享和交流各领域所需知识，并在科研研发过程中不断积累和创造新知识。此外，研发团队还与高校外部环境和系统保持着多种多样的联系。

高等学校科研团队是一个知识不断转化与共享的网络系统。在科研团队内部，成员由科研领头人和许多的科研研发人员组成，由于团队内部成员个体知识和经验的差异是客观存在的，每个成员都拥有自己独特的技术知识和科研能力，这是团队成员之间知识共享的基础和前提。但是，每个团队成员拥有的知识结构并不相同，知识的用途也存在差异性。

科研团队成员由于科技研发工作需要，会发生联系和交流，从而形成了复杂的人际关系网络，而这网络也是科研团队内部成员间技术和知识共享和流动的主要路径。事实上，每个科研成员的关系亲密程度是不同的，成员两两之间的关系强度也存在很大差异，关系紧密程度的大小决定于成员之间的联系密切和互动程度。从团队成员之间的关系网络结构来看，研发团队领军人一般处于网络的中心位置。团队领军人是团队的资源、信息、知识的中枢区域，是团队内部资源、信息和知识流动的枢纽和中转站，一方面掌握着其他成员所没有的知识和信息，同时还掌握着团队资源和知识的分配权力。因此，团队领军人的个人倾向和意愿对于团队的知识转移和新知识创造有着决定性的影响。

三、高等学校科研团队知识共享的形成机理

(一) 科研团队知识转化

知识转化主要由三部分组成：知识转化对象，一般是指知识共享内容；知识转化手段，即知识共享团队网络、知识团队会议和团队学习；知识转化主体，包括个人、组织和团队等。知识转化是指个人独有的某种知识，在团队或组织的管理和激励作用下，通过知识的识别、获取、分析、吸收、利用等途径，转变为本知识团队中其他成员都拥有的知识，从而转化成团队的整体知识。从企业知识共享过程方面来讲，实现知识创新主要在于隐性知识和显性知识在组织和个人之间连续不断的转化过程。对于高等学校科研团队内部知识转化过程，关键也在于隐性知识和显性知识在团队和团队个体成员之间的不断转化。高等学校科研团队知识转化的过程如下：

第一，社会化，是指隐性知识到隐性知识之间的转化，此过程只在个体与个体之间分

享隐性知识。由于隐性知识难以编码和度量，因此隐性知识之间的传递或转化只能通过个体间的观察、体会、领悟等方式进行。转化的程度也取决于个体的知识构成、理解程度和生活与学习经验。

第二，外部化，是指隐性知识到显性知识之间的转化，此过程主要是把隐性知识进行显性化转变，将其转化成能用文字或语言进行描述的，并且易让别人理解的知识。

第三，组合化，是指显性知识到显性知识之间的转化，此过程是把隐性知识转化后的显性知识进行传递和扩散，将个人零散的显性知识进行全面的系统化，加以收集、整合、规范从而扩散到整个组织，把个体的知识转变成整个组织的知识，从而实现知识的增值。

第四，内部化，是指显性知识到隐性知识之间的转化，是把显性知识升华为隐性知识的过程，把显性知识进行识别、吸收、利用，从而形成个人内部自己所理解的隐性知识过程。将外部化的显性知识真正变成个人内部化吸收、领会的隐性知识。

（二）科研团队知识流动

知识流动是指知识在参与创新活动的不同主体之间的扩散和转移，包括隐性知识和显性知识在团队或组织内部各知识主体之间的单向和双向的流动。知识由于本身具有的特性而不断地进行运动，在某一个团队或组织中以团队成员为知识主体经过知识的识别、获取、分析、吸收、利用、传递、共享、创新等一系列运动过程不断地流动。

1. 科研团队知识流动的类型

对于高等学校科研团队知识流动的分类，可以从不同的视角进行分类，这里在高等学校科研团队的基础上从知识流的来源和参与知识共享活动的主体进行分类。

（1）从知识流的来源可以分为知识内流和知识外流，知识内流是指高等学校科研团队有关知识技能、经验技术、科研项目情况、同行者竞争情况、本研究领域市场前景信息与知识。知识外流是高等学校科研团队与外部环境间有关知识技能、经验技术、科研项目情况、同行者竞争情况、本研究领域市场前景信息与知识等。

（2）按参与知识共享活动主体的不同分为个体之间的知识流动、群体之间的知识流动以及团队或组织之间的知识流动三个层次。其中个体和群体之间的知识流动属于团队内部之间的知识流动，在于为增进本团队某一种科研活动的顺利进行而在不同知识主体和部门之间的知识交流。团队或组织之间的知识流动是指在不同团队或拥有平等法人地位的组织之间的知识交流，这种层次的知识流动是基于团队外部的流动。

2. 科研团队知识流动的特性

（1）流动的动态性。由于科研团队每个组成的成员拥有不同的知识结构和学术经验，每一个团队所研究的科研领域和方向也是有差异的，这就造成了团队内部成员之间和不同团队之间在进行科研活动中知识和技能进行互补。因此，知识流动不仅存在于团队个体成员相互间的知识流动，也存在于科研团队与团队之间。构成的知识流动基本条件就是在团队内部或团队与团队不同主体之间的动态相互作用，其实质就是知识流的扩散与转移。另外，知识流动经过的各个阶段的层次、水平本身也是不断发展变化的，所以带动的整个知识流动也呈动态性。

（2）主体之间知识流动的制衡性。由于高等学校科研团队知识的共享性，知识大多成链状、网络状进行扩散和流动，拥有不同知识的团队主体和科研团队成为这个链条、网络中的知识源和节点。因此，孤立的知识源或节点是无法进行知识流动的，只能静止地停留在某一个节点上而无法与周围的知识节点进行知识共享。团队成员之间、团队成员与科研团队之间、科研团队之间都因为知识流动有着紧密的联系，联系越频繁，知识流动的水平越高，也能说明知识流动就越有效；而且每一个节点都是知识源，每一个节点的知识传递会在很大程度上影响着下一个节点的知识接收效果。这就会使高等学校科研团队中知识链条、网络中的每一个节点、知识源都具有制衡性。

（3）知识流动的交叉性。知识流动是在不同的高等学校科研团队内部成员之间、团队成员与科研团队之间、不同研究方向科研团队之间进行的。团队成员、科研团队在作为知识传递的接受者的同时，又可能成为另一主体的知识供给者，知识流动使知识主体具有交叉性。同时，随着现代信息网络技术的不断发展，知识流动的跨度会随着信息共享技术的日益进步而不断增大，因此交叉性会越来越高。

（4）知识流动的增值性。在高等学校科研团队中，知识在不停地流动过程中，团队个体成员通过知识的学习，完善了知识结构；高等学校科研团队通过输入的新知识与原有知识进行有机整合，应用于科研活动，使科研项目得到更大的进展，这样既能推进科研课题的进程，又能促使知识的向前发展。如果团队个体成员知识没有经过共享和流动而内化为团队其他成员、整个科研团队的知识，为其所吸收及利用，则这部分的知识价值是无法实现的，整个知识的流动就会是中断、孤立的，进而知识流动也就失去了其存在的意义。

3. 科研团队知识流动的影响因素

高等学校科研团队知识流动的影响因素可以从知识流动的主体、客体和团队内外部环境三个方面加以分析。

（1）主体因素。

第一，知识源。知识源是高等学校科研团队中要转移知识的拥有者，所以知识的流动都来自知识源，是知识流动初始地。代表知识源的团队成员主体的主观意识和知识输出能力对知识的顺畅流动起着重要影响。知识源的主观意识包括知识的转移意向、保护意识、对知识受体的信任程度等，知识的转移意向和知识流动的活跃程度是呈正相关的，知识源主体的知识转移意向越强，科研团队中的知识流动程度越高、越频繁，反之则越弱。另外，知识源主体对知识的保护意识大小也影响着知识流动的快慢，科研团队中每个成员知识优势和劣势是有差异的，这样会导致成员为确定自己在本团队中的地位和作用，会对自身的知识和技能下意识地进行保护，而不能无限性地进行共享。这样往往会导致知识流动的速度减缓。

对于知识流动的受体的信任程度取决于知识成功进行共享后，知识源主体能否从中受益，或按照之前双方规定和利益分配中得到的份额多少等。一般而言，获利越少，信任程度越低，会造成知识流动的速度减缓。在知识流动中，知识主体能否找到一个合适的方式或渠道进行知识输出会在一定程度上决定知识流动的通畅，从而影响知识转移能力和知识共享的效果。

第二，知识受体。知识受体是指高等学校科研团队中知识流动的接收主体，其意识与能力也会影响到知识流动的效果。知识受体的意识主要是指知识受体在知识流动过程中接受知识的主观意愿和主动参与程度以及知识的吸收能力。一般而言知识受体的意识越弱，知识流动的效果就越小，知识的成功转移就会越难。在相当大程度上，知识受体参与知识接收的主动程度越积极，其接受知识的时间就会越短，从而会加快知识流动的速度。知识受体的吸收能力也会影响知识的流动程度，一般而言知识源主体所输出的知识如与知识受体本身的知识结构和研究领域相近或相关，或者知识受体有先期相关知识经验，知识受体吸收新知识的能力就越强，对知识的转化能力就越高，知识共享效果就越好，反之则会降低知识流动的频繁程度。

第三，知识源与知识受体之间的距离。距离远近也是影响知识流动的主体因素。知识源和知识受体之间的距离一般指三个方面：一是文化距离，文化距离主要体现在团队成员、团队之间的文化差距，如团队内部成员所要完成的科研目标或任务，团队与团队之间的科研方向的不同。这种价值观往往会导致双方合作的牢固性，从而影响知识的流动与共享。二是团队成员，或团队之间的空间距离，地理空间的远近会影响知识主受体的交流与沟通。三是知识距离，知识源与知识受体因人而所具备的知识是不一样的，基础知识掌握的程度也因人而异，二者之间的差异越大，交流越费力，知识越不容易转移和流动。

（2）客体因素。知识客体就是知识本身，包括显性知识和隐性知识。一般而言知识按其是否能进行编码可以分为隐性知识和显性知识，隐性知识和显性知识嵌入性是不同的。隐性知识因其无法进行明确的表述而具有高度的个性化，并牢牢地根植于知识主体的特殊背景与行为之中，具有高度的嵌入性，因此很难进行顺利的交流和沟通。隐性知识的流动一般要经过反复流动和多次的相互进行密切的沟通才能被对方所领悟和吸收。这也说明隐性知识的流动需要进行强联系才能得以顺利地流通和共享。

（3）环境因素。高等学校科研团队内部成员技术水平、团队学习制度以及对成员的激励机制都是影响高等学校科研团队知识流动的因素。另外，团队之间的沟通也会因为组织大环境，如学校体制、科研条件、人员交流频繁程度等因素而影响团队之间的知识流动。

（三）科研团队知识转移

高等学校科研团队知识转移是指在团队内各成员为了完成科研任务并通过一定的知识转移媒介而进行知识创新和知识增值的流动过程。高等学校科研团队知识转移所涉及的因素主要有两类，即参与知识转移的承载体和所转移的知识。组织内参与知识转移的载体是组织或团队内的个体成员，所转移的知识一般是经过正式编码的，理论化、系统化的信息。对于那些经验性的，没法去编码的隐性知识要在知识共享过程中，团队成员经过识别、领会然后进行符合化的编码才能进行正常、流畅的转移，对于任何形式的知识和转移程度在很大程度上取决于知识主体对其的理解和领悟能力。

1. 科研团队知识转移的类型

一般而言，知识按其特性，即是否能被某种符号标记出可分为隐性知识和显性知识。对于知识转移的具体形式可以分为正式转移和非正式转移。知识转移主要包括四个基本要素：知识源、知识受体、被转移的知识、知识转移情景。隐性知识由于其是一种默会知识，很难进行转移，这时受到情景因素的影响比较大。显性知识受情景因素的影响相对较小。另外，在知识转移中，正式转移条件下，如学术报告、开题讲座、教师对学生的授课等，由于是带有目的性的计划知识转移活动，其知识转移成功与否一般与知识源、知识受体、被转移的知识等因素有关，而与知识转移情景关系不大。相比较之下，对于知识的非正式转移，如团队内部个体成员之前的联结性学习、聊天谈话，因其是非特意的、默会的知识转移活动，其知识转移成功与否在很大程度上取决于知识转移的情景因素。高等学校科研团队知识转移的类型主要包括以下方面：

（1）正式显性知识转移。正式显性知识转移是知识输出方和知识受体共有一个语言系统，通过某种表达方式，如语言表达、知识的规范记载、动作或模型的示范等，将知识源所拥有的知识转移给知识受体的方式，这类知识转移在组织中较为普遍，如某领域专家所做的学术报告，电子书，网络课件，体育运动中的教学动作示范等。

（2）非正式显性知识转移。非正式显性知识转移在科研团队中也非常普遍，它是成员因有着明确内容的知识而与其他成员进行沟通、交流中的知识转移。如科研团队中新的科研成果、新的思想的交流，一般通过口头语言的表达方式实现。其构成要素是：①显性知识，如创新思想、阶段性的科研成果；②知识源，如创新思想源；③知识受体，如与知识源进行交流的成员；④转移情景，如聊天、谈话等。非正式显性知识转移由于没有制度的约束，是一种非正式的知识转移，受团队文化、成员之间的人际关系和互相信任度等情景因素的影响较大，同时，知识转移的质和量有着很大的不稳定性和不确定性。

（3）正式隐性知识转移。正式隐性知识转移是由某一特定的隐性知识输出者将某一种隐性知识传授给特定的知识受体的过程。如科研团队中某一成员精通某种提高科研效率的方法，在科研团队领军人物的授意下将其方法传授给和其在同一科研团队的个体成员。这一过程很好地诠释了正式隐性知识转移活动，其构成要素为：①隐性知识，如这一成员某种提高科研效率的方法；②知识源，会此种方法的团队成员；③知识受体，科研团队中的其他成员；④转移情景，如传授；⑤制度约束，如科研团队领军人物授意，规定时间和地点，具有强制性。正式隐性知识转移虽然有制度约束，是正式的，但因隐性知识的成功转移应建立在人际关系互相信任和互动的基础上，所以其受情景因素的影响较大。

（4）非正式隐性知识转移。非正式隐性知识转移是建立在人际关系网络基础上，通过团队个体成员间非正式的联结学习，而进行隐性知识的转移。由于隐性知识很难用某种符合进行明确的编码和表述，知识输出方和知识受体二者没有一个相同的语言系统当作知识的传输工具，因此发送者只基于人际关系网络的联结和知识受体进行交流与沟通，使知识接受方对知识产生吸收和领悟。如科研团队中领军人物把自己一生的科研经验传授给团队中的其他成员，在这一过程中需要科研领军人物与成员有着紧密的人际关系网络，经过"以心传心"方式，由成员领悟获得。非正式隐性知识转移活动的构成要素主要包括：①隐性知识，如科研经验；②知识源，如授予科研经验的团队领军人；③知识受体，如团队中的其他成员；④转移情景，如基于人际关系网络的联结。此类知识转移由于没有较强的制度约束，是非正式的，隐性知识转移难度很大，受情景因素的影响也最大。

以上四种知识转移类型中，正式知识转移成功与否与知识源、知识受体和被转移知识特征等有很大的关系，会在很大程度上受到这三方面因素的影响。非正式知识转移不仅受到知识源、知识受体和被转移知识特征的影响，而且受情景因素的影响，一定程度上，情景因素会决定非正式知识转移的成败。不管是对于正式的、还是对于非正式的，显性知识相对于隐性知识转移而言相对容易，隐性知识转移相对而言较难。

2. 科研团队知识转移的影响因素

关于高等学校科研团队知识转移的影响因素有很多。知识提供方，即知识输出者对其的影响主要在于知识输出者对知识的转移的主观愿望、传授能力、对知识的保护程度、知识转移动机的大小等方面；对于知识的受体，即知识的接受者主要包括对知识的吸收和领悟能力大小，本身的学习经验和能力，接受知识的动机等；对于知识的本身特性对知识转移的影响一般有：知识的内隐性，知识的复杂性、模糊性、特殊性等；知识转移的情景因素有团队成员之间人际关系和谐程度，知识主体之间的距离，这包括地理位置的距离、学科的差异程度等，还有团队、组织的文化差异、战略目标等。因此影响知识转移的因素是多方面、多层次和多维度性。

（四）科研团队知识交易

组织是一个半封闭半开放的动态复杂系统，组织内部与组织外部之间存在着多种知识共享。知识的交易过程一方面是知识拥有者在市场中发出知识交易的信号并找到知识的需求方，知识供给方和需求方根据各自的主观价值感来决策与别人进行交易的知识价值。这样知识的交易方不断通过这种方式获取新知识，被交易方看到知识有市场则也会不断获取别的新知识再进行交易，这样就会形成一个不断循环的交易动态过程。另一方面，交易完成后的知识会在团队内部成员之间进行共享，这样各个体成员的知识经过交易会变成团队的整体知识，这样也会在团队层面进行知识的创新。最后，创新出来的知识又在市场上与其他知识主体进行交易，被其他个体和团队进行吸收和利用，并再次进行创新，这样知识就周而复始地不断积累、创新、交易、共享。

高等学校科研团队通过知识流动、知识转化、知识转移、知识交易实现知识共享。团队成员之间因存在知识水平、知识存量等因素的差异，加上团队环境的驱使和知识互补思想的出现，团队成员为完成自己某项科研目标而进行项目研究的交流和沟通，从而使知识流动成为可能。知识的流动必然会产生知识转化。知识转化完成后才能进行知识的转移，只有把模糊不清的知识用一定规则编码明确地表达出来之后才能进行知识的传递和共享。知识转移也要经过知识的识别、吸收、利用等一系列转移过程。另外，在知识转移过程中，顺利与否还要受到知识供给方、知识需求方、转移环境、知识特性、知识传输渠道等一些因素的影响和制约。

知识转移完成后则会达到知识共享的最后一步，即进行知识交易。每个成员由于其所掌握的知识领域和领会的深度与广度不同，为获得科研过程中所需的自己所不具备的知识，他们会积极地去知识交易市场进行知识的交易来寻求到自己想要的知识。知识交易本身就是知识的共享，当知识交易成功之后，每个成员在所获得新知识的基础上重新进行吸收、利用，从而创造新的知识而再次共享。因此，知识共享不是一个单程运动，而是一个循环运动的往复过程。知识共享的目的在于使团队知识活动产生良好的效果。而高等学校科研团队知识共享的目的在于通过成员互动应用创新知识，在相同科研目标的前提下，进行不同学科和领域人员的知识或技能互补，降低科研团队所需知识的获取难度和时间成本，提高科研团队的研发能力。

四、高等学校科研团队知识共享的机制构建

高等学校科研团队知识共享系统的构建有效地促进了知识共享活动的开展，促进了团队共同目标的实现。但是由于知识的特性、对团队目标认识的不一致、制度不健全、文化氛围不和谐等因素，阻碍了团队的知识共享和团队知识的形成，导致知识无法发挥最大效用也无法实现最大价值，不利于团队发展。因此知识共享机制的构建对知识共享的开展有着不可替代的作用，通过有效的激励、约束及保障机制，促使团队成员贡献自己的独有知识，从而实现知识的最大化效益，促进团队的知识共享。高等学校科研团队知识共享系统中，机制体现了知识共享的内在作用机理和运行方式，起着根本性、基础性的作用。按照功能划分，可以将高等学校科研团队知识共享机制分为高等学校科研团队知识共享的激励机制、约束机制和保障机制。

（一）科研团队知识共享的激励机制

科学有效的激励机制是实现知识共享的重要推动力，缺乏激励，团队成员就缺乏足够的动机去进行知识共享，隐藏自己的独有知识，从而影响团队共同目标的实现。制定明确而有效的激励体系，能够促使团队成员积极主动地进行知识共享。

1. 科研团队知识共享的测度表现

知识共享行为激励的前提是对知识共享行为的有效测度，高等学校科研团队中知识共享测度主要包括对知识共享的投入测量和产出测量。知识共享的投入包括高等学校科研团

队成员创新、获取自己独有知识的努力、发挥主观能动性将隐性知识转化成显性知识的努力、团队中对共享渠道建设的投入等，知识共享的产出包括其他团队成员知识结构的完善、团队成员著作发表、科研团队某一目标的实现等，这些指标在具体的测度过程中存在许多困难，具体体现在以下方面：

（1）某些结果的产生可能并不是由于某一种原因而是多种原因造成的，例如科研团队目标的实现可能是由于充分的知识共享，但同时和学校对项目的重视和投入密不可分，此时对知识共享的测度就难以清晰界定。

（2）虽然定量指标客观明确地表示了知识共享某些行为，但是知识共享的很多活动是难以量化的，必须采用定性方式；定性方式虽然可以弥补定量方式的某些不足，但是存在主观色彩，因此在实际的操作过程中也要慎重使用；只有将定量和定性两种方式有机地结合起来，才能更加客观地测度知识共享行为。

（3）知识共享的测度是为了有效地激励团队成员，因此必须与团队的激励制度紧密结合，才能实现知识共享效果测度的意义，激励团队成员积极主动地共享自己的独有知识。

2. 科研团队知识共享的激励方式

对团队成员的激励方式主要有精神激励和物质激励两种，团队成员进行知识共享后，期望得到团队的肯定和回应，此时团队必须根据团队成员的需要，建立及时有效的激励机制。团队可以给予团队成员奖金、福利、津贴等物质激励，或者给予表彰、升职等精神奖励，不仅可以满足团队成员基本的生理需要，同时精神层次也能够得到满足，甚至获得尊重和自我实现的满足感。不同的激励方式针对不同的知识共享行为，各种激励制度的有效结合可以提高团队成员知识共享的积极性，从而鼓励并促进团队成员进行知识共享，达到提高知识共享效率的目的。其中部分团队成员进行知识共享的时候，并不是期待团队给予上述两种具体的奖励，而可能只是由于自身高尚品格等原因享受帮助别人后获得的精神上的满足感，这时候团队只需要对这种行为提供条件和保障即可激励这种类型的成员分享自己的独有知识，促进团队知识共享的实现。

对于具有近期效益的较易衡量的知识共享行为可以较多采用物质激励方式，对于具有长期效益难以清晰量化的知识共享行为则采用精神激励为主，同时对于乐于进行知识共享的团队成员配合着晋升制度的实施。团队领导需要根据不同的团队成员知识共享的特点，在激励工具的方式和力度上灵活把握，这样才能发挥激励的最大效用，更好地促进知识共享。

（二）科研团队知识共享的约束机制

知识共享的开展，离不开知识共享约束机制的制定，在约束机制的保障下，团队成员才能积极主动地共享自己的知识，保障知识共享活动的有效进行。科研团队知识共享的约束机制主要包括以下方面：

第一，高等学校科研团队知识共享行政约束。团队需要制定相应的行政政策方针来约束知识共享活动的开展，对于团队成员获取的知识特别是显性知识，运用行政手段采取硬性规定的方式促使知识共享的形成；对于知识共享存在难度的隐性知识，采用引导性的行政政策，促使共享的实现。团队可以运用行政手段对有成果但是不愿与别人共享的成员采用一定的惩罚措施，迫使团队成员为了规避惩罚而进行共享，减少成员对独有知识的隐藏。对于愿意共享但是能力不足无法实现共享的成员，团队需要运用行政手段创造培训机会，对其进行培训，提高团队成员知识共享的能力，包括知识共享的提供能力和知识共享的接受能力两方面。

第二，高等学校科研团队知识共享经济约束。知识共享的开展需要经济的支撑，对于知识共享的以货币为代表的物质性奖励离不开经济约束的保障，必须保证奖金、津贴、福利及时到位，才能提高团队成员知识共享的积极性，才能提高知识共享的效率。

第三，高等学校科研团队知识共享法律约束。知识共享的客体是知识，知识的可复制性等特点决定了知识在共享的过程中必须注重对知识产权的保护，才能保障进行知识共享成员的根本利益，提高其知识共享的主动性。完善的知识产权法和团队对知识产权的重视，是知识共享的重要保障。在知识共享过程中的相关方的权利与义务及利益分配问题，也可以采用法律合同的方式予以约束，保障双方的利益。

（三）科研团队知识共享的保障机制

高等学校科研团队知识保障机制是为了保障高等学校科研团队知识共享的充分性和有效性而建立起来的机制，促进团队成员内部及团队与团队外部实现隐性知识和显性知识的共享，减少团队成员对独有知识的保护，以更好地实现团队成员共同的团队目标。

1. 科研团队知识共享的政策制度保障

完善的规章制度和规则是知识共享活动的关键，只有在政策制度的约束和保障下，团队成员才会积极主动地共享知识，知识共享活动才更具有规范性和系统性。知识共享活动的顺利开展离不开政策的支持，主要包括人才政策、资金分配政策、技术政策等，完善的政策支持是知识共享的保障。建立完善的规章制度以指导和调节高等学校科研团队成员的知识共享行为，是知识共享有效开展的重要保障。明确知识共享活动各利益方的权利和义务，明晰知识产权，在各种技术规范和奖励制度的配合下，使团队成员明确组织倡导何种行为，从而创造良好的知识共享制度环境，促进共享实现。

2. 科研团队知识共享的文化氛围保障

良好的知识共享文化是实现知识共享的保证，再好的组织结构和技术支持，若缺乏知识共享文化的支撑，知识共享也难以进行。只有团队成员深刻意识到知识共享的重要性和必要性，才能充分发挥主观能动性，积极主动地进行知识共享。共同的愿景及团队目标和信任的环境，为知识共享创造了良好的条件。首先团队成员在团队规则和制度的约束下，被动共享独有知识；在团队交往过程中，逐渐加深对团队成员的认识和了解，认同团队成员的价值观和目标，主动共享知识；最后达到即使是组建临时性团队，团队成员也会及时全面地共享自己的知识。高等学校科研团队领导的引导作用也不容忽视，领导对知识共享的关注对团队共享文化的建设也起着重要作用，领导的肯定对知识共享行为的发生有着促进作用。只有创造了这样以知识共享为荣的共享文化和成员主动共享知识的信任环境，才能真正意义上实现组织的知识共享。

3. 科研团队知识共享的完善沟通机制

创建多样化的沟通渠道形成良好的沟通机制可以降低沟通成本，最大限度地实现知识的价值，增强团队成员之间的信任，更好地实现知识共享。沟通渠道的具体形式包括邮件、网络硬盘、知识库等现代化手段，及电话、面对面交流、著作等传统手段。知识更新日益加快的今天，传统的知识共享方式已经无法满足人们的需要，借助现代化的沟通方式成为更多人的选择，建设完善的技术设施平台，注重网络知识和数据库的运用，将现代化的数字化网络手段与传统的沟通手段相结合，两者相辅相成共同推动知识共享的实现。不仅要创造更多的团队成员面对面交流的机会，促进团队成员之间的交流，实现知识特别是隐性知识的共享，还需要完善技术网络平台，保持对最新知识的敏感性，为显性知识共享创造条件。

第三节　高等学校科研团队知识管理要素

一、高等学校科研团队知识管理的组织要素

高等学校科研团队知识管理的组织要素涉及知识在团队内的产生、传播、利用、增长等的组织原则与形式。高等学校科研团队是一个复杂的系统。由于科研创新活动具有特殊性，在这些活动的知识创造过程中，客观地存在着大量复杂的博弈关系，这些博弈关系共同作用并决定着科研团队的创新能力。科学技术的飞速发展使得科研创新绝不仅是某个个体所能独立实现的，寻找具有创新思想的个体是创新的前提，而组建有利于创新的团队是实现创新的条件。科研团队的组织建设是一个复杂的系统工程，团队组织模式选择和成员选择是构建高等学校科研团队需要首先考虑的问题，也是保证团队产生较高创新绩效的起点。在对科研团队成员进行选择之前，需要根据科研团队的组建目的确立团队的组织与运行模式。科研团队的基本组织模式可以分为三种：星形模式、平行模式和联邦模式。

（一）科研团队的星形组织模式

星形组织模式一般由若干知名的学术带头人和一些相对固定的科研人员组成核心层，然后根据科研创新的需求再选择合作成员组建科研团队。学术带头人负责制定科研团队的目标，并负责协调成员之间的关系。由于核心层在星形模式中占据主导地位，所以星形模式比较适合科研创新复杂程度不高且对跨学科知识要求不高的科研团队。科研团队的星形组织模式具有以下优点：

第一，高效性。星形组织模式是一种以集中管理为特征的科研团队组织模式。这种组织模式带有"家长式"的行政倾向，这在一定程度上有利于形成核心能力统领整个科研团队的权力结构，也使得团队能够根据科研创新的需要迅速整合科研资源。星形模式是一种具有核心层的对等知识联网模式。

第二，高度协作性。以团队学术带头人和若干相对固定的成员为核心的星形组织模式能够统一对团队的科研资源进行整合。核心层掌握所有成员的知识能力，可以根据科研目标统一协调成员之间的知识活动，优化配置科研资源。同时，团队成员可以根据科研创新的要求，通过团队的对等知识网进行知识的交流学习活动，实现自身知识存量的增长，实

现团队的知识创造和知识创新。这种交互式的信息传递有利于团队发挥整体优势。

第三，信息传递准确性。在科研团队的星形组织模式下，由于强有力的核心层的存在，团队成员的知识创造过程可以被很便捷地识别，团队创新所需的各类科研资源也能够被迅速整合优化。而这都源于团队领导者直接获取成员的实时信息、做出各种有关合作创新的决策，并能准确及时地传递给团队成员的能力。

当然，事物通常都有两面性，星形模式的某些优点有时也是缺点。例如，星形模式的应用范围具有局限性，对复杂程度较高，跨部门、跨组织、跨学科知识要求较高的科研创新活动，星形模式不太适用。星形组织模式一定程度上带有"家长式"的行政倾向，这使得行政权力强于学术权力，应用不当的话有可能导致团队创新能力的不足。

（二）科研团队的平行组织模式

平行组织模式是科研团队中不存在绝对意义上的核心，所有的团队成员是在平等的基础上相互合作的。团队成员在保持自身独立的同时，为科研团队贡献自己的知识能力并参与合作创新。平行组织模式较适用于在对某一科研领域前瞻性方向具有共同认识这一基础上的自发合作研究活动，以及出于兴趣或共同的学术目标在科研人员间形成的战略合作活动。在科学研究专业化、组织化程度较低的时代，科学家之间的这种自主合作较多。随着科学建制化的发展，复杂程度的不断加剧，绝对意义上的平行模式在实际中已很难找到。科研团队的平行组织模式具有以下优点。

第一，学术氛围浓郁。平行组织模式建立的基础主要是成员对某一研究领域的共识和兴趣，故这是一种自发性较强的组织形式。与星形组织模式相比，行政力量很少起或者基本不起作用。这种"学术式"的松散联盟能够为成员创造力的发挥提供广阔的空间，各种创新思想相互碰撞，客观上有助于创新性成果的产生。

第二，成员深度合作。由于平行组织模式的建立基础是成员的共识和研究兴趣，而只有把科学研究当成一种兴趣、一种职业时，才能激发人的求知欲和探索欲，才能产生团队成员之间以共同目标为目的的深度合作。

平行组织模式也有其自身的缺点和局限，由于这种组织模式的组建是建立在兴趣、共识等基础上的自主结合，缺乏强制力量的整合，所以这种松散式的学术组合有可能在管理上无法清晰地界定责、权、利的关系，团队成员容易相互牵扯，尤其是在科研创新出现瓶颈时，较难有力地整合科研资源，所以极易崩溃解体。

（三）　科研团队的联邦组织模式

联邦组织模式是在星形模式和平行模式的基础上，建立的一个共同的、类似协调指挥委员会形式的协调结构。该模式对科研团队的科研资源实行统一计划和管理，从而实现科研团队资源的优化整合。联邦模式组织灵活，是一种介于行政组织与学术组织之间的管理模式，它不像星形模式一样只有一个核心层，而是由多个核心层组成协调指挥机构。这样有利于不同成员之间的指挥和协调，故联邦模式是一种比较理想的科研团队组织模式，比较适用于跨组织、跨学科等复杂程度较高的大团队进行合作攻关项目。科研团队的联邦组织模式具有以下优点：

第一，资源整合能力强。联邦组织模式中的协调指挥委员会是行政力量与学术力量的复合体，它在行政上负责科研团队的发展方向和科技资源的整合优化，有权根据科研创新的需要统一调度科研团队内的各类科技资源，并确定优先支持方向，它在学术上则负责对团队具体的科研活动进行指导，把握研究方向和创新成果。

第二，大团队的知识协作。联邦组织模式是一种大团队协作的科研团队组织模式，不仅团队成员之间存在着知识合作，科研团队内部的执行团队之间也存在着横向的信息沟通。联邦制组织模式的最大特点在于它是一种分权型的组织形式，各执行团队享有充分的自主权，能够从整体上激发科研团队深层次的活力，这对于大型项目的合作攻关具有重要作用。

上述高等学校科研团队的组织模式具有各自的适用情形和优缺点，在实际运作中，具体采用何种组织模式需要视具体情况而定。由于组织的知识创造过程极具复杂性，而且有生命周期，所以三种组织模式之间也存在着组织系统的权变演进以及嬗变的可能。一种模式可能会嬗变成其他组织模式，同时也不排除科研团队在不同层次上采用不同的组织模式，形成一种混合型的组织模式。

二、高等学校科研团队知识管理的文化要素

当今世界，科学技术越来越成为决定一个国家、一个民族发展的重要力量。在建设创新型国家、构造国家创新体系、提高科技自主创新能力的同时，不能忽略科技软环境的建设——创新文化建设。中国的科研组织在国际上取得卓越地位的障碍不是来自经济因素，而是文化因素。组织文化可以影响创新的氛围，对创新能力的培养至关重要。创新文化是有利于开展创新活动的一种氛围，是在科技活动中产生的与整体价值准则相关的群体创新

精神及其表现形式的总和。在高等学校科研团队的建设过程中，建立一种机制，大力推进创新文化建设是非常有必要的。

（一） 科研团队创新文化及其建设目的

创新是一种理念，是知识经济时代的必然要求，而文化是科学技术进步的母体，是经济社会发展的先声。人类历史的诸多科技创新活动表明，文化影响着科技的产生、发展与传播，影响着创新的进程和结果。文化对创新具有重要作用，任何一个技术创新活跃、经济繁荣的时代，都需要有重大的人文创新来导引，也需要有文化的繁荣。文化的进步必然包括当时的科技发展和创新成果。文化与科技创新的互动是近代人类文明演进的主旋律。文化是一个自变量，文化氛围的好坏直接影响创新的绩效。但文化又受到政治体制、经济社会等多重因素的影响。从这一点而言，文化不是一个独立的变量，而是一个因变量，它需要通过改变与之相关的环境条件而加以营造，还需要通过创新活动使之成为一个独立变量。

文化具有多重内涵。创新文化是指与创新相关的文化形态，它包括与创新有关的价值观、态度、信念等人文内涵。科研团队的创新文化是指一种有利于其开展科研创新活动的氛围，是在科技创新活动中产生的与整体价值准则相关的群体创新精神及其表现形式的总和。加强科研团队的创新文化建设，营造良好的科研环境和浓厚的创新氛围，对于激励和培育创新思维、造就创新人才、取得创新研究成果和实现可持续发展具有积极的促进作用，同时也是提高科研团队整体创新能力的有效保证。

创新文化可以分为内在文化和外在文化。内在文化是观念文化，外在文化是制度文化。两种文化从不同的方向作用于科研团队的科研创新活动。观念文化是影响科研创新活动的最主要的文化，它是创新的内在动力。观念文化中所包含的信仰、理性、价值观等方面的因素的发展和变化决定了团队成员所从事的科研活动是否能够创新，它表现为人们对科研创新的态度。适宜创新的观念文化其自身也必定是一种创新，它使团队成员有广阔的思维视角及海纳百川的宽广胸怀，从而能够博采众长，推陈出新。制度文化指的是科研创新活动的社会环境，它是创新活动的外在动力。科研创新活动不仅是技术活动，它更主要地表现为创新人员的社会活动，也就是创新成员之间的知识交流与共享活动。创新人群所处的社会环境［如政策、法规、五大流（物流、人流、资金流、信息流、知识流）、组织等］的变化可以影响创新人才的聚集，进而影响创新活动"吸引子"的形成以及创新活动的产生。科研团队的制度文化是否适应创新要求决定了科研团队能否成为科研创新的温室。适宜创新的制度文化是一个有吸引力，勇于接受新事物、新观念的制度文化，它具有宽容的特点。观念文化为制度文化提供实现的思想基础，制度文化又使观念文化有了社会载体。

在科研创新活动中，人是最根本的。建设创新文化的目的是使从事科研创新活动的人更有效地获取知识、创造知识和应用知识，提升他们的创新能力与创新绩效。创新文化建设之所以应以人为本，这也是与科研创新的特征直接相关的。科研创新的本质是基于特定的知识积累，发现新的现象、提出新的问题、创造新的知识、创建新的理论和方法。这个过程具有巨大的随机性和不确定性，同时又具有巨大的风险性。因此，它需要有锐意进取、敢冒风险、不怕失败的人。创新始于新知识，而新知识的产生总是从个人开始的，然后才逐步转化为群体的知识。科研团队知识管理的核心是对隐性知识的管理，而隐性知识的主观性和直觉性的特点决定了科研团队必须充分发挥创新主体的主动性和积极性，并且需要创新主体有活跃的思维、顽强的毅力和坚韧不拔的精神。而创新文化建设就是要为创新主体营造一个适应创新特征，符合创新规律，能够帮助实现创新的良好环境。

（二）科研团队创新文化建设中领导行为

组织文化的起源主要包括：①组织创办人的信念、价值观与假定；②随着组织的演进而加入组织的成员的学习经验；③新成员与新领导人所带入的新信念、新价值观与新假定。虽然上述来源对组织文化的形成都很重要，但是，领导者在组织文化的建立和管理中才是至关重要的，他们扮演着极重要的角色。领导者在组织文化建设中的作用非常显著，在一个初创的组织中尤其如此。几乎每个领导者在组织内都会留下自己的印记。领导功能之所以不同于管理和行政功能，就在于其对文化的关怀。为了充分了解科研团队创新文化与领导之间的关系，可以用一种发展的眼光来看待创新文化，积极探讨科研团队生命周期内领导行为模式的选择与团队规范的演变问题。

1. 科研团队领导行为的权力基础分析

领导是管理的一项基本职能，"领导"一词可以作名词，表示领导者；也可以作动词，表示一种行为过程。领导的本质是一种影响力，是对人们施加影响的能力，它是使人们情愿地、热心地为实现组织或群体的目标而努力的艺术或过程。对团队领导与团队绩效关系的大多数实证研究表明，团队领导与团队绩效有显著的相关性，团队领导是影响团队绩效的关键因素之一。团队领导是指负责为团队提供指导，为团队制定长远目标，并在适当的时候代表团队处理其与组织内其他部门关系的人，他属于这个团队，是这个团队中的一员，并且从团队内部施加影响。团队领导与团队管理者的主要区别在于，团队的管理者是从外部为团队提供支持的管理者。

领导行为源自它的权力基础，它决定了领导的行为风格和行为过程。由于科研活动的创新性和不确定性，科研团队一般而言是自我管理和自我领导程度较高的团队。科研团队领导所运用的有效的权力基础有别于传统组织中领导运用的权力基础。组织中有三种权力基础，即信息性权力、说服性权力和魅力性权力。上述领导影响力可归为两类：强制性影响力和自然性影响力。强制性影响力伴随领导者所担任的职务而产生，也称为权力性影响力。自然性影响力则来源于领导者自身的品格和魅力。因而，对于一个组织的领导而言，其权力基础来源于组织赋予的强制性权力和由个人能力或魅力而产生的权力。组织赋予的权力包括法定性权力、奖赏性权力和集中信息的权力，而由个人能力或魅力产生的权力包括专家性、参照性、说服性和魅力性的权力。

对于具有较高自我管理水平和自我领导能力的科研团队而言，领导的主要权力来源于专家性权力和组织赋予的信息性权力。专家性权力的内在特点决定了其影响力主要表现为自然性影响力。换言之，科研团队领导的权威主要来自其在某一领域的专业知识的影响力，使他通过这种专业知识指导团队工作，引导和带动团队成员以更积极的态度学习新技术，并与团队成员共同制定团队发展的目标和任务。科研团队的领导是团队的设计者、教练和服务者。他对拟组建的团队进行设计，对运行中的团队进行指导并提供必要的支持。有效的科研团队领导是善于运用专家性、参照性、说服性和魅力性权力基础的领导。而基于强制性、奖赏性权力基础的领导容易挫伤团队成员的积极性和主动性。科研团队领导的影响力主要来自个人能力，而不是由组织赋予的。

2. 科研团队生命周期内领导行为选择

（1）科研团队的生命周期模型。科研团队是因某一科技领域前沿或交叉方向的前瞻性、创新性研究与开发而组建的一种敏捷化、虚拟化、网络化的科研群体，它应科研课题的产生而产生，随着科研课题的完成而终止，具有非常明显的生命周期。科研团队的发展大体经历了形成期、发展期、成熟期和收获期的过程。科研团队发展的不同阶段具有不同的特点和团队环境。

第一，形成期包括科研课题的分析、团队成员的选择、利益分配机制的制定以及团队组织形式的确定等。①科研课题分析。科研课题分析的目的是确定团队的角色，更好地选择团队成员，确定对成员的能力要求和对成员数量提供支持。②团队成员选择。根据团队角色对成员能力的要求，充分考虑成员之间知识交流共享产生的双向溢出效用，通过对所有的备选成员进行评价，选择出最佳组合的团队。③利益分配机制。科研团队虽然不以获取最大化利润为最终目的，但是也需要考虑科研经费的投入产出效率。制定公正合理的利益分配机制，不仅有利于调动团队成员的积极性和创造性，而且还可以适当地降低科研创新的风险。

第二，发展期是科研团队正式运作的阶段。此阶段的主要任务是监督与控制团队成员的任务完成情况，进行有效的知识管理，激励成员更好地实现科研创新。①知识管理。科研团队的知识管理是为了使成员的知识能够充分共享，使成员能够进行深入交流，这样更有利于创造出新的科研成果。科研团队的知识管理包括显性知识管理与隐性知识管理，其中最重要的是对隐性知识的管理。②团队激励与约束。科研团队的运作可以被看作是委托—代理关系，即团队领导是委托者，团队成员是代理者。团队领导希望成员可以互相进行深度合作，共同实现科研创新的组织目标。为达到此目标，需要对成员进行激励，并设计合理的激励机制。同时，为了保证科研任务按期按质完成，需要对成员进行监督管理。

第三，成熟期是创新思想不断涌现，科研成果呼之欲出的阶段。此阶段的主要任务包括进行更深入的知识管理，强化团队的文化管理和冲突管理等。①文化管理。随着团队规范不断趋于成熟，有利于创新的文化氛围正在逐渐形成。团队文化可以影响创新的氛围，它对创新能力的培养也是至关重要的。②冲突管理。冲突的产生具有一定的隐蔽性，团队运作模式必然会产生冲突。冲突会耗费成本，同时也可能带来收益。对科研团队的管理不是为了避免冲突，而是要有效地管理冲突。需要区别对待团队中不同层次和类型的冲突，针对冲突的特点和性质，动态地分析和看待冲突。

第四，收获期是科研团队完成科研任务，即将解体的阶段。此阶段的主要任务是进行综合绩效考评和利益分配。①绩效考评。对科研团队的综合绩效考评需要站在科研团队不同利益相关者的角度进行，从多个维度分别建立相应的评价指标体系，并采用定性与定量相结合的方法进行综合评价。综合绩效考评有利于利益分配，也有利于总结经验和教训，以便于今后团队的组建与运作。②利益分配。利益分配的依据是团队的综合绩效以及事先制定的利益分配机制、薪酬机制和奖惩机制。

（2）科研团队生命周期内领导行为模式的选择。由于科研团队运作是以任务和关系为导向的，所以，科研团队中一般包括两种典型的领导行为：任务型领导和关系型领导。任务型领导以实现科研创新所需的专长、活动和决策为基础。衡量任务型领导成功与否的主要标准是科研团队最终的科研产出。因为任务在科研团队里具有影响力和控制力，所以这项领导权显然是科研团队的核心组成部分。而关系型领导成功与否的主要标准是团队凝聚力，即团队的创新文化氛围。为了提高科研团队的生产力和凝聚力，科研团队应从领导行为、工作条件、制度成效、价值观、创新氛围等要素着手，实施必要的关系型领导策略。

在科研团队运作的整个生命周期中，任务型领导与关系型领导这两种领导行为是贯穿始终的。然而，领导模式只是领导的一种行为倾向，不同的领导模式适用于不同的团队环境。一名优秀的科研团队领导，只关心任务和成员是不够的，还必须关注团队发展的不同阶段。因此，科研团队的领导模式应当与科研团队生命周期内的各个发展阶段相适应。科研团队的不同发展阶段应采用与之相适应的领导模式。科研团队生命周期内的形成期、发展期、成熟期和收获期，应对应有效领导模式的命令式、支持式、参与式和授权式。

在科研团队的形成期，团队成员具有不同的动机、需求与特性，因而彼此之间的关系尚未建立，成员间的了解与信赖程度低，成员缺乏共同的目标，尚处在磨合阶段。而科研团队也没有建立规范，或者团队对规范尚未形成共同看法。这时团队矛盾较多，成员角色不明确，对目标缺乏一致认识。此时团队领导在团队工作中占主导地位，团队需要被严格控制，故应采取命令式的领导方式，即由团队领导进行角色分类、职能分工和任务分配，指导团体成员对团队的目的、工作方式达成共识，并带领团队成员制定共同的目标和行为规范。

在科研团队的发展期，经过一段时间的磨合，团队成员对团队角色和工作进行了一定的适应和调整，团队成员逐渐理解了组织的目标，互相之间也已经由熟悉到产生默契，团队成员基本形成了共同的心智模式和行为规范，并且对于组织的规范也渐渐了解。此时，团队成员更需要支持与鼓励来实践其共同的工作和克服所遇到的困境。支持式的领导能够创造一个宽松的环境并给予团队成员足够的支持。因此，在这一发展阶段，支持式的领导方式更能塑造团队合作的氛围和积极主动的精神。

科研团队的成熟期，是团队成员真正发挥团队智慧的时期。在这个时期，团队已经形成了稳定的行为规范和互动模式，团队成员产生了较高的认同感，团队关系由彼此保持距离变成了相互信赖，坦诚相见。此时，团队成员成为一体，愿意为团队奉献，智慧与创新源源不断。这时团队领导应采取参与式的领导方式，即团队领导努力营造开放自由的氛围，允许成员提出不同的意见与看法，鼓励建设性的冲突。由于团队成员具有较高的自我管理能力，团队领导可以通过制定一致的具有挑战性的目标并为成员提供支持来驱动团队前进。

在科研团队的收获期，借由过去的努力，强而有力的科研团队已经形成。团队成员具有强烈的一体感，此时组织爆发出前所未有的能量，可以创造出非凡的成果。这时团队领导应采取授权式的领导方式，通过授权鼓励团队成员自主做好工作，加强其自我领导和自我管理的能力。授权式的领导方式是实现科研团队持续发展，取得丰硕成果的有效方式。

3. 科研团队实现有效领导的一般原则

科研团队的领导有多种权力基础，表现为不同的领导风格和模式，它们影响着团队生命周期的各种基本过程。一般而言，有效的领导必须遵循一定的原则。科研团队实现有效领导的一般原则如下：

（1）优秀的团队领导要力求团队的目标、目的和方式有意义，并确保团队成员达成共识。他们帮助团队成员明确目标与价值观，并且确保他们的行为不偏离。同时，优秀的团队领导还要努力培养每名团队成员以及整个团队的忠诚与信心。他们鼓励团队成员尊重彼此的能力和技术，并鼓励团队成员主动采取行动。通过这些激励，团队成员会更加忠诚，或继续保持对团队的忠诚。同时，优秀的团队领导还会激励人们具有责任感和自制力。

（2）对科研团队的科研能力保持警觉。由于科研团队所从事的科研活动的特殊性，团队领导需要不断努力加强团队内各种科研能力的组合，同时提高科研水平。因为，如果科研团队所需的各种能力和其实际具备的能力之间存在严重的能力缺口，那么，没有一个团队能够获得成功。团队领导要不时地对团队成员所具有的能力进行评估，并寻找机会提高他们的能力。仅在科研团队建立时对科研能力进行评估是远远不够的。因为科研团队的活动一直都在变化，所以，科研团队的科研能力也必须随着这些变化而提高。

（3）处理与外部人员的关系，包括清除团队发展道路上的障碍。一般而言，团队领导需要负责处理团队与外部的关系，不管该外部指的是该组织的成员、普通大众还是其他组织的成员。因此，科研团队领导的一个重要任务是扫平道路，以便团队能够畅通无阻地完成自己的任务。

（4）淡泊名利，为别人创造机会。科研团队的运作除了完成特定的科研任务外，还有一项重要的使命就是培养和选拔创造性人才。因此，科研团队的领导要善于营造氛围，为团队成员发挥才能提供舞台，对他们的工作提供指导和支持，注重选拔培养基础好、学历高、事业心强、勇于攀登科学高峰的创新型人才。

（5）科研团队领导要做具体的工作。科研团队领导区别于一般组织的领导，科研团队领导要参与团队的实际工作，与其他团队成员一起分担团队任务。他们需要确保团队中每位成员，包括他们自己，对科研团队做出贡献。

三、高等学校科研团队知识管理的资源要素

在高等学校科研团队的知识创造过程中，组织、文化等要素固然起着主导作用，但是

资源要素也不容被忽视，它起着重要的支持和保障作用，决定了团队可持续创新能力的强弱。在以信息技术为主导的知识经济时代，资源尤其是作为知识载体的信息资源，是科研团队可持续创新能力不断提升的动力源泉。有效地整合科研团队的内外部资源是形成组织核心能力的基础。

（一）科研团队内部资源整合

1. 科研团队内部资源整合的途径

在高等学校科研创新工作中，高等学校内部的学院之间、重点实验室之间和研究人员之间存在着科技资源相互封锁的情形，使得开展多学科交叉研究面临多方面的困难。而且，在高等学校科技创新资源的配置上，大多数经费和人员集中在已有的学科和研究领域。要改善目前这种创新资源配置不合理的状况，捷径之一就是组建高等学校科研创新研究平台，催生科研团队，把人才优势、技术优势、信息优势快速地聚集到新型学科和交叉学科的前沿领域，并与国际的前沿研究成果接轨，实现优势互补，协同创新，从而不断提高高等学校整体的创新能力。

高等学校科研团队是一种全新的科研组织模式，要想在原有科研管理体制的各种壁垒中获取资源，求得生存与发展，必须借助于一定的科研平台，对其内部资源进行有效整合。高等学校科技创新平台是优化和集成科技资源、开展科技创新活动、推广科技成果的重要载体，是矩阵式结构中横向结构的主体部分，还是学校科技活动体制机制创新的特区。科研团队的内部资源整合主要是通过其依托的科技创新平台实现的，故加快科技创新平台建设是实现科研团队内部资源整合的有效途径。科技创新平台建设是建立在学科优先发展基础上的一个系统工程。高等学校科研创新平台建设主要包括以下层次：

（1）基础性和应用基础性研究实验室建设，这一体系的顶层是国家实验室，中层是国家重点实验室，底层是省部级重点实验室。高水平实验室是培养创新人才的重要阵地，是科研团队进行科技创新的主要场所，实验室的数量与水平是一所大学科技创新能力的基本标志之一。大学具有基础研究力量雄厚和学科门类齐全的优势，故其应时刻关注、积极争取国家创新体系中应用基础性研究的设计布点，在其中的金字塔结构中占据重要地位，进而促生科研团队。

（2）以工程技术为主体的应用研究实验室（中心）建设，这一金字塔体系的顶层是国家工程中心和国家工程实验室，中层主要是由科技部统筹的工程技术研究中心，第三层是省部级工程（技术）中心以及其与企业联合组建的研发中心。即便对主要面向企业的应用研究实验室系统，大学凭借其多学科人才、公益性质与开放等特点无疑也具有明显的竞争优势，它完全有条件在其中占据重要位置。

（3）以理论研究为主要任务的哲学社会科学创新基地。高等学校在哲学社会科学方面的优势比较明显。事实上，大学已经在哲学社会科学创新基地建设工作中取得了显著效益，通过基地建设的整合聚集效应，大学里不仅形成了一批有影响的理论创新成果，使一批重点学科站在了世界前沿，而且还为更大范围的学科建设提供了成功经验。哲学社会科学创新基地建设将为科研团队的发展带来广阔的空间。

2. 科研团队内部资源整合的措施

（1）通过扶持和发展新兴学科和交叉学科，积累学科优势。学科建设是大学最具整合性与影响力的工程，也是科研团队内部资源整合的基础。学科是创新平台建设的基础，推动学科持续发展是科技创新平台的主要任务之一。在科技创新平台上科研团队高水平的科学研究有利于形成学科高峰，也有利于学科交叉，从而产生更富有生命力的新的学科方向。新兴交叉学科的出现是当代科学技术发展的必然趋势，它体现了科学的整体统一性。新兴学科是与传统学科中的哲学、经济学、法学、教育学、文学、历史学、管理学相对而言的，它是全球化时代和经济发展的产物。交叉学科是指因自然科学和哲学社会科学中不同学科之间的相互渗透而出现的新兴学科。新兴学科大多又是交叉学科。科研团队内部资源的整合应以重点学科和新兴交叉学科为依托，同时一些新型交叉学科的快速发展又能加速催生科研团队。在支持科研团队建设方面，高等学校应重视基础学科、突出新兴学科、鼓励学科交叉融合，带动多学科的协同发展，并积极促生植根于重点学科和新型交叉学科领域的科研团队，从而形成学科基础上的人才培养和科研创新优势。

（2）通过创新运行机制，实现平台资源共享。要建设好科技创新平台，首先，必须打破壁垒，重点突破以传统学科界限为基础的科研管理与学科组织模式；其次，必须以人为本，最大限度地发挥科研人员的积极性和创造力；最后，必须以效率为先，最大限度地调动各类资源，实现资源共享。

按照"开放、共享、竞争"的要求，科技创新平台内部需建立一系列有效的运行机制，从而使之真正成为科研团队进行集体科技攻关和创新人才培养的公共科研资源共享平台以及高等学校在相应领域中的重要创新基地，这一系列创新机制包括：①首席专家领导下的民主决策机制。创新平台内部设立专门委员会，如人力资源、资源共享、研究生教育、学术交流委员会等。②重大事项的报告机制。首席专家依据联席会议的讨论所做出的各项决定应及时报告平台管理委员会。③协调机制。各创新平台设立协调委员会，其职责是协调解决和院系相关的人事问题、学科建设问题、人才培养问题等。处理其和院系、职能部门之间及其内部的矛盾。④国际化的学术评估机制。逐步建立与国际接轨的学术评价制度，吸引海外优秀科学家进入创新平台学术委员会。创新平台各科研团队应有明确的学术标准，要克服浮躁心态，鼓励原始创新，建立完善的科研团队的资助标准和程序。⑤科技资源的共享机制。创新平台中的所有大型科学仪器均属国家财产，应在平台内共享，并鼓励对外开放使用。⑥创新平台运行成本的分担机制。由高等学校和创新平台共同分担平台的运行成本是科技创新平台可持续发展的保证，同时也是建立激励机制的需要。创新平台的各项科研项目应按照国家及地方的有关规定由科研团队认真编写预算、执行预算，在人力资源管理、房屋使用、能源动力、仪器使用维护和信息更新、学术交流等方面实行成本分摊。

（3）通过平台制度设计，有效盘活资源。科研团队的组建打破了原有的学科组织结构和科研组织模式，它是大学科研组织模式和运行机制改革的"试验田"。如果仍然沿用一般的大学制度来管理科研团队，势必存在很大障碍。科研团队的组建与运作需要有相应的组织制度作保障。科研创新活动的特殊性要求科研团队管理制度应更加人性化和具有灵活性，这样才能充分激发团队成员的创新能力和能动性，从而有效地盘活各类科研资源。

现代大学制度所倡导的学术自由、学术平等、自主管理等理念是符合科研团队创新活动的需要的，具有比较普遍的意义。但在科研团队的实际建设过程中，仍会遇到一些具体的制度瓶颈，如人事制度、科研管理制度等，这就需要进行制度的再设计。与科研团队建设有关的人事制度、科研管理制度方面的再设计主要针对的是人事聘用制度、科研考评制度和分配制度等。以人事管理制度为例，科研团队的运作打破了成员原有的组织隶属关系，实现了对跨组织、跨部门、跨学科人才的有效组织。同时，由于科研团队具有生命周期的特性，团队成员只能够被阶段性地使用，具有较高的流动性，故传统的人事管理手段已很难满足科研团队的组织建设需要。

因此，高等学校需要对科研团队的人事制度进行系统的设计。首先，应推行人员聘用制，实行固定编制与流动编制相结合的聘用制度，即"不求所有，但求所用"。通过签订体现市场机制和行政力量均衡的双边规制性的分散契约，实行岗位分类管理，汇聚更多的优秀人才，创造有利于人才成长的宽松环境。其次，可根据科研团队知识创新的工作特点及聘用制度的特点，创新评价体系和考核办法，建立并完善分类考核与评价制度，形成人员能进能出的优胜劣汰机制。最后，在分配制度上进行改革与创新，充分考虑知识工作者的特点及团队合作创新的特点，将岗位聘任与岗位考核相结合、量化考核与非量化考核相结合、基础工资与绩效工资相结合、短期激励与长期激励相结合、当期支付与延期支付相结合，形成人才辈出、人尽其才的竞合机制。

（二）科研团队外部资源拓展

1. 科研团队外部资源拓展的意义

高等学校科研团队进行外部资源的拓展具有重要意义。

（1）有利于知识的积累和创新能力的培育。科研团队可以通过拓展外部资源，实现系统的开放性和共享性、信息的双向或多向流通性以及共享知识和文化，从而为团队成员提供不同学科、领域、行业间交互式的学习和广泛交流的机会。而具有各种不同背景（知识、经验和文化背景）的成员的知识若彼此交叉、融合，外加其学习型组织特征，很容易碰撞产生新的知识火花和新发现。加之科研团队内部宽松的文化氛围和对等式的知识联网，其更适合科研人员的需要，所以有利于对创新成果和创新人才的培育。

（2）有利于实现增值效应，获得创新的规模经济优势。科研团队通过拓展外部资源，能实现团队的快速反应及提高其敏捷性，还能将团队内外优势科研资源重新组合达到一种增值效应，而这种增值和规模效益优势远非传统科研组织通过纵向一体化形成的规模经济所能实现的。

（3）有利于分散创新风险、分摊创新成本。外部资源通过贡献自己的优势与科研团队进行协同创新，其综合优势便提高了创新的效率和成功率，减少了创新过程的不确定性，又共同分担了创新所需的资金，从整体上增强了团队的抗风险能力。特别是对规模较大、内容复杂的创新项目，其分散创新风险的效应更加显著。

（4）有利于实现组织柔性化，动态调整结构。外部资源介入科研团队的运作，一方面可以减少信息传递的层次，缩短信息通路，加快决策速度，从而有利于信息的横向传递交流，使信息利用更及时、更充分；另一方面，科研团队在运作过程中，可根据其对研发、创新内容（目标、任务）的调整或根据合作进程的需要等情况，快速整合内外部资源，合理调整组织结构。

2. 科研团队外部资源拓展的途径

（1）通过参与各层次科技创新体系建设，积极获取外部资源。高等学校科研团队具有在基础研究、应用研究和科技成果转化等方面的优势，故其应尽可能地参与各层次科技创新体系建设，获取发展所需的外部资源。

（2）通过广泛的交流合作，开发和利用外部资源。随着科学技术全球化和经济一体化进程的推进，加强国内外学术交流与合作、利用外部资源提升自主创新能力是加快科研发展的重要渠道。因此，高等学校科研团队应在有效整合内部资源、打造自身创新能力的基础上，形成对外部资源的吸引力。还要积极创造条件参与并开展跨学科、跨院校、跨国界的学术交流与合作研究活动，参与、承办全国性和国际性学术会议，通过走出去和请进来等多种途径，主动与其他高校和研究机构建立学术联系，从而拓展国内、国际合作研究的空间。

（3）通过虚拟化的运作形式，实现对外部资源的柔性整合。科研团队的虚拟化指的是将科研团队转变为一种动态联盟，转变为一个虚拟的科研团队，即虚拟科研团队。这里需要说明的是，科研团队的虚拟化并不是指产生一种全新的组织模式，它只是在它们的基础上的时空延展。虚拟科研团队改变了传统科研组织的界限和形式，为跨时空的资源共享、优势互补、合作创新创造了条件，对加快科研创新的进程、促进科研团队核心能力的形成具有十分重要的意义。因此，通过科研团队虚拟化所形成的虚拟创新联盟，将通过其虚拟的特点和优势，对高校科技创新工作乃至国家创新体系的建设发挥重要的作用。

第五章 ▶ 高等学校科研团队的能力建设

第一节 高等学校科研团队核心能力的影响因素

高校科研团队是以"知识创新"为目的的"组织细胞"。它的核心能力既会受到外界物质、能量（经济）、信息等条件的影响，也会受到自身结构和活动过程的影响。因此，我们将高等学校科研团队核心能力的影响因素分为五大类，即高校科研团队的领导、结构、协作程度、运作水平、环境条件。

一、高等学校科研团队核心能力的影响因素——团队领导

科研团队的核心是拥有优秀的团队领导，团队领导多为学术带头人，其对团队科研的能力带来强大的正能量，指引团队进行科学研究，使团队的绩效和科研水平得到提高。而对相关领域的深入研究，扎实的知识基础，能够洞察研究进展前沿，把握学术发展方向，可以把握准国家的重大难点问题，具有获取和完成重大项目课题的能力这些方面是衡量团队学术带头人水平的维度。同时，学术带头人还需要具备良好的统筹能力，资源整合能力，带头人作为团队的领导者要能够把握团队科研活动的全过程，对团队成员进行深入挖掘潜能，做到知人善任，使团队的人财物得到优化的配置，使团队的绩效达到更高水平。学术带头人的学术和管理水平是科研团队科研形成高质量成果的保障，对于科研团队的效率至关重要。

此外，学术带头人的品德也较为重要。德高望重的学术带头人犹如一面旗帜、一块磁铁，吸引着众多优秀的科研人员紧密团结在其周围，形成一股强大的凝聚力，将成员的智慧和能力发挥到极致，这对提高团队核心能力无疑具有重大作用。学术带头人的品德、学识水平、领导能力和沟通协调能力是决定科研团队绩效高低的较为关键的因素。如果学术带头人只是徒有虚名，那么整个科研团队也难免绩效平平，核心能力不强。

团队的领导应该根据环境变化随时对组织进行各方面进行调整，需要跟进调整的包括

团队的研究内容与方向，人员分工安排，学术带头人的更新等。因为学术研究是动态发展的，同时有全世界各地的学者对于科学的各个方面进行深入研究，每时每刻都有新的成果产生，所以团队的领导须有学术前瞻性，站在战略性的高度对于团队现有的研究方向和内容进行调整，保证研究的有效性和高效率，避免发生与别人的研究雷同、重复工作对团队绩效带来的损失。而团队同时承担了多项项目或课题，每个课题的题目和研究重点都有各自的特点，不能够采用相同的方式相同的人员分工来推进，要使人员安排充分适应课题需要，保证人尽其才，位得其人，保证项目课题的顺利完成。

二、高等学校科研团队核心能力的影响因素——团队结构

团队的结构主要包含团队成员年龄分布，各个成员性格的异质性、团队分工是否明确、团队成员的学术异质性。团队的异质性的另一种说法是团队构成的多样性，它反映了团队成员个人特征的分布情况，同时也可以反映出团队成员在性别、年龄、种族、专业知识、价值观和人格等方面的特征的相似度。人际关系的形成主要是由于性别和种族方面的差异作用而成的，但对团队的绩效没有很显著的影响。

当团队成员的专业知识结构相似度不高的时候就会产生学术异质性，具体的是指在专业背景、能力结构、研究志趣等方面的差别。对于当今社会，各种学术交叉的现象日趋明显，很多研究都需要跨学科、跨领域来进行，这就需要团队成员具备学术异质性，这也必将成为影响团队的核心因素。在这种多种学科交叉的研究中，成员间的学术相似度低，也就表明成员的专业知识背景的结构是不一样的，从中就能够获取更丰富的信息资源。这些丰富的信息资源在团队进行探讨的时候可以起到互相之间补充、充实的作用，也有利于激发出更多的新鲜想法。

三、高等学校科研团队核心能力的影响因素——协作程度

协作是团队形成发展中最为关键的因素。"协作在团队中起到了不可替代的作用，协作使得原本分散、相互独立的个体相互结合，共同努力，发挥自身优势，形成一个具有共同愿景的整体"①。而在高校的科研团队中，协作程度的高低，直接影响团队核心能力的强弱。而影响高校科研团队协作能力的因素主要来自以下方面：

高校科研团队的内部沟通指各个成员在相互之间进行思想和信息的传递与交换，在不

---

① 王宇. 高校科研团队核心能力影响因素研究［D］. 长沙：中南大学，2013：19.

断交流之后最终达到一致的状态。如果高校科研团队中各个成员能够互相顺畅的沟通，进行思想的交流与碰撞，互相不敝帚自珍，积极分享自身的看法与观点，那么这个团队的集体智慧将趋于最大化。在科研团队中，如果各个个体之间仅仅进行表面的沟通，甚至产生摩擦与隔阂，那么这个团队的集体智慧将无法得到体现，团队更加无法进行协作，无法发挥1+1>2的效能。而对于团队的管理，科研团队之间能否进行有效的沟通在较大的程度上影响了该团队的协作程度。

随着团队成员在专业知识技能、价值观、信仰、态度、行为方式以及人格特性等方面的多样化，他们之间也会产生更多不同的想法、不同的处事风格，团队的和谐是相对的，而差异和冲突是绝对存在的。此外，有效的沟通能够使得团队在冲突中发现问题解决问题，消除分歧和矛盾。因此，作为一个拥有较强核心能力的科研团队必须要在内部成员之间建立有效沟通。有效的沟通，不仅可以解决成员间的矛盾和冲突，促进成员间相互了解、相互帮助，使成员的矢量和最大化，以实现团队的整体目标，而且可以实现团队成员间智力资源共享，促进知识创新。因此，有效的沟通能够在很大程度上影响团队的工作效率和成败，当然也影响着团队的核心能力的发展和体现。

价值认同感在很大程度上也会影响到团队核心能力的发挥与体现。价值认同感指人们对人生的价值观有一致认识。在高校科研团队中，价值认同感能够促使成员之间的凝聚和团结。凝聚能够使得团队克服困难而保持团结，是保证一个团队生存和发展的前提条件。

团队的价值认同感主要变现为成员对于团队核心价值观的认同，对于团队愿景的追求和对于团队制度的服从。对核心价值观的认同，能使成员内心之间产生共鸣，进而会产生积极的情感体验，从而产生出对团队的归属感。进而团队中的摩擦和矛盾会减少，冲突随之降低而沟通更加顺畅。由此产生的团队的工作效率是高效的，工作状态必定是积极向上的，团队核心能力随之增强。另外，团队成员对于团队愿景的追求能够使得成员工作积极，工作状态向上，团队成员在工作中相互配合相互帮助，克服困难，互相信任，共同进步，形成一个和谐而高效的群体。而如果团队成员对于管理制度完全服从，共同遵守一系列的行为规范和谐相处，那么团队在运行中成员就会服从分派，统一思想、统一方法、统一步调，共同致力于团队目标的实现。在有了一定的管理规范之后，成员不会因为论文或项目的排名顺序、每个人所得酬劳多少等琐事而互相心存疑虑，如此可以使团队成员潜心于研究，专心致志地负责自己的部分，大家的关系是互相尊重团结协作的。组织的成员共同的价值取向对于整个团队运作的组织协调是很有必要的，可以促进团队核心能力提升。

影响团队协作效率水平的因素还包括高校科研团队建立的历史因素。在团队建立之初，各个成员之间的配合必定不能达到高度默契的程度，在经过一段时间的磨合之后，团队成员之间便会相互熟悉相互了解。因此，随着团队建立时间的延长，团队成员增进了了解信任，进而能够更好地协作。

四、高等学校科研团队核心能力的影响因素——团队运作

在运作管理的过程当中，高校科研团队的研发任务得以完成。科研团队的任务是否能及时完成、研发产品品质的高低受到运作管理水平的直接影响，团队的高效运作是成就高水平团队的必备条件。科研任务的统一筹划、学术的内外交流、项目进展情况的督促、组织的调整更新和科研精力的集中程度是科研团队运作管理的主要方面。

科研任务的统一筹划包括统一和筹划两个方面，项目进展的督促包括监督和促进两个方面。从管理学意义上来看，统一筹划内属于管理的计划职能，督促内属于管理的控制职能。一个组织是否能顺利完成既定目标，主要取决于其所要完成的任务是详细周到的计划、每项任务的权责是否明确和任务的进展情况是否得到了有效的控制。区别于企业，科研团队作为一种特殊的管理组织其整体能力很大程度上受到科研任务统筹状况和项目进展督促水平的影响。特别针对大型的合作研究而言，具体到每一方面、每一环节研究任务的统一筹划和针对各环节研究进展情况的监督促进奠定了科研任务按时、按质完成的基础。

要完成科研任务的统一筹划工作，首先要对任务完成的时间进度、任务完成的先后顺序和每一任务阶段的研究重点进行统筹安排；其次要对每一任务具体工作人员实行统筹规划。前者的好坏直接决定统筹水平的高低，可以减少科研过程中的无效工作，使规定时间内的科研任务得以按时高质量地完成，有助于提升团队工作效率；后者如若安排得当，可以使科研过程中事得其才、才尽其用，即每位团队成员都能在自己的工作岗位上施展才能、发挥特长，最终促进科研成果质量的提升。并不是良好的统一规划就足够保证成果顺利完成，团队的督促水平也会影响到统筹安排的情况。这里的督促包含对项目任务的进度和速度的跟踪，如果督促得当，项目进度安排合理紧凑，那么效率也会提高，合理并适当加大的督促能够使项目至少在原计划时间之内完成，也许还会缩短完成时间。在这样督促的氛围下，科研人员能够全身心投入到研究工作当中，并将提高科研效果、团队绩效，从而提升科研团队的核心能力。

有效的学术交流机制有利于科研团队的运作。在信息化的今天，科学技术发展迅猛，知识的力量愈来愈强大并以超乎想象的速度在增长，科研团队依附的科研环境也在不断变化，在这样的时代背景下，科技创新仅仅依靠个人力量是无法有所大成就的，而学术交流

机制能够通过个人与个人、团队与团队的交流将个人智慧凝结成集体智慧甚至激发出全新的灵感。

学术交流的形式主要包括学术交流会、发表论文出版著作和公开演讲等，科研团队通过它可以陈述表明自己的学术观点、展示自己的科研成果和科研新动态；还可以通过分析、批判他人观点、成果以开发出新的研究领域，解决科学研究难题，探索科学前沿问题，进而提升科研能力。科研人员学术思想的更新发展、创造能力的提高和学科知识的丰富都依赖于学术交流。科研团队人员通过不同形式的学术交流活动探讨切磋彼此的学术观点，以及通过与其他学科领域的学术人员交流实现知识的相互渗透与融合，实现"奥林匹亚"效应。

创新知识、科技的过程便是科学研究的过程，科学研究工作不是一蹴而就的事情，也不是简单的体力活动，而是综合性的脑力劳动过程，这个过程是艰苦和高强度的。意味着科研团队成员仅靠重复的机械工作是无法取得成就的，只有投入大量时间、心血和精力，始终一如既往、一心一意、潜心研究才能取得重大突破和创造性的成果。如若科研团队成员无法集中时间、精力和精神，甚至把科研工作当成职位晋升的工具，那么科研团队要想取得原创性的研究成果是无法实现的。对于以高校为依托的科研团队研究人员而言更是如此，因为其还兼任教学职责，不可能整天全身心投入科研，还要进行基础的教学工作。教学和科研都不是任何人可以从事的工作，二者之间的转换也不是可以即刻、随意完成的。科研人员在两个角色之间进行过于频繁的转换不可能使其处于工作的最佳状态。科学研究创新是一个严密的过程，需要缜密的逻辑推理工作和思维创新工作，这就需要科研人员有持续的时间以保持思维的连续。高校科研人员因为还要上课，不得不在上课时停止思考，等到教学工作完成又要重新整理思路继续推理，一定程度上耽误了研究时间，影响研究成果的达成。科研团队定期的学术研讨会能够使团队内人员和团队之间共享科研信息资源，通过研讨会科研人员能够碰撞出思想火花，科研人员参加团队举行的集体活动也能增进相互间的交流，产生更多更新的思想，最终有助于团队核心能力建设。

五、高等学校科研团队核心能力的影响因素——环境条件

对于高校科研团队而言，它的创新绩效并不仅仅取决于团队的内部条件，同时也深刻受到环境条件的影响。高校科研团队的物质和经费条件，合理的政策和制度，文化特质以及学术创新度，都是影响团队核心能力的重要因素。

团队核心能力的重要制约因素还包括：办公场地、信息条件、实践环境、实验仪器，

及经费保障水平等。科研团队能够稳定地发展，能够做出高水准的科研创新和科研成果离不开良好的科研环境和充裕的科研经费保障。

科研条件最主要的核心部分就是科研所使用的房屋、场所、实验仪器和设备、办公用具等物质基础条件。团队科研的产出效率与成果直接地受到这些条件的影响，在理工类的科研团队之中影响更为巨大。理工科的研究以应用研究为主导，实验往往是科研成果最直接的产生原因，现代科技对实验结果和实验数据的要求非常之精确，因此对于科研仪器和设备的要求标准也越来越高，一流的设备才有最优质的科研产出已经成为共识。

科研经费的主要构成部分为课题经费和科研资助等。其中，贯穿始终的便是科研经费的运用。例如，许多需要在全国各地做大范围调研的研究非常依赖经费的保障；一些仪器和设备的更新或者维护也需要经费支持；研究信息的收集、研究动向的把握、成员科研素质的提高、学术会议的参与等，都会对科研成果造成很大的影响。如果科研经费得到保障，科研人员从事科研事业的信心和积极性都会有所提高，团队成员也不必为了争夺稀缺的科研条件和资源分散精力，这使得他们能够在连续的一长段时间内集中精力，专心于心爱的科研事业，这对于团队竞争力和凝聚力的提高都有裨益。

第二节　高等学校科研团队凝聚力及其提升策略

一、高等学校科研团队凝聚力的理论分析

（一）知识型员工管理理论

知识型员工（knowledge worker）的概念最早是由管理大师彼得·德鲁克（Peter Ferdinand Drucker）在其著作《明日的里程碑》中提出的，主要是指那些对新知识接受和学习能力较快，同时创新技能较强，又可以充分利用现代科学技术为工作服务，从而提高自身工作效率的人。他们和普通的员工相比在性格上更加自主，更具有创新精神，此外，更注重人格尊严和管理过程中的人性化，也更加注重追求工作过程中的精神层面的满足感和自我价值的实现。知识型员工一般具有以下特点：

第一，具有较高的工作自主性。大多数知识型员工学历层次比较高，受到的专业教育比较系统和完善，一般都有视野开阔、求知欲强、敢于尝试、自主性强的特点。

第二，工作过程富有创造性但是工作过程难以监管。"知识型员工从事的工作内容大多涉及创造性工作，劳动过程都是通过自身专业知识和技能进行创新思想的落实，而非简单机械的重复性高的劳动"①；正因如此，知识型员工的工作过程往往注重思维层面的灵活性和创造性，在工作过程的监管上也不能像流水线上的工人那样时刻监管其工作进度。

第三，更加重视工作成就感和精神层面的激励。他们注重工作成果的完成，渴望体现自身价值，不满足于一般的"解决问题"，更倾向于从事具有挑战性的工作内容，获得更多成就感；在对知识型员工激励方式的选择上一般存在这样的现象：在知识型员工的激励结构中，成就激励和精神激励的比重远大于金钱等物质激励。

第四，流动意愿比较高。知识型员工对职业感觉更加敏锐，同时对个人发展前景具有高层次的追求，因此，知识型员工中人才的流动相比普通员工而言更加频繁。

第五，个性鲜明，鄙视教条。与传统侧重体力劳动的劳动者相比，知识型员工大多性格鲜明突出，尊重知识、尊重科学，对教条有比较强烈的抗拒心理。因此，大多数组织内部存在的上下级关系中的权威性指挥方式，在对知识型员工的管理中常常没有绝对的控制力。

(二) 团体动力学理论

团体动力学，又翻译为群体动力学，主要研究两项内容：一是团体（包含正式和非正式团体）对其成员行为产生的各种影响；二是团体具体的行为规律。这里所说的团体主要是指为了完成共同既定目标而组合在一起的集合体，成员在两个或以上。所谓的团体动力，主要是指集体内部产生的一种特定"能源"，这样的能源可以促使团体内部的个体与个体之间相互作用、相互影响、相互渗透。

在团体动力学的诸多理论中，团体凝聚力是团体动力的重要内涵和基本内容之一，也是影响团体活动效率的主要影响因素之一。按照团体动力学的观点，一个高凝聚力的团体呈现以下特征：成员责任感加强、成员互相影响加深、成员价值取向更一致、成员安全感提高、团体生产力和绩效提高。对团体凝聚力的解析中，民主领导方式、成员集体参与决策、团体内部氛围是被群体动力学特别强调的研究内容。

在团体动力学研究中，正式群体（指由组织正式规定而构成的群体）和非正式群体（指人们在活动中自发形成的，未经任何权力机构承认或批准而形成的群体）的作用都是

---

① 张捷，杨恒哲. 高校科研团队凝聚力影响因素及对策研究 [M]. 南京：南京大学出版社，2014：13.

不可忽视的。对高校科研团队而言，非正式群体对其发挥的作用更为重要，所以对高校科研团队凝聚力问题的研究应该更加重视非正式群体的作用。

（三）组织行为学理论

组织行为学属于行为科学的分支之一，分为个体、群体、组织三个研究层面，内容上主要研究组织中的个体行为、个体心理规律、群体和组织绩效，20 世纪 30 年代美国"科学管理之父"泰罗（Frederick Winslow Taylor）是组织行为学的先驱。虽然组织行为学作为多学科交叉的边缘学科，但与社会学、心理学等相关理论存在不同，组织行为学的实际应用性非常强，属于应用性科学。

在组织行为学中，凝聚力是与群体决策、群体士气放在一起研究的重要组成部分，主要是指一个群体的成员对群体本身的内聚力和依赖感，所以大多数情况下也可称为群体内聚力，对它的定义主要包含三层内容：群体对成员的吸引力、成员对群体的向心力、成员之间的紧密程度。其中，群体对成员的吸引力是凝聚力的建设基础；成员对群体的向心力则来自成员内心。虽然名称不同，但是比较该定义所包含的主体内容可以发现，组织行为学上的群体内聚力，和本书所述的团队凝聚力，从本质上说是具有相同内核的。

如果把高校科研团队作为凝聚力的研究主体，科研团队作为公共组织（高校本身）中一个个相对独立的群体，完全符合组织行为学中对于凝聚力问题的陈述和研究。因此，对高校科研团队凝聚力问题的研究，应该将组织行为学相关研究作为理论基础。

二、高等学校科研团队凝聚力的提升对策

（一）提升科研团队凝聚力的主要策略

1. 实现团队成员个人目标与团队目标的契合

针对人文类因素"团队共同目标"，需要实现团队成员个人目标与团队目标的契合。理论上制定科学、有效、明确的团队整体目标，并通过各种措施使其与成员个体目标协调一致，以提高成员在科研进行过程中的积极性，从而提高团队整体的科研效率。

（1）制定共同目标应该立足实际情况。高校科研团队在制定目标时应该按照一切从实际出发、实事求是的原则，制定本团队切实可行的目标。这样制定出来的目标才能使成员看到所在团队的发展，对个人的发展前景充满信心，从而增强他们对科研团队的向心力。

（2）制定共同目标也要将个体目标与团队目标相结合。团队目标一定要代表高校科研

团队群体内部成员的利益，融合个人目标于集体目标之中，使大家真正认识到团队目标能为团队集体和成员个人所带来的好处，将个人工作与团队任务、个人发展与团队发展、个人利益与团队利益紧密结合起来，使高校科研团队集体中每个成员在达到团队集体目标的过程中，能获得成员个人需要的满足，以及个人才能的进一步发展，从而实现个体的生命追求与高校科研团队目标的融会贯通。共同的目标、共同的事业能使人产生奋发向上的巨大力量，也最能凝聚人心，制定共同的目标是提高高校科研团队凝聚力的首要对策。实际问卷分析中得出的相关因素状况表明团队领导者需要在目标制定中多考虑低职位人群的意见，需要向各位成员做好团队目标的宣导工作。

2. 建设优秀团队文化与重视人际沟通交往

在高校科研团队的建设中，就是要重点打造一种专业而积极、高效而有活力的团队文化。高效而有活力的团队文化总会随着时间的推移和团队的发展逐渐演变成一种传统，这种传统就像烙印一样烙在团队的每个成员身上，成为一种识别不同团队的特殊印记，并通过不断传承而生生不息。此外，结合理论与实际状况，建设专业而积极、高效而有活力的团队文化可从以下五个方面实施：

（1）倡导专业、积极、平等、活跃的人文氛围。高校科研团队属于典型的"高知识型员工"群体，具有典型的自主性、创新性，注重人格尊严。团队建设的主导者应该努力在个人层面提倡培养专业学术能力，提倡积极的治学、工作和生活态度；在团队层面提倡各类职位、学历、年龄等群体间平等的关系，提倡活跃的团队氛围，由此激发成员的科研创新效率。这里特别要强调的是对高校青年教师的任务分配，因为青年教师是高校科研团队的主要成员，所以必须让青年教师看到自己工作的意义和价值。高校科研团队需要结合学校开展的各种形式的活动与宣传，使团队领导者和学术带头人与青年教师加强日常沟通交流，让青年教师看到自己的工作价值，让他们对自己作为团队一员产生自豪感；要合理地安排教师的工作任务，留给他们适当自由支配的时间，让他们可以根据自己的所长和兴趣进行科学研究，充分发挥他们的潜能和创造性，提升其工作成就感，从而使得团队整体的人文氛围呈现健康向上的状态。

（2）建设尊重彼此、和谐共荣的成员关系。高校科研团队成员间应该相互尊重，团队领导者也应该长期强调这一团队层面的原则，保持团队内和谐共荣的氛围，尽早消弭成员间的误解和矛盾，保障团队顺利运作。

（3）建立宽松、人性化、民主化的管理理念，严谨可行的管理制度。高校科研团队成员注重人格尊严和管理人性化，不愿意服从权威方式的管理，团队管理者应该从发掘实现成员自身价值、包容成员自身特点等个人层面出发，在团队层面倡导宽松、人性化的管理理念。在全体成员达成共识的基础上制定管理制度，兼顾严密性和可操作性，并且在实施过程中不断推进和强化落实。高校知识分子的个性特点和智慧才能要求高校科研团队领导者采取民主式管理方式，具体如下：

第一，实施参与管理。行为科学研究的结果表明，参与管理、共同决策是人们一种自我实现的需要，是精神方面一种高层次的需求。从这一原理出发，高校科研团队要调动成员的主观能动性，激发成员的潜能，使这些高级知识分子充分显示自己的才能和智慧。增强高校科研团队对成员的吸引力，就应该提倡成员参与团队管理和建设。涉及高校科研团队发展和成员利益的重大事项，如科研方向确定、科研团队与实验室建设、团队组织发展目标、教师职称晋升、学生求学发展、成员绩效考核、成绩认定与奖励分配等问题时，就应该广泛征求各位成员特别是教师群体等核心成员的意见，让他们共同参与讨论，一起对高校科研团队的建设发展进行决策。

第二，运用情感管理。由于职位差异、所考虑问题的角度不同等因素，往往造成高校科研团队领导者和教师、学生成员之间相互不理解。因此，要运用情感管理，即通过情感交流实现有效管理。也就是高校科研团队管理者不应该只注重实现科研工作目标和完成科研任务，也要关注教师、学生成员不同的心理需要，关注教师、学生成员的情感，通过与成员情感上的沟通和交流，建立良好的人际关系，使得高校科研团队成员都产生愉悦的情绪，从而心情舒畅地工作，提高工作效率，完成工作任务。进行情感管理应该注重加强管理者（包括高校科研团队学术带头人和高校科研团队领导者）与成员之间，以及团队内教师、学生成员之间的情感沟通，开辟畅通的沟通渠道，营造相互信任的氛围。

（4）高度重视团队层面的沟通，善于使用沟通技巧，实现有效沟通。团队沟通是指团队领导与团队成员，以及团队成员彼此间信息的有效传递与接受，它是知识团队提高效率和信息资源共享的重要途径，也是建立共同价值观的基础。团队沟通要根据场合、时间、对象来采用不同的沟通方式，包括团队内部与外部、正式与非正式、不同级别与同级别、书面与口头、口头语言与非口头语言等，选择合适的沟通方式是有效沟通的基础。团队沟通中，成员应善于学习和应用以下技巧：①积极有效地倾听；②通过主动提问、探询意见和了解情况来确保理解到位，减少误解发生；③定期开展研讨会和培训讲座，增加团队的共识以形成沟通的基础；④传达、接收和确认消息时以事实为基础，不猜测和想象；⑤通过提前协商达成协议，然后共同遵守；⑥形成合作时相互确认后续步骤的习惯；⑦及时解决矛盾，防止对立情绪扩散。团队领导者在团队沟通氛围的营造中起着核心作用，通过举办定期的例会、团队文化沙龙等方式搭建学术交流平台，增加团队成员之间的沟通，增进彼此之间的认同感和信任感。通过各种科研活动的互相配合和彼此扶持，培养科研团队成员的集体意识，从而增强团队归属感。

（5）增强成员间业余人际交往。团队领导者应该经常组织座谈、娱乐、社交等团队集体活动，为团队成员间的相互了解、业余交往创造条件。成员之间也应该有意识地加强在生活、学习上的交往频率，以促进成员间的默契程度，提高合作水平。这既增进了个人层面上人与人的交往与了解，也是团队层面上提高默契的方法。

（6）加强团队对个人的人文关怀。人是有感情的，人与人以及人对其所在的团体（或群体）都会产生不同的情感，并有强烈的情感需要。一个团体（或群体）对每个成员的密切关心，将会增强这个团体（或群体）的向心力。因此，增强高校科研团队的凝聚力及团队文化建设必须坚持以人为本，实现人文关怀。要在高校和团队制度允许的范围内，积极为教师的生活提供合理的保障制度，为学生的学习生活提供合理的物质条件，帮助教师和学生解决好工作和生活上的实际困难，消除他们进行科研、学习的后顾之忧，使他们能全身心投入科研工作。特别是在工作中，要充分关照青年教师，创建合理的用人制度，通过坚持不断地沟通和关心了解不同青年教师的知识水平、能力高低和个人特点，让青年教师选择最适合的工作任务，充分发挥其智慧和潜能。

3. 落实科研共享与传承团队优秀成果

对于科研工作中的知识共享，可以基本分为以下两个方面：

（1）团队层面。实现内部知识共享，提升科研团队的科研水平。在高校科研团队内部，应该建立相应的知识共享平台，方式可以多种多样。例如，设置服务器来共享研究和学习资料、引导成员将日常处理的科研问题写成规范报告建立资料库、定期召开讨论会或个人进度报告会为成员提供学术沟通的机会、分配各个成员学习不同的专业知识再对其他成员做转移培训。此外，通过这些措施一方面实现了团队成员间、各届成员间的知识共享、经验共享，提高成员解决问题的能力和科研知识水平，还完成了新进成员的培训；另一方面可以在科研工作中实现集全体成员合力探讨问题，有助于培养团队浓厚的学术气氛，提高团队整体学术水平。在知识分享过程中，可以根据成员的活跃程度进行一定形式的奖励。团队内形成良好的知识和经验共享习惯，会提高团队的整体实力，也会提高成员个体的知识水平和解决问题的能力，对团队与个体是双赢的局面。

（2）外部层面。实现成果共享，提高团队在行业的学术名誉。建设科研团队外部成果共享平台，如建立相关的网站定期对团队研究过的高质量非保密项目进行成果宣传并发布优秀的科技成果或论文，主动寻找有合作研究意向或成果转化意向的团体；举办相关的研讨会，向本科生群体作宣讲或培训，承担外部的科研或者测试工作等。在诸如此类共享平台上，团队的成果经常能够得到认可，团队整体水平在对外交流中不断提高，有效提升了团队的学术声誉和影响力，成员个体的科研素质、表达能力、业内知名度也得到了提高，达成了团队与个体的共同发展，团队成员的向心力会随之加强。

4. 倡导团队内部多样而有效的激励方式

针对维持类因素"激励制度"，需要倡导团队内部多样而有效的激励方式。激励三大基本理论（需求理论、刺激理论与期望理论）阐明了科学的激励可以极大地调动团队成员的工作积极性。当科研团队获得成果时，对成员进行激励是必要的，结合使用各种激励方式，并考虑成员的需求，会获得较好的激励效果，从而提升团队的凝聚力。实际问卷分析中得出的相关因素状况表明团队内部在激励制度、激励形式、激励效果的反馈方面，领导者和普通成员需要加大信息沟通力度，在个人层面获得理解，在团队层面达成共识。结合理论与实际状况，倡导团队内部多样而有效的激励方式可从以下三个方面入手：

（1）在团队层面充分使用各种激励方式。根据各种激励理论所形成的具体的激励方法，并参考美国著名的管理学家劳伦斯·彼德（Laurence J. Peter）在《彼得原理》中总结的各种激励方法，针对高校科研团队这一研究对象，通过归纳总结得出六种激励方法：

第一，物质激励，对贡献卓越的部分成员或对所有成员发放适当的物质奖励。成员只要通过自身的能力对科研团队的贡献足够大，就可以获得相应的物质奖励。虽然对于高知识人才物质激励的重要程度在下降，但是不可否认的是它还是一个重要的激励方法，并且在一个健全而有效率的激励制度中，物质激励的内容应该也是可望而可即的，并且它必须与优异的表现相匹配，同时必须在一段适当的时间内兑现，才能够发挥应有的效果。

第二，授权激励，对核心成员或有能力的成员，授予一定管理权利或其他权利。授权激励主要针对那些还没有过独当一面机会的成员，考虑让他们承担相对独立的科研模块，使其有发挥和展示个人能力的机会。必须说明的是，只有当得到授权的团队成员足以胜任时，才会把授权视为一种激励。在企业团队中也是如此，很多能力强的人对团队贡献不大并且挫折感强烈，主要是因为无法忍受各种规定和制定的束缚。科研团队在结构上并没有企业团队那么复杂，层级比较简单，但本质上也是如此。如果科研团队授权有才能的成员按照他们自己的方式做某部分研究或者负责某部分的项目内容，完全可以将挫折感转化为满足感，并且这种比较灵活的激励使得得到激励的成员感受到自己被重视和尊重，工作效率必然提高。这样，成员对团队的认同感和依赖感必然加强，团队的凝聚力由此提高。

第三，目标趋近激励，有效协调团队和成员个体的目标一致性，既使团队的目标达成，又成为个人发展的里程碑。因为团队科研目标和个人研究目标在现实中可能存在一定的差异，这种激励法就是要在成员完成团队目标的同时，尽量以团队资源协助成员实现个人研究目标，从而达到激励的效果。团队目标和个人目标趋近程度越高，成员对团队的依赖感就越强烈，在研究过程中不断强化这种趋近，成员之间会形成很强的凝聚力。明确的团队目标不但可以清楚地传达科研团队成员本身的工作职责，并且也可以作为客观标准来评估其在科研工作中的表现。

第四，肯定赞美法，在日常工作中领导者或学术带头人应该对成员的工作多加肯定和赞扬，这对成员个体是直接的心理激励。因此，在高校科研团队的激励中也要重视这样一个有效的方法，对团队成员及时给予承认和肯定，甚至只是一声谢谢或者一句赞美，也可以充分满足团队成员的尊重需要。

第五，参与法，准许一些成员参与到更加重要的工作中来，实现其自身价值和自身发展。比如让研究内容比较边缘的成员或那些工作动机强烈且自我要求很高的成员参与核心科研工作，这样对他们而言，是一种莫大的激励。

第六，教育培训法。将提升成员个体科研素质的教育培训作为激励和促进其发展的机会，充分利用，也行之有效。

（2）注重团队成员个人层面的不同需求以达成有效激励。对高校科研团队中各种高知识人才而言，事业的发展在某种程度上比个人物质利益的满足更为重要，高校科研团队的许多成员更加关注尊重需求和自我实现需求。所以，高校科研团队在发展事业平台的构建上，需要为各类成员提供更高层次学历教育、继续教育、工作和管理类培训、出国考察、学术交流的机会，使他们不断更新知识，增强各种能力。同时需要通过重点学科建设、重点实验室建设、科研条件建设、科研项目申报、学科带头人选聘、职称发展等，为成员不断提供新的、更高的发展平台。当前，学科建设是高校工作的重中之重，所以高校科研团队更应该组织团队成员积极争取各类重大项目，以重大项目为依托把大家团结在一起，以重大项目为载体带动成员个人的各种事业发展，以重大项目为机遇促进团队的发展和建设，提高团队的美誉度，从而实现高校科研团队高知识成员群体的尊重需求和自我实现需求。

（3）在团队建设层面引入超级市场激励方法，精确满足个人层面的激励需求。高校科研团队中学生成员不但需要必要的物质奖励，同时更需要科研工作时的鼓励或教育培训的机会等；刚入职的教师成员可能更加侧重物质方面的奖励和授权激励；学术带头人等核心科研人才在需要上则更加侧重科研成果的成就感。从中可以看出不同成员的个人需求差别很大。

由于团队成员的需求存在差异，一概而论的激励方法往往效果不是最好，本书推荐超级市场激励法，又称为"自助餐式报酬"，主要结合团队成员自身的选择和需要，达到"激励方式个人化"的理想状况。

5. 分割并强化学术带头人与团队领导者的功能

针对结构类因素"学术带头人"与"团队领导者"，需分割并强化学术带头人与团队领导者的功能。

理论上"团队领导者"和"学术带头人"在团队层面，职位功能不同，是独立的影响因素，学术带头人在科研团队中的重要性毋庸置疑，而实际中二者在团队层面上是重合的职位。实际问卷分析中得出的相关因素状况表明团队领导者需要提高自身管理、沟通水平；学术带头人学术上要符合要求，获得更多的认同。结合理论与实际状况，分割并强化学术带头人与团队领导者的功能需要从以下两个方面着手：

（1）在团队层面加强学术带头人科研导向性。科研团队的核心工作就是科学研究，因此，一个好的学术带头人，往往有很高的学术造诣、比较丰富的经验，在团队内以公认的声望和学术成就得到成员的共同认可。在一个高校科研团队内部，一个时期内核心学术带头人并非一定只有一位。在国外很多具有成功经验的科研团队中，科研带头人往往是多位，各自负责主攻研究方向的一部分，而且相互之间可以进行一定的互补。因此在团队负责的具体项目中，每一个方面都可以有一位该领域公认的"领头羊"负责，保证团队成员凝聚在其周围相互协作、完成任务。国内高校科研团队发展起步晚，受到团队规模和研究方向的影响，大部分科研团队的研究方向交叉性比较小，科研带头人与团队领导者出现重叠的情况比较多，但从数目上讲，一个高校科研团队应该至少拥有一位该研究方向上的学术带头人，其可以在团队内部起到科研核心作用，将其他成员吸引在周围协作完成团队工作。

科研带头人核心作用的发挥，对学术内聚力部分具有重要的影响，而学术内聚力正是团队凝聚力的核心部分。因此，在高校科研团队的建设中，科研带头人核心作用的发挥必须放在第一重要的位置，而且在团队运作过程中，这种核心作用会形成良性循环，不断加强。相关数据分析得出的结论，也印证了学术带头人对高校科研团队的凝聚力具有重要影响。

学术带头人的科研导向作用的发挥，并非意味着需要其在团队内单独承担绝大部分科研工作，而是需要学术带头人以自身的专业学术积淀对成员的科研工作进行方向上的指引和内容上的教导，使团队所有成员在学术研究上能够围绕这个核心共同努力，从而提高团队的凝聚力和科研效率。

（2）在个人层面提高团队领导者管理素质，在团队层面提倡模块化分工。团队领导者必须是具备统筹管理协调能力和战略眼光的团队灵魂人物，而且在性格方面还需要具备良好的人文素养，能够在团队合作中发挥表率作用。如果团队领导者并不熟悉研究内容和研究前沿，团队的运作过程会出现很多问题。所以，团队领导者虽然未必是学科内的学术带头人，但也必须具备比较强的科技创新能力，同时也要善于运用各种激励措施，对不同成员区别对待。

高校科研团队领导者直接面对的是知识层次高、自主意识强的团队成员，如果其领导者无法在德行、学识、胸襟、管理能力等方面得到所在科研团队成员的认可，将很难顺利开展管理工作，并带领团队进行正常的科研。领导者需要身正影直、忠于职守、才干卓著，这样就会产生巨大的人格魅力。因此，高校科研团队的负责人要想提高自己对教师、学生等各类团队成员的影响力和吸引力，就应该提高自身的魅力，以自身的"实力"来凝聚人心。提高高校科研团队领导者的管理素质具体可从以下方面着手：

第一，以"德"树"威"。高校科研团队领导者只有具备了优良道德品行和政治品质，才能使成员由衷佩服，才能在科研团队内部获得权威。正所谓德高才能望重，望重才能聚众，聚众才能事业兴。因此，高校科研团队的领导者要自觉加强德的修养，正确对待和使用手中的管理权力和资金分配权力，树立"管理者"意识而非"团队官员"意识、树立"服务团队"意识而非"支配团队"意识。要树立正确的管理观念，认识到团队管理权力是用来为科研创新和团队发展服务的，绝不能把管理权力个人化、随意化，不能将团队赋予的管理权力与个人好恶结合，不能将团队给予的资金与个人利益结合。特别在团队成员职称晋升、课题支持、激励评奖等方面，更要严格自律，公平对待。要树立"管理就是服务"的思想，深怀科研创新之志，恪守为团队发展之责，善思为团队凝聚之策，办利于成员成长之事，以带领全体成员开展科研创新、发展团队为己任，忠于职守，求真务实，埋头苦干，无私奉献。

第二，拥有较高的学识与才华。高校是知识分子云集的场所，知识分子最佩服的是有学识、有才华的人。作为高校科研团队领导者只有具有广博的知识和卓越的管理才能并兼有其他特长，才能赢得作为高知识群体的教师、研究生等成员的承认和钦佩，这就要求高校科研团队领导者不断加强学习，既要学习专业文化科学知识，精通专业技术，又要学习管理理论以掌握丰富全面的管理知识和技巧，提高高校科研团队的内部管理水平。

第三，拥有博大胸怀。首先，高校科研团队领导者要有宽阔的胸怀，大度待人、广开言路，保证让团队内每个教师、学生自由地提出自己的科研观点、研究思路、学术建议、管理意见等，而且还要给出意见进行鼓励甚至奖励；其次，要包容异己，高知识群体的个人特点往往比较鲜明，也有缺点和不足，作为高校科研团队领导者一定要容忍团队内不同来源、不同学术背景、不同性格成员间的差异与不同，以发展的眼光来对待教师、学生成员的各种缺点或不足，鼓励其发扬长处和优点，适当而有效地帮助成员改进不足，为教师、学生成员创造好的科研环境、学习环境，使人尽其才、物尽其用。

第四，拥有从容优雅的风度。所谓从容，是指面对变化和困难时表现出来的强烈自信和快速反应能力。此外，作为高校科研团队领导者，是团队人心所向、众望所归的人物，要以自己的信心和能力推动团队的凝聚和发展。所谓优雅，是指高校科研团队领导者以高超、儒雅的方式应对变化、处理问题，因为高校科研团队主要由高级知识分子构成，作为知识分子的教师、研究生等群体比较含蓄、文明、儒雅，从容优雅的管理者自然会赢得这些成员的敬重和佩服，并对他们产生吸引力。

6. 加大对优秀科研团队的扶助与宣传

针对外部因素"高校扶持与审核情况"，高校应对优秀科研团队加大扶助宣传。理论上高校的扶持对科研团队的发展产生巨大推动并形成马太效应，如高校内重点扶持的科研团队更容易产生科研成果，这是因为高校的支持就是科研团队生存和发展的基础。结合理论与实际状况，高校的扶助宣传需要体现在以下五个方面：

（1）高校要建立适合人才发展的软环境。高校应建立多层次系统化的人才培养机制，有目的、有计划、有组织、有步骤地培养人才，针对不同层次的人才制定不同的培养计划，鼓励和支持高校科研团队在高校人才培养体系中充分发挥其专业性、针对性的作用。

（2）高校层面要重视对优秀科研团队的奖励。高校科研管理部门需要建立科学的团队运行监督机制，对全校科研团队进行整体管理，包括科研立项监督审核、经费报销、科研进展、成果验收等内容。通过监督审核，定期筛选校内优秀科研团队，加大奖励力度。奖励不但会使团队成员获得成就感，还会对团队后续工作产生激励。

（3）高校层面要重视对团队运行管理的培训辅导。高校有责任对校内各个团队的团队管理、工作管理、科研项目管理等方面进行培训和辅导，使我国高校科研团队在这些方面能够借鉴国内外专家和优秀团队的经验，更加高效地工作。

（4）高校层面要重视优秀科研成果的宣传。从高校管理的角度，对校内优秀科研团队的优秀科研成果进行宣传表扬，可以视作是与物质奖励对应的精神奖励，不但可以使校内优秀科研团队成员获得更多的认同感和成就感，还可以强化和推广团队成功经验。

（5）从高校层面构建和谐的校园人文和物质环境。高校层面应构建和谐的人文环境，从而为存在于高校内部的各个科研团队提供一个和谐的外部人文环境。"学校文化"或"大学文化"是在一定的社会历史环境中，通过高校全体教职员工的教书育人和组织管理活动，为追求和实现共同目标而逐步创造和形成的意识形态和文化形式的总和，它包括价值观念、行为准则、道德规范、心理趋向与规章制度、校风校貌、学校精神和学校形象等。"学校文化"作为社会的一种亚文化，是塑造高校个性、培育大师大家、凝聚师生员工的内核，是一所大学力量的"聚合器"，对外增强了适应性和社会的认同感，树立了学校的整体形象及品位；对内增强了教师和学生的个人归属感、使命感，形成了凝聚力和共同的价值观。具体而言，大学文化谋求个人有组织制度的和谐，激发人的自觉精神和能力，调整学校成员的行为，实现个人目标和学校目标的高度一致，从而提高人才对大学的忠诚度，使大学成为汇聚各种学术人才的集中地。在这个过程中，各个高校科研团队可以看作是这个汇聚过程中的一个个小的单位，高校层面和谐凝聚的校园文化的建立，将为各个高校科研团队的凝聚力提高提供土壤与源泉。

（二）提升科研团队凝聚力的辅助策略

1. 科研沟通氛围

沟通氛围对于一个团队非常重要，在数据分析中呈现很高的认可度，与科研绩效关联度比较高。对于一个团队而言，有良好的沟通氛围，保持一种积极的团队文化，在学术问题的讨论中，员工能够畅所欲言发表自己的见解，通过彼此观点思路的碰撞和知识能力的互补使每个成员个体的想法得以完善，整体结论正确程度也会随之得到明显的提升。

2. 成员流动性

保持学生群体的动态稳定性，减少教授和普通教师群体的流动性。在一般意义上讲，一个经常发生成员流动的团队，凝聚力必然是松散的，团队的合作默契必然是欠缺的。高校科研团队是兼具流动性和稳定性的特殊团队，在正常情况下，学生成员存在"相对稳定"的流动性，教师成员存在"相对稳定"的稳定性。因此影响团队凝聚力建设的成员流动，主要是指两个方面：一是学生成员的流动性"不稳定"，也就是说学生成员在团队内的科研工作和毕业升学等因素无关，加入和退出随意；二是教师成员的稳定性"不稳定"，是指处于比较核心位置的成员发生流出流入频繁，与团队其他成员的默契和交流难以稳定。这两种情况都对高校科研团队的凝聚力有重要影响，并且后者的影响程度更大。因此，为了通过提升凝聚力增强团队管理效率，必须保持学生群体的动态稳定性，减少教授和普通教师群体的流动性。

3. 团队依赖感

加大团队对成员的吸引力、关心程度，使成员的个人价值得到体现和重视。高校科研团队在加强团队依赖感方面，主要表现在以下方面：

（1）提高成员对团队的信任和感情基础，学术带头人和团队领导者需要经常关心青年教师、研究生等普通成员，在工作中要充分信任和依靠普通成员，在生活上要多帮助普通成员解决各类困难，使得科研团队成为成员心目中的依靠，这样团队成员才会从心底产生一种对科研团队的向心力。

（2）保持团队成员之间的良好互动，促进成员间的相互交流，增进成员之间的信任和友情，使得整个科研团队成为一个相亲相爱的大家庭，从而使各位成员都自觉地向团队靠近。团队成员间的关系越发和谐融洽，他们就越发依赖这个团体，自然而然地产生聚合效应。

（3）高校科研团队在建设和发展中，要充分针对成员均为高校高知识分子这一特点，有目的地将实现成员个人价值作为一项重要工作来抓。一个高校科研团队如果能够成为其成员实现个人价值的平台，那么成员的高层次需求就得到了满足，科研团队就不仅仅是一个工作团队，也是成员人生价值实现的载体，这样一个载体将是成员人生的依托，由此产生的团队凝聚力将坚不可摧。

总而言之，高校科研团队需要在管理者对普通成员的信任和关心、科研团队成员之间的和谐融洽的关系、科研团队成为成员个人实现自身价值的平台三方面做大量细致入微的工作，从而提高成员对团队的依赖程度，增强高校科研团队的凝聚力水平。

4. 团队硬件条件

努力改善硬件条件，加强与普通教师和学生在该问题上的沟通理解。高校科研团队的硬件条件是吸引人才加入的重要指标，团队领导者和学术带头人应该努力去争取各种资金与扶持，将科研团队的硬件条件提升上去。这里需要团队领导者和学术带头人做到：

（1）资金集中用于科研。当今高校科研团队中，国家和高校的扶持越来越大，可是却出现了许多科研团队将资金用来给管理者配备个人生活物品或者享乐之用，因此造成科研工作进展艰难，或得到优厚扶持的团队完成一个项目后却无力开展新研究。团队的硬件条件无法得到改善，必然难以吸引人才加入，甚至使得团队内部的成员产生不满而萌生离开的想法，极大降低了团队凝聚力。

（2）团队内部资金的合理分配。团队硬件条件的改善不仅指的是团队整体硬件设施的改善，也包括团队内部不同研究方向的硬件条件改善。在团队内部，对硬件条件的改善要合理把握重点，不能长期或者严重地厚此薄彼，即使是重点方向也不该独占资源，要做到资金分配公平合理，扶持重点，保证一般，否则将会打击成员的工作积极性，降低科研团队的凝聚力。

（3）科研团队之间合作互助。即使在国家和高校对科研团队扶持力度加大的形势下，仍然有许多科研团队面临硬件条件不足，或者面临一些使用频率小但必须用的硬件是否添置的问题。这个时候，各个高校科研团队的领导者和学术带头人就该积极发挥其在学术圈中的作用，组织不同科研团队相互建立合作关系，解决那些高校科研团队的硬件设施难题，也能解决例如大型测试仪器、试验平台等硬件设施的使用问题。这个相互合作的过程将会有效地使得非重点科研团队相对重点科研团队对人才的吸引力增强，凝聚力提高。

（4）高校科研团队内部对硬件设施问题的沟通理解。任何一个高校科研团队在硬件设施上都只能做到相对的完善，不存在可以满足科研成员一切要求的硬件设施条件，如任何高校科研团队不会为了做一场粒子碰撞的试验而去专门修建一个大型粒子加速器作为团队自有的硬件设施。这样就需要高校科研团队的领导者和学术带头人在工作中加强与成员的沟通，成员也要理解团队的资源现状，双方必须达成谅解，避免在是否满足科研硬件设施的问题上产生误解。对于硬件设施相对简陋的科研团队而言，这种团队领导者和团队成员之间的互谅互解就更加重要，只有达成谅解才能保证团队克服困难，增强凝聚力，而这种从硬件设施困境中走出来的团队，凝聚力也是最强的。

5. 团队成员多样性

团队成员多样体现在以下方面：

（1）重视成员专业素质上的多样性。科研团队应该在选择团队成员的过程中，重视成员在知识结构、思维方式、人文素养等方面的多样性。在团队研究内容和研究方向的前提下，优势互补的团队成员可以从不同研究视角、不同知识背景进行解读和研究，这样的团队组合更容易进行科研创新，产生优秀科研成果。并且在成员优势互补的情况下，团队成员之间的替代性降低，每个个体的存在感得到提升，成员合作会更加默契，对彼此产生更多的尊重和认同感，使得团队凝聚力整体得到提升。

（2）重视成员个人特征上的多样性。在个人特征上，团队内最好也有多样性的存在，因为一个科研团队如果在成员的年龄、性别、性格等个人特征上太过趋同，会影响发挥团队合作的优势。

（3）避免"师徒型"团队，侧重"扁平式"结构。高校科研团队中较多存在师徒型团队，成员大部分出自同样的优秀导师，这样的团队内部成员间在交流和个性磨合中没有问题，往往更容易沟通交流而且更加紧密凝聚，但是因为知识结构相似、学术背景相近，不利于团队整体的创造性。高效率的科研团队结构应当是扁平式，减少层级，分工明确，信息流动快且失真度低，同时团队领导者和团队成员之间的关系紧密，而且管理幅度要大，被管理的团队成员具有比较大的科研自主性、积极性和满足感，能够比较充分地激发成员的责任感和个人创新力，更容易达到上面所说的优势互补的局面。

6. 考核监督制度

考核工作一定要从实际出发，避免形式主义，切实探索出规律性的东西，从内容和形式上加以改进和完善，努力做到"四个结合"，即：定性与定量相结合，传统方法与现代手段相结合，在同级层面上进行的平面考核与上级、同级、下级三个层面同时进行的立体考核相结合，对员工素质的静态考核与对工作效果和实绩的动态考核相结合。通过科学考核，力求对成员做出全面、公允、实事求是的评估和判断。同时要注重考核信息的反馈和结果处理，这样才有可能让成员针对考核结果及时做出调整。只有向被评价的对象提供有关其工作的评价信息，才可能改善其工作态度，提高其工作能力。作为高校科研团队，根据成员评价提供的反馈信息，可以针对不同成员的情况给予适当的培训和帮助，从而促进成员的专业发展。团队内部对科研成果的考核与监督除了为远景目标服务，实际操作中更应注重过程。在科研团队内部必须有一套科研成果评价方法，因为整体科研工作的进行必须通过各种分工协作的进行来共同完成，并不是每一个成员负责的工作都会有实质性科研成果的输出，大多数成员科研工作的进行只是整个科研任务中的一个组成部分。科研团队在对团队成员科研成果进行评价时必须考虑此种情况，尤其是评价涉及对成员进行奖励的时候，更应当侧重科研过程。这样会对团队成员的工作形成肯定，对成员本身是一种鼓励，满足了普通成员的发展提升需要，从而使团队凝聚力得到一定程度的加强。

第三节　高等学校科研团队创造力的形成与评价

一、高等学校科研团队创造力的形成

高等学校科研团队创造力是指为实现科学技术研究、科研项目开发，在团队负责人的组织协调下，利用团队合理的人才结构、知识结构和组织结构，在团队成员合作知识创造的过程中整合团队成员的个体创造力和个体创造行为，使团队具有创造性思维、从事创造性活动和产生创造性成果的一种复合能力。

（一）高等学校科研团队创造力的形成机制

1. 高等学校科研团队创造力形成的动力机制

动力是事物主动变化的原因，它使得事物产生目的性变化。动力机制是指推动事物形成和发展的动力要素以及这些要素在事物发展过程中如何起作用。因此，"动力机制是一个合力系统，它由多个相互交错、相互关联的动力要素构成一个整体，并具备开放性、自我优化性和自适应的特性，能对系统的要素进行一定的调整"①。

（1）高等学校科研团队创造力形成的动力因素。

第一，高等学校科研团队创造力形成的内部动力因素。高等学校科研团队内部的动力是知识创造动机和知识创造行为产生的基础，也是高校科研团队创造力产生的根源。高校科研团队本身知识创造的要求越强，知识创造的动机也就越强，知识创造的行为也就越频繁，团队创造力的形成也就越稳定。高校科研团队创造力形成的内部动力主要包括团队成员之间的竞争与协同、利益驱动力、团队负责人的创新精神和领导行为、团队知识创造氛围、团队内部的激励机制等。

第二，高校科研团队创造力形成的外部动力因素。高校科研团队创造力形成的外部驱动力是指团队所在的环境供给因素对团队创造力系统的推动作用，主要包括科研需求的推动力、科学技术的推动力、外部环境的竞争力以及组织支持行为。

（2）高校科研团队创造力形成的动力机制分析。高校科研团队创造力形成的动力机制

---

① 王磊. 高校科研团队创造力的形成与提升策略研究［M］. 北京：中国农业出版社，2014：58.

实质上是协同团队内部诸要素之间的互动关系的总和，是一种比较活跃的带有动力源性质的机制。以下从内部和外部两个角度设计高校科研团队创造力形成的动力机制。

第一，高校科研团队创造力形成的内部动力机制分析。高校科研团队创造力在利益驱动力、激励机制、团队负责人的创新精神、团队氛围以及团队成员之间的相互作用等内部各种动力要素的共同作用下形成，其形成的内部动力机制如下：

一是，成员之间的竞争与协同作用是内部动力机制形成的核心作用力。高校科研团队内部各要素之间以及各要素与环境之间既存在整体同一性又存在个体差异性。团队内部的同一性表现为协同因素，个体之间的差异性表现为竞争因素。在团队层面上，团队负责人和团队成员之间存在着竞争与协同关系，如团队负责人和团队普通成员之间既存在着科研经费的分配比例、署名权、著作权等利益之争，又存在着共同的利益，例如，高校科研团队的成长壮大为团队负责人和团队普通成员带来的好处，即利益协同。在个体层面上，就团队教师而言，各个教师为了评职称，为了获取各种荣誉、地位与好的待遇，彼此之间存在着种种竞争，但有时为了科研攻关、科研获奖、提高教学水平等，各个教师又需要相互学习、相互借鉴、取长补短，通过和其他教师之间的合作来实现共同的利益协同。就学生而言，学生们为了获得老师的青睐与重视，为了获得奖学金和各种荣誉，学生之间也存在着各种各样的竞争，同理，有时为了解决学习中遇到的难题，为了提高解决问题的能力和水平，同学之间又需要互相帮助、互相学习，通过共同进步实现同学之间的利益协同。因此，团队成员之间的竞争与协同作用是团队创造力形成和演化的真正动力源泉。

二是，成员之间的竞争与协同作用与其他动力因素之间彼此相互作用，并共同推动团队创造力的形成。高校科研团队成员之间的竞争与协同作用并不是孤立运动的，而是在利益驱动力、激励机制、团队负责人的创新精神与团队氛围的共同作用下，发生竞争与协同关系，同时，成员之间的竞争与协同关系反而又影响上述动力因素，如此循环反复，随着时间的推移，个体创造力最终整合为团队创造力。但是也应该看到内部各种动力要素的相互作用既产生推动团队创造力形成的动力，又产生阻碍团队创造力形成的障碍力，究竟哪种力量主导着团队创造力的形成，取决于团队内部各种动力因素的相互作用方式和作用强度。因此，团队内部各种动力要素彼此相互作用，共同推动团队创造力的形成，并且其形成路径具有一定的不确定性。

第二，高校科研团队创造力形成的外部动力机制分析。高校科研团队创造力在科研需求、高校科技创新体系、组织支持和环境竞争力等外部各种动力要素的共同作用下形成，其形成的外部动力机制如下：

一是，高校科研团队创造力形成的外部动力来源于组织和社会各种因素的协同作用。高校科研团队会因为所处外界环境的不同而产生不同的团队创造力表现。来自团队外部组织的支持，是推动团队创造力形成的外部直接动力，在团队合作知识创造过程中，团队成员会通过组织对他们采取的支持性和非支持性措施，来判断组织是否重视他们的贡献、是否关注他们的幸福，这种判断会影响成员个体的知识创造行为以及个体的合作知识创造行为。团队成员在良好的组织支持下，会自主产生知识创造的欲望与意识，从而推动知识创造行为的产生。

二是，高校科研团队创造力形成的外部路径是：外部动力要素—团队合作知识创造过程—团队创造力—学术影响力—外部动力要素。来自组织和社会的动力因素可以看成团队外部的环境变量，这些环境变量可以促进和改变团队合作知识创造的一些过程，如组织营造良好的知识创造氛围，出台各种合理的激励措施，提供各种人力、物力和财力方面的支持可以使团队成员感受到来自组织的关怀和重视，团队成员就会积极地获取知识，主动参与到知识共享和组织学习活动中来，加快了团队合作知识创造的绩效。在团队从事合作知识创造的过程中，个体创造力得到有效整合而形成团队创造力，团队创造力的外在表现就是各种高水平的论文、课题、专利、获奖等各种科研成果，这些科研成果得到国家、社会、企业、学校等的应用和好评，提高了团队的学术影响力，团队的学术影响力越大，社会及组织对其关注度越大，因为参与外部竞争的能力不断增强，社会及组织对团队的科研需求就会越大、所给予的支持行为就会越多，对团队合作知识创造的影响也会越大，如此反复，不断循环。

2. 高等学校科研团队创造力形成的自组织机制

（1）高校科研团队创造力形成的自组织特征。高校科研团队创造力的形成离不开其生存发展的环境，高校科研团队成员的行为对环境有影响，环境对高校科研团队的成员行为也有反作用，高校科研团队创造力系统需要从高校提供的科技创新平台、重点科研基地、重点实验室等获取物质、能量和信息。首先，高校科研团队成员从事科学研究时，需要外部环境提供的资金、设备和人员；其次，科研任务的选择在一定程度上也来自外部环境的需求和干预；最后，科研成果的优劣也需要外界环境的评价。因此，高校科研团队创造力系统不断发展的一个重要的特征就是系统具有开放性，以适应高校科研团队外部环境的变化。

高校科研团队创造力系统随着时间的变化而不断发生变化，而时间是不可逆的，而且系统内部呈现出不同程度的非均匀和多样化的特点，团队内部的资源分布、子系统的发展情况等方面都是非平衡的，处于非平衡状态。在高校科研团队创造力系统中，这种非平衡性表现为创造主体的异质性，即团队成员的异质性，表现为团队成员在性别、年龄、职称、知识背景、技能、经验、工作风格等方面的差异性；创造过程的异质性，表现为团队成员在创造性思维过程和创造性活动过程方面的差异性；创造成果的异质性，表现为团队内部显性知识成果和隐性知识成果的差异性。

高校科研团队创造力系统各个要素之间的非线性相互作用，使各个要素之间产生协同作用和相干效应，这样系统才能从无序变为有序。高校科研团队创造力系统中各要素间的非线性相互作用，主要体现在三个方面：①团队成员创造力、团队创造力和外界环境之间的相互作用；②创造主体、创造过程、创造成果和外界环境之间的反馈作用；③科学研究过程中，知识获取、知识转化、知识整合、知识创造、知识共享与扩散等环节的协同作用。正是这些作用的影响形成推动或阻碍团队创造力发展的非线性作用力。

在高校科研团队创造力的形成过程中，会遇到很多涨落因素。有的来自内部，称之为内涨落；有的来自外部，称之为外涨落。影响高校科研团队创造力的内涨落包括个体和团队两个层面，个体层面主要是个体人格特征的变化、个体思维风格的变化、个体动机的变化、个体知识的增长等；团队层面主要是团队组织结构的变化、团队知识共享行为的变化、团队内部规范的变化、团队凝聚力的变化、科研项目任务特性的变化、团队的冲突和互动行为、领导行为的变化、团队激励机制的变化等。影响高校科研团队创造力的外涨落主要有：组织知识创新的氛围的变化、组织目标的变化、组织文化的变化、组织结构的变化等。

（2）高校科研团队创造力形成的自组织机制。高校科研团队创造力的自组织就是指团队创造力系统无须外界指令而自行通过团队创造力系统中的创造成果促进创造主体和创造过程的相互作用，使其适应动态环境的变化，从而促进高校科研团队实现与动态环境的协调发展，即高校科研团队创造力系统自组织演化是根据该系统自身运动变化的规律和特定条件而自发形成的。

高校科研团队创造力是一个开放的复杂系统，在与外界不断地交换物质、能量、信息的同时，获得自组织演化的动力，其自组织演化过程可以分为两种情况：自稳定过程和自重组过程。高校科研团队创造力的自重组过程是指，涨落高于"临界状态"的条件下，通过非线性产生放大作用，原有高校科研团队创造力系统失稳并出现分叉，一种崭新的高校科研团队创造力出现并取代原有高校科研团队创造力系统，这个过程具有突变性和非连续性的特征。

高校科研团队创造力系统任何一次演讲都是对原有高校科研团队创造力系统稳定性约束力的突破。突破原有高校科研团队创造力系统稳定性的因素主要有四个方面：

第一，创造主体素质的不断提高和科研实力的不断增强，即创造主体知识结构的合理匹配、思维风格的不断调整、人格特质的不断提高、合作动机的不断变化。此外，合理的知识结构有利于同化原有知识概念而形成新观点、新概念。知识结构越合理，各部分的知识协调得越好，创造力的系数就越大；思维风格是运用能力的一种偏好，它本身不是能力，只有将思维风格和能力相匹配产生协同作用，才能产生远大于两者的创造力量。创造性人格是创造性主体能力结构中的关键要素，是影响创造活动能否成功的先导性因素，团队创造性人格的不断提高，有利于整个团队突破以往知识创造的模式、惯例，不盲从、不顺从已有的经验和规则，勇于探索新的知识、新的发现，并有坚韧不拔取得最后成功的耐心和勇气。动机是指由特定需要引起的，并满足各种需要的特殊心理状态和意愿，动机具有激活、指向、维持和调整的功能，合作动机是高校科研团队具有能动性的一个主要方面，它具有发动合作知识创造行为的作用，能够推动高校科研团队产生某种互动，使高校科研团队从静止状态转向活动状态，因此，高校科研团队合作知识创造动机发生变化必然影响团队创造力的形成和演化。

第二，创造过程的不断变化和更新。创造性的思维来自创造性的实践活动。创造性的思维活动是高校科研团队创造性得以发挥和创造成果得以形成的决定因素，创造性思维能力的强弱在很大程度上决定团队创造能力的高低。创造性思维能力是多种思维能力的有机组合，包括发散思维和聚合思维、横向思维和纵向思维、逆向思维和正向思维、潜意识思维和显意识思维，各种思维能力互为补充，共同推动创造性思维的进程。

第三，团队创造主体、团队创造过程和团队创造成果三者之间的相互影响和相互作用，以及和外界环境之间互动关系的频繁发生。高校科研团队创造力通过外界环境对团队创造成果的评价和感知来调整团队创造主体和团队创造过程的相互作用，并促使高校科研团队实现与团队外部环境的协调发展。随着高校科研团队的不断发展和壮大，团队创造主体、团队创造过程和团队创造成果之间的匹配程度，以及三者和外界环境之间的匹配能力会越来越强，匹配的过程会随着高校科研团队创造力系统的不断演化而长期存在。

第四，外界环境的不断变化和剧烈变化。在高校科研团队内部互动过程中及与外界环境的互动过程中，当外部环境发生变化时，高校科研团队需要突破团队知识创造活动中的思维惯性和行为惯性，对外部环境产生新的认知，通过团队学习和团队知识分享，有意识地获取有关资源配置、知识创新、环境创造的新知识，并根据这些新知识对团队资源进行重新构建、整合以形成新的团队创造力，最后以新的团队创造力进行知识创造活动，并在与环境活动的过程中检验新的团队创造力与环境变化的匹配程度，以此作为进行资源配置和能力调整的依据。

由此可见，上述四个因素引起的微涨落如果能使高校科研团队创造力达到临界水平，就能得到放大而形成新的团队创造力，从而使原有团队创造力的结构和功能发生变化；若低于临界水平，这些因素所带来的影响将被衰减，而由它们引起的对原有团队创造力系统的扰动和微涨落就将消失，原有团队创造力的结构失稳将得到恢复。

3. 高等学校科研团队创造力形成的整合机制

高校科研团队创造力的形成是一个复杂的过程，需要由不同层次、不同水平、不同思维风格和不同人格特质的创造主体共同参与，而且每个个体思考问题的角度，解决问题的方式、方法和程序都会存在差异，需要对来自不同个体的创造力进行整合。因此，整合机制在保证高校科研团队实现科研目标，加强各个参与方之间的交流与合作、协调利益各方之间的关系中起到了重要的作用。高校科研团队创造力形成的整合机制主要包括以下方面：

（1）适应融合机制。高校科研团队创造力的形成完全依赖于个体创造力，但又不是个体创造力的简单相加，而是在一定的环境和问题情境下，通过个体创造力之间的相互作用、整合而表现出来的整体特性，因此，高校科研团队创造力更具复杂性和情境依赖性。当个体创造力通过整合转化为团队创造力时，个体也会从团队中吸收新的知识、新的创造技能、新的思维方式，不断形成新的人格特质和认知风格。经过不断的转化融合到个体创造力中，个体创造力得到提高和完善。

适应融合机制主要体现在成员与成员之间、成员与团队之间知识和技能的融合、思维风格的融合、创造动机的融合、人格特质的融合，上述各种因素彼此之间的融合，上述各种因素与知识创造过程、知识创造成果的融合等方面。它反映了不同创造主体（成员、团队）在创造力整合过程中，新的创造力构成要素进入原有创造力构成要素体系并进行融合、转化的过程。

（2）涌现机制。涌现是复杂适应系统的基本特征，在复杂性科学中，涌现是用来描述复杂系统层级结构间整体宏观动态现象的概念，是一种从简单子系统的相互作用中产生出高度复杂的聚集行为的现象，即复杂系统中的较低层次的子系统通过相互作用构成较高层次的系统时，一些新的属性或者规律就会突然一下子在较高层次的系统层面诞生，一旦将其还原到较低层次，则这些特征就不存在，涌现并不破坏单个个体的规则，但是用单个个体的规则却无法将其解释。由于高校科研团队创造力的形成过程体现出非线性、自组织、远离平衡和吸引子等特征，因此，高校科研团队创造力的形成过程体现出较强的创造力涌现过程。

高校科研团队创造力是高校科研团队在整体层面涌现出来的一种功能状态，团队成员的个体创造力是形成团队创造力的基础，成员个体的创造力不是由先天因素固定下来，静止不变的，而是在内外部环境的影响下不断地变化和发展。高校科研团队成员之间以及成员与内外部环境之间频繁而有意义的相互作用过程，也是团队成员在相互作用的过程中不断学习和积累经验的过程，通过不断学习，改变团队自身的结构和行为方式，底层个体通过相互间的学习和模仿可以在团队层次上凸现新的知识结构、思维风格和行为方式，有更复杂的团队知识创造行为出现，即通过将个体层面不同的个体创造力水平进行有机耦合，使得成员个体层面的创造力在团队层面上形成一种涌现的结果，其表现在三个方面：创造性思维的涌现性、创造性活动的涌现性和创造性成果的涌现性。

第一，创造性思维的涌现性。高校科研团队创造性思维的涌现性是指团队为了实现科学技术研究、科研项目开发，使团队成员之间能动或被动地发生非线性相互作用，从而不断地进行信息共享，实现信息增值，最终产生"团队创造性思维的过程"。不同类型的解决方式，创造性思维的涌现形式是不同的。采用民主型的解决方式，每位成员的地位是平等的，任何一个成员都具有决策权，且成员之间可以相互交流，在提出解决方案时，每位成员可以自由发表意见，最终形成一个能被团队成员接受的解决方案，在这种解决方式中，团队成员思维间的碰撞和融合都是在团队成员间进行的，团队创造性思维的涌现体现在团队成员间。采用集中型的解决方式，成员之间没有任何沟通交流，团队成员向团队负责人提供解决方案，最终由团队负责人决定，在这种解决方式中，团队思维的涌现发生在团队负责人思维的内部。采用民主集中型的解决方式，团队成员需要事先进行充分的研究和讨论，然后由团队负责人根据讨论的结果决定，在这种解决方式中，团队成员思维之间的相互作用、融合在团队成员间进行，其涌现则是在团队负责人的思维中进行。

第二，创造性活动的涌现性。高校科研团队创造性活动的涌现性是指为适应环境的变化实现团队目标，个体与个体创造性活动彼此相互影响、相互作用和相互融合，涌现为团队层面的创造性活动。例如，成员个体在参与合作知识创造的过程中，需要不断地从团队内部和外部吸收知识，开展个体学习活动，并通过彼此之间的知识交流、知识反馈来不断产生新知识以实现个体知识的不断涌现，个体知识的增加导致团队知识的不断增加，为了满足科学研究的需求，需要对成员个体的知识进行整合，团队需要定期地开展学习交流活动，并营造良好的氛围促进成员知识的合理流动，这时个体层面的创造性活动就涌现为团队层面的创造性活动。

第三，创造性成果的涌现性。高校科研团队创造性成果的涌现性是指在适应环境的变化中，通过成员个体知识成果的不断积累以及个体知识成果之间的相互影响、相互作用，最终涌现为团队层面的创造性成果。例如，高校科研团队成员在日常的科学研究中，形成了大量的知识成果，既包括物质化的知识成果，即论文、专著、专利、科研获奖、科研项目等，也包括精神化的知识成果，即想法、观点、理论知识等，这些知识成果的不断累积，将为国家级科研项目的申请提供良好的前期知识基础，团队成员个体知识成果的恰当整合，将为国家级科研项目的申请提供良好的材料支撑。因此，高校科研团队成员的创造性成果将最终涌现为团队层面的知识成果，包括科研项目的申请、科研获奖的申请等。

（3）协同互补机制。协同互补机制是指高校科研团队创造力内部各组成要素之间相互作用、相互调节和相互补充，从而使高校科研团队创造力形成个体创造力所不具有的结构、特征和功能，团队创造力体现出各组成要素之间的协同互补效应。

高校科研团队是由不同知识创造主体组成的，每个知识创造主体的合作动机、思维风格、人格特质、知识体系和创造技能等要素都存在显著的差异。由于各种差异性的存在导致知识创造主体解决问题时会有不同的思维过程和不同的创造性活动出现，通过协同互补机制，可以弥补知识创造主体知识体系的不完备性，增加知识创造主体的创造技能、缩小知识创造主体合作动机的差异性，使知识创造主体更好地吸收和借鉴不同思维风格和人格特质所带来的良好效应，从而发挥出更大的知识协同效应和组合优势。

高校科研团队创造力形成的协同互补机制发生在团队学习活动中，通过学习，高校科研团队可以不断更新团队记忆，掌握更多的知识和能力，不断激发创造知识的灵感，增强知识创造能力。团队学习活动发生在研究生与研究生之间、研究生与导师之间、导师与导师之间、研究生与团队之间以及导师与团队之间。导师和研究生在知识储备、创造技能的应用程度和熟练程度、合作动机、科研经历、对学科前沿知识的把握和理解上以及思维风格和人格特质上必然存在一定的差异性，通过两者创造力构成要素之间的协同互补，以及两者与团队创造力构成要素之间的协同互补，可以更好地进行协同知识创造，提高知识创造的绩效。

（二）高等学校科研团队创造力形成的影响因素

1. 高等学校科研团队创造力形成的主体因素

团队创造力形成的主体主要包括团队普通成员和团队领导两个层次。团队成员的异质性程度对团队创造力的形成具有重要的影响。异质性反映了团队成员在种族、年龄、性别、价值观、经验、教育背景、工作经历等方面的差异。其中，种族、年龄、性别等个体自然属性被称为一般异质性，经验、教育背景、工作经历等反映个体知识结构的属性被称为专长异质性。此外，高校科研团队知识创造过程是一个集体思考的过程，团队成员之间的差异性导致团队内部的多元化和异质性，这些异质性的元素能够激发团队成员的灵感，实现团队内部信息、观点、认知和价值观的相互碰撞，对团队创造力的形成具有重要的影响。

团队领导行为对团队创造力的形成产生影响作用的主要因素有领导魅力和获取支持的能力。领导魅力是指团队领导者具有令人敬重的人格特质或品质，能够成为团队成员学习的榜样，团队成员对其产生认同并愿意追随和效仿团队领导；获取支持是团队领导利用自身的影响力获取外界资源的支持，为团队从事合作知识创造活动提供智力支持和组织保障，有利于提高团队成员的满意度，增进员工的创造力和创新行为。团队领导是影响团队知识创造行为的重要缔造者与影响者，他会通过自己的领导魅力和获取支持的能力来影响团队成员的价值观、理想和士气，促进团队寻求变革与创新，使团队成员意识到工作的重要意义，激发团队成员的高层次需要，建立相互信任的氛围，使团队成员为了团队的利益牺牲自身的利益并达到原来期望的结果。

2. 高等学校科研团队创造力形成的客体因素

团队任务是影响高等学校科研团队创造力形成的主要客体，其中任务的复杂性和任务的自主性是影响团队创造力的主要因素。团队成员个体所完成的任务复杂性程度越大，越能激发团队成员的创造性思维，团队成员会主动寻求和其他成员的合作，通过向团队成员的学习、交流和请教，将团队其他成员的隐性知识转化为可以利用的显性知识，或者作为隐性知识保留下来，为下一次的合作知识创造做准备。当团队成员对所承担的任务具有自主决策权时，成员个体就不会拘泥于团队规定的工作时间、工作进度、工作方法等，而是可以灵活地安排工作时间，自由发挥的空间较大，有利于激发团队成员工作的积极主动性，迸发出更多的工作创意。团队任务特征对团队有着重要的影响，它决定着高校科研团队的结构、过程和功能，也定义了每个人的角色、合作知识创造的方式，以及他们单独或共同执行任务的性质和过程。

3. 高等学校科研团队创造力形成的介体因素

团队知识整合能力是影响高等学校科研团队创造力形成的主要介体，其中内部知识整合能力和外部知识整合能力是影响团队创造力的主要因素。当高校科研团队进行内部知识整合时，需要对团队内部的知识进行重新整理，选择有用的知识，摒弃无用的知识，并将团队中成员和团队的知识进行有机的融合，使其具有较强的柔性、条理性和系统性，必要的时候需要对原有知识体系进行重构，并在此基础上形成团队新的核心知识体系，内部知识整合有利于充分利用团队内部的各种活动知识，加快知识的流动速度，通过与团队其他知识的融合，不断产生新知识，增加团队合作知识创造的知识存量，提高团队的知识创造能力。当高校科研团队进行外部知识整合时，团队需要有选择地吸收团队外部知识，使其融入团队原有的知识体系，促进团队知识创造的进程。可见，高校科研团队的知识整合能力是实现团队协同的关键能力。高校科研团队大都承担复杂的科研任务，任务完成的过程实际上也是知识流动和转化的过程，这个过程不可能由任何一个成员运用单一的知识来实现，而且在合作知识创造的每个环节中的知识要素必须相互关联、相互耦合、相互协同，才能产生出各个知识要素独立运作所无法产生的整体效应。

4. 高等学校科研团队创造力形成的环境因素

团队过程是影响高等学校科研团队创造力形成的主要环境因素，团队过程影响因素主要包括创新支持、参与安全感和互动频率。当高等学校科研团队成员进行合作知识创造时，如果组织能为其提供资金、技术、制度等方面的支持，以及成员之间实际的和行为上的支持，会让团队成员从知觉上感受到个体所承担任务的重要性，更好地激发个体知识创造的动机和工作的积极性。当高校科研团队能为学生和老师提供一个宽松的合作氛围，同时团队成员也能感觉到同事对自己利益的保护，就能够跳出已有的束缚和惯例，去尝试新的研究方法和研究手段，从事创造性的知识生产活动。高校科研团队成员经常进行沟通和交流，可以使团队内部不同的观点和多样化的知识经验得到充分的共享和扩散，使成员与成员之间的沟通和交流更和谐，有助于各种问题的解决。高校科研团队成员对于团队过程的心理认知产生于人和团队情境之间的相互作用，影响着团队成员的合作知识创造的动机和行为，良好的团队过程能够增加团队成员对团队的认同感和归属感，提高合作知识创造的绩效。

综上所述，高等学校科研团队创造力的形成过程是一个复杂的、多样化的过程，在这个过程中会受到主体、客体、介体和环境等不同因素的影响，这些因素共同作用于高校科研团队的合作知识创造行为，影响着团队创造力的形成路径和形成结果。

二、高等学校科研团队创造力的评价

（一）高等学校科研团队创造力的评价指标体系

1. 高等学校科研团队创造力评价指标体系的原则

建立科学合理的高等学校科研团队创造力评价指标体系，是开展评价工作的基础，直接关系到高等学校科研团队创造力评价的准确度和可信度，因此，应遵循以下原则：

（1）科学性原则。指标体系的设计以及评价方法的选择应符合高校科研团队创造力的特点，既要保证所选取指标具有一定的代表性和完整性，又要保证各指标之间不重复、不遗漏，做到科学合理。

（2）层次性原则。高校科研团队创造力是一个由多因素组成的复杂系统，对其进行评价时，既要全面系统地分析，又要纵横结合、层层剖析，力求全面揭示高校科研团队创造力系统的内在本质规律。为了避免对评价指标的简单堆砌，可以将评价指标体系分为目标层、准则层和指标层三个层次。

（3）动态连续性原则。高校科研团队创造力需要不断提升、不断发展，因此，在选择指标时要注重静态和动态相结合，利用静态指标来反映高校科研团队创造力的现状，利用动态指标来预测高校科研团队创造力的发展。

2. 高等学校科研团队创造力评价指标体系的构建

高等学校科研团队创造力评价指标体系主要包括三个层次：第一个层次即目标层，就是把高等学校科研团队创造力作为研究和评价的目标；第二个层次即准则层，主要是从创造主体、创造过程、创造结果和创造环境四个方面去评价，进一步对高校科研团队创造力展开剖析；第三个层次即对象层，主要包括团队成员的创造素质、团队成员拥有知识和领域技能的情况、团队负责人的领导素质、团队任务的探索性程度、团队创造性活动的开展情况、团队创造性思维的运用情况、成果的数量、成果的影响力、成果的发展力、团队资源储备情况、团队文化建设情况、团队制度建设情况、组织支持力度十三个方面的要素，这十三个要素是对准则层的四个方面做具体的阐释，使这四个方面的内容在实践层面找到相应的领域和内容。

（1）团队创造力主体的评价指标。

第一，团队创造主体的指标构成。创造主体是指有自己创意并成功地将其付诸实施的人。团队创造主体是团队从事创造性活动的承担者或发起者，因此它是团队创造力形成的基础。在高校科研团队中，创造主体既包括团队成员也包括团队负责人，结合上述分析，我们从团队成员的创造素质、团队成员拥有知识和领域技能的情况、团队负责人的领导素质三个方面对创造主体进行评价。

第二，团队创造主体的指标解释。①团队成员的创造素质。创造素质是指在完成创造性活动时个体所具备的生理和心理条件。高校科研团队成员的创造素质主要包括团队思维风格、团队创造性人格和团队创造动机三个方面。②团队成员拥有知识和领域技能的情况。团队成员拥有知识和领域技能的情况是指团队所具有的知识种类、知识容量和专业领域技术的掌握程度，本书主要是从团队成员专业背景的多样性、团队成员具备专业化或特殊领域知识的程度，以及团队成员掌握专业技术水平的高低三个方面来进行衡量。团队成员专业背景的多样性是指团队所拥有专业知识的种类或数量，这是从团队知识的广度视角进行衡量。团队成员具备专业化或特殊领域知识的程度是指成员对本专业知识的精通程度，这是从团队知识的深度视角进行衡量。团队成员掌握专业技术水平的高低主要是指团队成员掌握专业领域技能的熟练程度和先进程度。因此，高校科研团队创造力产生的前提条件就是团队所拥有的知识资源和领域技能。③团队负责人的能力素质。能力素质是指团队负责人在团队合作知识创造活动中运用各种方法和手段解决具体问题时所表现出来的才干和能力。团队负责人的能力素质主要包括团队战略发展的把握能力、获取外部支持的能力和学术威望及信誉度三个方面。团队战略发展的把握能力主要是指对团队发展中所遇到的整体性、长期性和基本性问题的谋划能力，可以从学术前沿的把握能力、团队资源配置的把握能力、科研进度的把握能力等方面进行衡量。获取外部支持的能力是团队负责人通过影响上级领导从而为团队发展获取资源和政策支持，并与团队外部建立良好关系的能力，可以从运用和调动各种社会资源的能力、协调各种人际关系的能力、树立团队在外部单位良好形象的能力等方面进行衡量。学术威望及信誉度是指团队负责人在学术领域的名望及其诚实守信的声誉，可以从团队负责人的职称、学术成就、学术经历、同行评价等方面进行衡量。团队负责人是团队的领军人物，应具备较高的学术造诣和较强的组织管理能力。

（2）团队创造过程的评价指标。

第一，团队创造过程的指标构成。创造过程是创造活动展开的时间序列，是由不同阶段构成的一个连续过程，即创造性活动发生、发展的过程。创造过程具有操作性、现实性和反复性的特点，同时可以从两个角度来理解创造过程，一是从心理学的角度出发；二是从时间和空间的角度出发。心理学角度的创造过程主要是指个体从开始创造到产品落实时的一段心智历程，主要是指创造性思维的过程。时空角度的创造过程主要是指某类特殊问题的解决过程，包括发现问题、提出问题解决方案、评价和选择创造性方案及创造性方案的实施和反馈，这一过程主要是指创造性活动的过程。此外，无论是创造性思维的过程还是创造性活动的过程都和团队任务紧密相关，因此，本书将从团队创造性活动的开展效果、团队创造性思维的运用效果和团队任务的探索性程度三个方面来进行考察。

第二，团队创造过程的指标解释。

一是，团队创造性活动的开展效果。创造性活动是和科学知识发现、创造有关系的一切活动。团队创造性活动的开展情况主要是从运用头脑风暴会议等其他群体决策活动的效果、团队学习活动的开展效果、团队知识资源的运作效果、团队创造方法的运用效果四个方面来进行衡量。群体决策是研究一个群体如何共同进行一项联合行动抉择。群体决策方法的运用可以使高校科研团队成员敞开心扉，从而实现真正统一、系统的思考，促进团队创造力的形成。团队学习是团队成员不断获取知识、改善行为、优化团队知识体系，从而在变化的环境中使团队保持良好生存和健康和谐发展的过程。通过团队学习活动，可以促进师生教学相长，有利于师生之间的交流和互动，在这一过程中，每个人都有可能基于他人的创造性知识或者受到他人的启发而产生创造性的灵感或新知识。团队知识资源的运作是指对团队的知识资源进行管理、协调，使之不断更新，以适应外界环境的动态发展。知识资源是团队最重要的战略资源，也是团队获取竞争优势的根本。团队创造方法的运用是指从事发明和知识创造时的技巧和手段。目前常见的创造方法主要有群智法、组合法、模仿法等。团队知识创造活动虽然难以预料，但却有一定的规律和方法可以遵循，团队成员可以借鉴前人在创造性活动中总结出来的发明技巧、经验和教训，作为启发创造思维、激发创造灵感的手段和工具。

二是，团队创造性思维的运用效果。创造性思维是指能够突破常规和传统，不拘泥于现有的结论，以新颖、独特的方式解决新问题的思维活动，即产生新思想的思维活动。另外，团队创造性思维在科学研究中的运用效果表现在团队创造性思维的流畅性、团队创造性思维的变通性、团队创造性思维的新颖性三个主要方面。团队创造性思维的流畅性是指团队成员思路通畅、联想丰富，在短时间内能迅速汇集与所研究的问题有关知识的一种思维能力，即在一定时间内产生不同观点和设想的数量。团队思维越敏捷，对科学研究前沿问题和热点问题的反应越迅速，不同学术观点的相互碰撞和相互激发，有利于各种创意的产生。团队创造性思维的变通性是指对某一个问题能够从多角度、多方向灵活地思考。创造性思维的变通性要求团队能够打破以往思维定式，对新知识、新方法、新思想能够迅速及时地接受，并强调团队具有举一反三、触类旁通和随机应变的特点。创造性思维的变通性是团队从事知识创造活动的关键。团队创造性思维的新颖性是指团队得到的答案或创造的成果超乎寻常，具有不同凡响的新奇程度。创造性思维的新颖性要求团队以前所未有的新角度、新观念去认识事物，从而得到与众不同的答案，新颖性是流畅性和变通性的归宿，它也是创造性思维的最高层次和整体体现。

三是，团队任务的探索性程度。团队任务的探索性程度既包括团队任务本身的难易程度，也包括在解决任务的过程中对其复杂性的认识程度。前者是团队任务本身的一种基本属性，是客观存在的，后者强调团队成员的认识程度，带有很强的主观性，所以本书从科研项目的复杂性程度和科研项目完成的自主性程度两个方面来衡量团队任务的探索性程度，试图将主观和客观视角相结合。科研项目的复杂性程度主要指科研项目本身的难易程度，可以通过所完成项目的级别和数量来进行衡量，一般而言国家级的项目对时间、人员素质、实验设备和实验环境的先进程度、科研成果的水平规定上都要远远超过对其他级别项目的要求。同理，国家对国家级重点项目的各方面要求也远远高于其他级别的国家级项目，因此对科研项目复杂性程度的探究既要从数量上也要从质量上来进行衡量。科研项目完成的自主性程度是指团队成员在执行科研任务时，对以往的知识、经验、技巧和技术路线图的依赖程度。一般情况下，如果团队成员有较强的工作自主性时，他们可以自由支配自己的时间，有利于激发他们的工作热情，同时，没有条条框框的约束，团队成员就会主动寻求知识，不断进行团队内部外知识的整合，重新积累新的团队知识、经验和技巧，知识的不断积累和更新提高了高校科研团队知识创造的效率。

（3）团队创造成果的评价指标。

第一，团队创造成果的指标构成。团队创造成果主要指高校科研团队在完成科研项目的过程中所形成的显性成果和隐性成果，显性成果主要包括论文、研究报告、著作、专利、软件等，隐性成果主要包括一些新颖有用的想法、观点和理论知识等。团队创造成果凝聚了集体的智慧，是团队创造力的主要外在表现，也是团队科研实力的重要体现。高水平的科研团队每年都能产生大量的学术成果，包括论文、著作、发明专利等，而且某些科研成果被企业、政府和高校所采用，产生了很好的经济效益或管理效果，在国家级和省部级的评奖中多次获奖，具有很强的社会影响力。此外，通过对团队创造成果发展潜力的评估还可以预测团队创造力的发展路径和发展方向，因此，需要从成果的数量、成果的质量和成果的发展力三个方面来进行衡量。

第二，团队创造成果的指标解释。

一是，成果获得的情况。成果获得的情况主要指产生创造性成果的多少，它是衡量团队创造力产出的主要指标。根据创造性成果的分类，本书将从人均获授权的专利情况、人均发表论文的情况、人均出版著作的情况和团队知识、经验、技巧的丰富程度上来进行评价。人均获授权的专利情况主要指高校科研团队成员在执行本单位的任务中利用本单位的物质技术条件所获得的、经过专利授权单位批准的发明创造成果的数量与团队人数的比值；人均发表论文的情况主要指高校科研团队所有成员在国家级核心期刊，以及专业领域排名前三的权威期刊以及科学引文索引（SCI）、社会科学引文索引（SSCI）和工程索引（EI）源期刊上发表的论文总数与团队人数的比值；人均出版著作的情况主要指团队所有成员在国家级出版社出版的学术著作总量与团队人数的比值。以上三个指标的比值越大说明成果产出情况越好，反之则是不好。团队知识、经验、技巧的增长程度主要指团队所有成员经过一段时间的科研工作后，不仅形成一些显性知识创造的成果，也形成一些隐性知识创造的成果，这些隐性知识的出现推动了团队知识、经验和技巧的不断增长。

二是，成果的影响力。成果的影响力主要指团队成员所产生的科研成果对他人、组织和社会所起到的作用和所施加的作用。成果的影响力主要表现在人均获国家级科研奖励的情况、人均获省部级科研奖励的情况、论文被重要检索机构收录的人均情况和论文或专著被引用次数的人均情况等。人均获省部级科研奖励的情况主要是指团队科研成果人均被省部级的机构接受程度的高低。论文被重要检索机构收录的人均情况是指高校科研团队成员已发表的论文被国际上认可的重要检索机构 SCI、SSCI、科技会议录索引（ISTP）、EI 和国内认可程度较高的检索机构中国科学引文索引（CSCI）和社会科学引文索引（CSSCI）检索和收录的篇数与团队人数的比值，该比值越大，说明论文被检索机构的人均认可程度越高，反之则是不好。论文或专著被引用次数的人均情况是指高校科研团队成员已发表的论文或出版的专著被他人引用的总次数与团队人数的比值，该比值的大小充分体现了知识成果的内在价值及其创新性的多少。

三是，成果的发展力。成果的发展力主要是指该项成果在未来的发展前景。这可以从近1~3年与近4~6年学术成果研究主题的变化程度，以及近1~3年与近4~6年学术成果合作研究的变化趋势上来进行判断。研究主题的变化程度是指研究内容在一段时间内的发展动向，该项指标可以通过学术论文或学术著作中的关键词所形成的知识网络来进行判断，通过不同时间段内知识网络结构的变化，来确定不同时间段内团队在某领域的主要研究热点及变化趋势，从而确定团队成员在学科领域是否取得进步。合作研究的变化趋势是指团队成员在一段时间内同团队内外部人员合作参与发表论文、出版著作、发明专利、开发软件等知识创造活动的合作动向。该项指标可以通过不同科研成果中参与人员所形成的作者合作网络来进行判断，通过不同时间段内作者合作网络结构的变化，来确定不同时间段内团队成员合作的紧密程度、合作的地位、合作的稳定性等，从而推断未来团队合作的发展趋势。因此，学术主题和团队合作的变化趋势是判断一段时间内所产生的知识成果是否具有发展力的重要标志。

（4）团队创造环境的评价指标。

第一，团队创造环境的指标构成。团队创造环境是指影响和制约团队成员发挥创造力的各种内外部因素和条件。创造环境是促进和制约团队创造力的重要因素。由此可见，充足的物质资源为团队成员从事知识创造活动提供了基本的物质保障，团队文化建设为团队成员从事知识创造活动营造了良好的氛围，提供了基本的精神保障，团队制度建设不仅鼓励而且约束了团队成员的知识创造行为，组织支持为团队从事知识创造活动提供了动力支持。

第二，团队创造环境的指标解释。

一是，团队资源储备情况。团队资源储备情况是指高校科研团队在人力、物力、财力等方面的占有情况。任何一个高校科研团队要想顺利地从事知识创造活动，都离不开人力、物力和财力的支持，因此本书将从团队成员的成长程度、科研经费的可利用程度以及物质资源的充足程度三个方面来进行评价。团队成员的成长程度是指团队成员经过一段时间的知识创造活动，成员个体在思维风格、人格特质、知识含量、创造技能、合作动机、经验、技巧等方面的增长和提高程度，对于团队负责人而言，还要额外考察一下其在个人领导魅力、获取外界支持等方面的提高程度。科研经费的可使用程度是指团队可以自由支配的经费额度与团队总的经费额度的比值，科研经费为团队从事各种知识创造活动提供了必要的资金支持。物质资源的充足程度是指团队在科研仪器、科技图书、期刊、网络资源数据库等方面的占有程度，物质资源是否充足对知识资源的可得性、思维的流畅性以及创新灵感的产生具有重要的影响。

二是，团队文化建设情况。团队文化建设情况是指高校科研团队在长期的实践过程中形成的，并为本团队成员普遍遵守和履行的共同价值观念，是一种潜意识的文化。高校科研团队的团队文化是伴随着团队的各种规章制度和活动规范化，以及团队成员对于团队行为的共同理解的基础上逐渐发展起来的。良好的团队文化具有很强的号召力，能够将拥有不同知识背景、思维风格、人格特质、合作动机、价值观的个体凝聚起来，为实现团队共同的科研目标而努力奋斗。因此，本书将从团队价值观的认同度、团队目标的认同度、团队成员的互动程度和团队成员之间分享最新研究成果的公开程度四个方面来进行评价。团队价值观的认同度是指组织和其他团队对高校科研团队价值取向、价值追求、价值尺度和价值准则的认可程度。团队价值观一旦确立，便具有相对的稳定性，它是团队文化的核心要素，它决定了团队成员从事知识创造活动的态度和行为。团队目标的认同度是指团队成员对团队所期望的成果的认可程度。高校科研团队在制定团队目标时必须符合团队当前和长远发展的要求，能够实现团队发展的共同愿景，这样能够有效整合成员个体的创造力，实现合作知识创造的协同效应。团队成员的互动程度是指团队成员相互作用、相互影响的程度。团队成员之间的频繁互动会增进彼此之间的了解，增强团队成员的归属感和认同感，减少冲突行为的发生，有利于成员之间信任关系的建立和形成团队凝聚力。团队成员之间分享最新研究成果的公开程度是指团队成员与他人共同享受和使用最新研究成果的完全不隐蔽程度。团队成员之间分享最新的研究成果的公开程度越大，团队内部知识流动的速度就越快，这样不仅使团队成员第一时间了解专业领域的研究发展动态，也使团队成员了解团队知识的分布状态，有利于开拓团队成员的思维方式，使新思想、新创意不断产生。

三是，团队制度建设情况。团队制度建设情况是指团队共同遵守的办事规程或行动准则。一个完善的和适宜的团队制度能够规范和约束团队成员的行为，使知识创造的各项活动有章可循，有利于提高知识创造的效率，形成良好的知识创造氛围。因此，本书从团队约束激励机制、团队利益分配机制、团队绩效考核机制三个方面来进行评价。团队约束激励机制是团队根据团队目标、团队成员的行为规律，通过各种方式去激发团队成员从事知识创造的动力，使团队成员有一股内在的动力和要求，不断迸发出积极性、主动性和创造性，同时规范团队成员的行为，使其向着团队所期望的目标不断前进的过程。团队利益分配机制是指团队成员作为利益主体对合作知识创造过程之中或合作知识创造结束之后所形成的利益进行分配的一整套制度或契约的安排。在高校科研团队成员间科学合理地进行利益分配，是维系团队稳定和提升团队成员积极性的重要内容，直接影响到团队成员之间的和谐关系和团队创造力的形成，有时甚至直接影响到高校科研团队能否长期存在。团队绩效考核机制是指团队在既定的团队目标下，运用特定的标准和指标，对团队成员以往的工作行为及取得的科研业绩进行评估，并运用评估的结果对成员个体将来的工作行为和科研业绩产生正面引导的过程和方法。科学合理的绩效考核机制，既有利于成员个体在公平的环境氛围下不断成长，充分发挥成员个体的聪明才智，又能够很好地对团队科研项目进行进度控制。

四是，组织支持力度。组织支持力度是指高校为科研团队提供人、财、物、政策等方面的支持从而促进和推动科研团队日常工作的程度。组织支持行为会使团队成员产生较强的责任感和义务感，并对组织产生一定的情感承诺，帮助组织来实现其目标。本书主要从高校对团队优秀人才的引进力度、高校对团队经费的投入力度、高校对团队物质资源的提供力度，以及高校对团队发展的政策保障力度四个方面来进行评价。高校对团队优秀人才的引进力度是指高校为满足科研团队从事科学研究的需要，从国内外吸收具有一定学术影响力或学术潜力的人才的程度。优秀人才能引领高校科研团队的发展，为其注入新的思想和学术理念，有利于团队发散性思维、求异性思维和灵感性思维的出现。高校对团队经费的投入力度是指高校每年为支持团队发展所提供给团队的资金程度。高校对团队物质资源的提供力度是指高校每年为支持团队发展所提供给团队的科研仪器、科技图书、期刊、网络资源数据库等的程度。一般而言，高校对团队经费、物质资源的投入力度越大，团队所获的基础资源保障就越大，团队成员的参与安全感和归属感就越强。高校对团队发展的政策保障力度是指高校为支持团队发展所提供给团队的一些好政策，从而促进团队更快、更好发展的程度。在高校政策制度的保障下，团队可以进一步规范团队成员的思想和行为，理顺团队内外部的各种关系，这对强化团队创造力的形成起到了积极的促进作用。

（二）高等学校科研团队创造力的评价方法

高校科研团队创造力所涉及的评价指标比较多，而且各个指标之间在测评方法和测评过程中存在很大的差异，因此，在实际的测评过程中，应根据实际测量需要和测量需求选择恰当的测量与评价方法。

第一，心理测验的方法。在评价指标体系中，采用心理测验法的指标主要是团队思维风格、团队创造性人格、团队创造性动机、团队创造性思维的流畅性、团队创造性思维的变通性、团队创造性思维的新颖性。由于这些指标属于心理学的范畴，所以可以通过采用心理测验的方法加以获得并予以评价。

第二，知识图谱和社会网络分析法。近 1~3 年与近 4~6 年学术成果研究主题的变化趋势和近 1~3 年与近 4~6 年学术成果合作研究的变化趋势主要是通过知识图谱和社会网络分析的方法来进行评价。科学知识图谱是显示科学知识的发展进程与结构关系的一种图形，它被尝试应用于学科结构的分析、知识领域的揭示、学科前沿的识别、检索界面的设计、学术群体的识别等方面，并取得了很好的效果。目前比较多的是以空间位置图的形式揭示该知识领域的内容单元之间比如文献之间、著者之间，或者主题概念之间的关系，借以显示知识的发展进程，为科学家和管理者提供了一个认识学科领域或某个组织知识结构发展规律的工具。社会网络分析法利用表示社会网络关系模式的数据来解释社会网络中的节点关系和个体之间的结构。

其中，前一个指标主要采用共词分析法，后一个指标主要采用作者合作网络分析法。信息计量学中的共词分析法主要是通过对一组关键词两两统计它们在一组文献中出现的次数，并以此为基础对这些关键词进行聚类分析，从而反映这些关键词之间的亲疏关系，进而分析这些关键词所代表的学科和主题的结构变化，从而发现学科的研究热点，横向和纵向分析学科领域的动态发展和静态结构。合作网络分析法是描述科研人员之间合作关系的网络，一般把每个科研人员作为网络中的一个节点，如果两个科研人员之间共同发表或出版一个科研成果（期刊、著作等），则这两个节点之间就连接一条边，以此类推，科研人员之间便形成了一个结构复杂的网络。通过对该网络的分析可以了解科研人员之间的合作关系、科研人员的产出能力、科研人员在该领域的影响力以及主要研究团体等。此外，基于不同的时间段还能分析出科研人员之间合作关系、产出能力、影响力的变化趋势。

第六章 ▶ 高等学校科研团队建设的创新实践

第一节　高等学校科研团队建设的整体思考

高校科研团队是高校创新的主力军。高校创新是国家创新体系的主要组成部分。高校培养的创新人才是整个国家创新体系的人才支撑体系。

一、高等学校科研团队建设的创新理念

（一）树立超前发展的理念

树立高校科研团队超前发展理念，就是要把高校科研团队的发展提高到科教兴国、人才强国的高度，提高到培养创新人才的高度，提高到建设创新型国家的高度，制定相应的法律法规和政策措施，加快发展速度，提升发展质量。

1. 加快发展速度

加快发展速度就是要优先保证高校科研团队的发展，以超过常规的发展速度去发展，大幅度提高发展速度。目前的高校科研团队发展是竞争性发展，是一种市场机制，这种发展对开始比较弱小而又有发展潜力的高校科研团队不利，也与高校招生的计划机制不适应。政府和高校应有超前思维，把高校招生的计划机制与科研项目的市场竞争机制有机地结合起来。在保持竞争性发展的同时，拨出一定专款作为科研均等化发展资金，让每一位高校教师都有一定的基本科研经费，这样更有利于形成高校科研团队生态系统。因为一个国家的高校科研团队系统是一个金字塔式的高校创新生态环境，顶尖素质的高层次科研团队需要大量的中层次科研团队作为支撑，而这些中层次科研团队需要更多的低层次科研团队作为支撑。只有发展数量众多的低层次高校科研团队，才能保证形成一定量的中层次高校科研团队，从而发展形成少量的高层次高校科研团队，形成合理的金字塔式高校创新生态环境。加快高校科研团队发展速度，必须确立超前发展的理念，打破发展常规，大幅度

增加专门的高校科研团队发展资金，大幅度增加国家自然科学基金、国家社会科学基金、教育部社会科学基金等科研基金，使高校科研经费超常规快速增加。

2. 提升发展质量

提升发展质量就是在加快发展速度基础上，创造有利于发展的学术环境，保障学术自由，大幅度提升高校科研团队发展质量。高校科研团队不但要加强团队内部交流，还要加强团队外部交流。此外，建设世界一流大学，需要世界一流的高校科研团队。发展不仅是数量的增长，更是质量的提高。提升发展质量是高校科研团队建设的内在要求。

（二）树立规范管理的理念

树立规范管理的理念就是要对高校科研团队及其相关事务进行规范管理，以保障高校科研团队健康发展。对高校科研团队进行规范管理要符合依法治国和依法行政的要求，在保障和服务学术自由的前提下进行规范管理。

1. 积极完善管理依据

科学研究是宪法赋予的权利，依法管理是科研机构的基本职责。科学研究是一项公益性事业，保障科学研究权利，国家必须加大科研投入。规范管理不仅仅是对科研团队进行规范管理，更重要的是对科研投入、科研管理机构进行规范管理，以确保科研团队工作的顺利进行。规范管理首先要从法律上进行规范，如《中华人民共和国科学技术进步法》对加强科技管理提供了法律依据，但是该法专门针对高校科研的规定很少，没有关于高校科研团队和产学研一体化以及高校科研与研究生教育一体化的专门规定，对科研项目的规定也过于抽象。树立规范管理的理念，就是要加强管理，把科研团队管理纳入法制轨道。

2. 科学实施规范管理

在完善《中华人民共和国科学技术进步法》后，中华人民共和国教育部、中华人民共和国科学技术部等有关部门，应进一步制定高校科研团队的有关政策和制度，完善科研项目的有关规定，积极实施高校科研团队规范管理，以保障高校科研团队的快速健康发展。积极实施高校科研团队规范管理，政府和高校科研管理机构首先要规范自身管理行为，依法保障科研经费投入，规范科研经费的使用和管理，避免投入和使用的随意性；在高校科研团队申报、评审、运行、结项等过程中，遵守科研规范，依法进行管理，搞好科研服务，保障公平竞争，维护竞争秩序。同时，根据《中华人民共和国科学技术进步法》等法律法规，完善各项科研管理制度，包括高校科研项目的申报、评审、运行、结项制度；高校产学研一体化制度；高校科研、教学和学习一体化制度；高校创新教育制度；高校科研与研究生教育一体化制度；高校科技成果转化制度；高校科研团队内部管理制度；高校学术不端及其调查处理制度等。管理机构积极实施高校科研团队规范管理，要把规范管理和优化服务有机结合起来，既要创造宽松的学术自由环境，又要加强团队管理研究，解决学术失范问题，遏制学术不端行为。

（三）树立全面创新的理念

树立全面创新的理念，就是要全面思考高校科研团队在提升高校创新能力过程中的作用，系统谋划高校科研团队建设，用全面创新的理念实现高校科研团队建设多元化，把高校科研团队看作一个系统来建设。

1. 实现高校科研团队建设的多元化

创新与高校创新都是多方面的，建设创新型国家也具有多方面的内容，科技创新只是其中的一个重要组成部分。与此相对应，高校科研团队也不仅仅是科技方面的科研团队。树立多元创新的理念，就是要求政府和高校在重视高校科技科研团队建设的同时，重视高校人文科研团队建设；在重视科技创新的同时，重视人文创新，特别是要重视管理创新、制度创新和政策创新；在重视科研创新的同时，重视培养创新人才等，兼顾多方面的创新。因此，应坚持全面创新的理念，具体如下：

（1）发展高校科技科研团队，提升高校科技创新能力的同时，加强高校人文科研团队建设，提升高校人文创新能力。在当前重理轻文的环境下，人文创新显得更为重要。人文创新包括人文理念创新、管理创新、政策创新、制度创新等。

（2）发挥高校多学科优势，建立跨学科科研团队，特别是文理综合创新团队。建议相关部门可以拨出专款，授权教育部组建文理综合创新团队，对改革开放和社会发展中出现的诸如教育、医疗、住房、分配、环境等重大社会问题，发挥高校多学科优势，汇集科技创新人才和人文创新人才集体智慧，集中力量进行攻关，研究可行性、创新性方案，以解决这些重大社会问题。

（3）建立高校科研、教学和学习一体化科研团队，在产出科研成果的同时培养创新人才。改革现有的高校科研制度和教学制度，建立高校科研、教学和学习一体化制度，特别是要建立和完善科研与研究生培养一体化制度，为建设创新型国家培养更多的创新型人才。

（4）科研经费分配要兼顾公平与效率，加大青年项目的支持力度，加强职业技术学院和二本、三本高校的科研支持力度，加强对中西部落后地区高校的科研支持力度，避免经费过度集中在少数权威、重点高校手中。

2. 将高校科研团队看作一个系统

高等教育系统本身是一个复杂的综合性系统，这个系统与建设创新型国家密切相关，是国家创新体系的重要组成部分，高校科研团队系统是高等教育系统的一个子系统。树立全面创新理念，就是要把高校科研团队当作一个系统来建设，运用系统科学的理论来思考高校科研团队建设。任何系统都不是孤立存在的，系统内外之间互相联系、互相影响和互相制约。国家创新体系是社会系统的一个组成部分，国家创新体系与社会系统的其他部分往往是互相联系和互相影响的。同时，国家创新体系又可以分为一些子系统，包括企业、科研院所和高校创新体系等。

随着国家创新体系的不断发展，高校作为一个子系统起着越来越重要的作用，而高校科研团队作为高校创新的主力军无疑也越来越重要。就高校创新而言，根据系统科学的观点，高等教育系统是整个国家创新体系的一个重要组成部分，而高校科研团队系统又是高等教育系统的一个重要组成部分。国家创新体系、高等教育系统以及高校科研团队系统三者之间互相联系、互相影响，存在着大量的能量、信息交换。因此，高校科研团队建设不仅要紧密联系高等教育系统，而且要考虑它与整个国家创新体系的联系，把高校科研团队系统与其他相关创新系统结合起来研究。同时，由于高校科研团队本身是一个系统，这个系统是一个金字塔式的高校创新生态系统。在发展高校科研团队时，要有全面系统意识，既要发展高校科技科研团队，又要发展高校人文科研团队；既要发展高层次的高校科研团队，又要发展中层次高校科研团队，还要培育低层次的高校科研团队；既要在科研经费上向重点大学、研究型大学倾斜，又要给予各级各类高校一定的均等化科研支持；既要支持东部地区高校科研团队发展，也要支持中西部地区高校科研团队发展；既要规范高校科研团队的科研行为，又要规范相关管理部门的科研管理行为。把高校科研团队看作一个系统，需要教育行政部门牵头成立以专家为主体的高校创新战略推进委员会，全面系统考虑高校科研团队建设问题，建立高校科研团队金字塔生态发展系统，推进高校科研团队系统科学发展，不断提升高校创新能力。

二、高等学校科研团队建设的改革体制

改革体制就是要克服现有体制中的弊端，建立适合于高校科研团队发展的各种制度与政策，以增强高校科研团队内部活力，提高高校科研团队学术产出，造就高校科研团队领军人才，使管理体制、激励体制和人才体制适应高校科研团队建设的需要。

（一）改革管理体制以增强内部活力

高校科研制度安排缺乏灵活性，科研运行机制缺乏有效性，是高校科研团队内部活力不足的主要原因之一。改革管理体制是增强高校科研团队内部活力的重要对策。

1. 加强高校科研团队内部管理活力

改革传统管理体制，实行高校科研团队目标管理，是增强高校科研团队内部管理活力的有效措施。实行目标管理不是政府和高校给科研团队确定目标，也不是科研团队给团队成员规定目标，而是要加强沟通与协商，增强目标的引导性、自主性。要把提高团队内部管理水平和完成科研目标结合起来，把科研团队围绕整体目标进行集体攻关和给予团队成员自由研究有机结合起来，以增强团队目标管理活力和成员个性管理活力。

（1）增强团队目标管理活力。增强团队目标管理活力不是鼓励高校科研团队随时改变科研目标，而且要围绕科研目标增强管理活力，更有效地实现科研目标。目标管理是通过组织中的上下级一起协商，根据组织的使命和宗旨确定一定时期内的组织总目标，由上下级共同决定上下级的责任和分目标，并把这些目标作为组织经营与管理的依据，作为评估与奖励每个单位和个人贡献的标准。目标管理是以 Y 理论为指导思想，即认为在目标明确的条件下，组织成员能够对自己负责。高校科研团队引入目标管理，更有利于增强科研团队内部管理活力。高校科研团队目标管理与传统的管理方式相比有以下鲜明特点：

第一，重视人的因素。高校科研团队目标管理是一种参与的、民主的、自我控制的管理，能够把政府和高校对科研团队的管理目标、团队组织目标与团队成员个人需求有效地结合起来。在这一制度下，科研管理者、团队带头人与团队成员的关系是平等、尊重、依赖、支持，团队成员在承诺科研目标后是一种学术自觉、学术自主的研究活动，科研团队的管理实际上是学术自治式的管理。

第二，建立目标体系。高校科研团队的目标管理是通过专门设计的过程，可以将高校的科研总目标分解为各科研团队的目标，将团队目标逐级分解，转化为团队小组或成员的分目标。科研目标的分解过程就是权、责、利的明确过程，且每个人的权、责、利相互对称。目标分解后，形成方向一致、环环相扣、相互配合、协调统一的科研目标体系。在团队内部，只有每个团队成员完成了自己的分目标，团队总体目标才有完成的希望。

第三，重视科研成果。高校科研团队目标管理以科研目标的确定为起点，以科研目标的完成为终结。科研成果作为评定科研目标完成程度的标准，既是评价科研管理工作绩效的重要标志，也是考核与评价科研团队及其成员的重要依据。实行高校科研团队目标管理，科研管理机构和团队负责人主要控制科研目标，对完成科研目标的具体过程、途径和方法不过多干预，这完全符合学术自由的原则。因此，"实行高校科研团队目标管理，科研监督的成分很少，但控制目标实现的能力很强，能有效地把加强科研管理与尊重学术自由结合起来"①。

（2）增强成员个性管理活力。高校科研团队成员在知识和能力上优势互补，是科研团队的一个重要特征。不同的团队成员，其知识和能力不同。增强高校科研团队内部管理活力，需要增强团队成员个性管理活力，即在高校科研团队目标管理过程中，以人为本，尊重成员个性，做到扬长避短、因人适用，用人所长、因才适用。此外，在团队科研任务分工中充分考虑到团队成员的意愿和特点，尽可能使科研任务与该成员的特点、特长相一致，使其科研工作得心应手，以调动科研积极性。对科研团队的每个成员，使用时先要了解其特长，观察其个性，根据不同特长、不同性格考虑分配不同的任务，对性格内向的成员可分配理论性研究比较强的任务，这种研究主要是查资料、进行理论思考；对性格外向的成员可分配实证性研究比较强的任务，这种研究需要外出调查、取得实际资料。另外，如果科研团队内部分成若干小组，分组时，适当考虑到年龄上搭配、性格上互补，既可取得良好的合作效果，也有利于青年人才的成长。

2. 提升高校科研团队内部组织活力

高校科研团队也是一种组织形式，这种组织形式与高校的学科组织以及科研、人事等职能部门密切相关。团队组织既有自己独特的组织个性，也有一般组织形式的特点。改革管理体制，增强高校科研团队内部组织活力，主要包括两个方面：

（1）增强团队内部学科组织活力。增强团队内部学科组织活力，需要针对学科划分过细、门户观念过重导致的力量分散等问题，优化学科组织结构，活化用人机制，促进学科交叉。对不同的高校科研团队，管理方法应有所不同。高校科研团队有单学科科研团队与跨学科科研团队。对单学科科研团队，其内部管理相对而言比较单纯，但也要打破专业界限，发挥专业优势，促进跨专业合作，以提高学科整体实力，发展高水平科研团队。对跨学科科研团队，要打破学科分割，整合优势资源，促进跨学科合作。要打破传统的学科组织结构，使之与科研团队综合研究任务及科研团队对资源共享的要求相适应；要按照学术组织的基本特点，赋予跨学科科研团队在学科建设、资源共享等方面的特殊权力与职能，尽可能消除学科组织已经形成的组织障碍。鼓励组建跨学科科研团队，充分发挥跨学科科

---

① 张茂林. 创新背景下的高校科研团队建设研究 [M]. 北京：中国社会科学出版社，2014：183.

研团队的作用。对比较大的跨学科高校科研团队，可借鉴美国高校独立研究机构的建设经验，组建类似 Bio-X 团队的跨学科研究中心，以非常灵活的方式组织跨学科科研团队成员，建立矩阵结构组织进行科研团队内部管理，以增强跨学科团队内部组织活力。

（2）增强团队内部人事组织活力。增强团队内部人事组织活力与打破学科分割紧密相连，需要突破单位所有制，整合跨学科优势资源，促进跨学科、跨单位合作，鼓励跨学科、跨单位组建科研团队。高校要打破人事分割现状，提升科研团队内部组织协调能力，根据科研团队组建情况，赋予科研团队负责人部分人事权，包括从校内外灵活选择科研团队成员，实行科研团队成员"能进能出"，使受聘的能进来，落聘的能出去，不断增强科研团队的环境适应能力和快速反应能力。高校科研团队成员往往是一种高素质人才，在市场上的流动是一种自主程度比较高的流动，主要表现为高校科研人员相对稀缺、流动自主、流向明显和人才共享四个方面。

第一，相对稀缺。高校科研人员虽然总体数量多，但是由于高校学科专业以及专业方向繁多，这些人员分配到每个学科专业就显得比较少，分配到每个专业方向就更少了，相对表现为稀缺性。高校科研团队成员往往是高校科研骨干，属稀缺资源。这些成员一般要经过长时间的锻炼成长，有一个不断学习与实践的过程，往往需要更多的投入才能脱颖而出，才能成为高校教学科研人员中的先锋，成为全社会人力资源中争夺最激烈的部分，导致流动性增大。

第二，流动自主。高校科研团队成员的流动，大多数是主动和自觉流动，而不是被动和盲目的流动。人力资源价值的实现和增值，往往要通过人力资源的流动来实现。人才流动总是受经济利益、社会地位和生存环境等利益机制的驱动。人才向往着更好的发展机会、更好的工作环境和更好的物质待遇是人之常情，高校科研团队成员也不例外。高校科研人员依靠自身人力资本丰厚的储备，具有很大的优势和较强的竞争力，也就有较成熟的条件来追求更好的发展空间，满足自己的需求。如果遇到不公或不利于自身发展时，他们就会选择流动。高校科研团队成员在流动过程中，不但具有被选择性，更重要的是这种高流动性主要表现为具有更强的自主选择性。

第三，流动方向。流动方向即高校科研团队成员朝着哪个方向流动。一般而言，高校科研团队成员的流动方向是从低收入高校流向高收入高校、从低层次高校流向高层次高校、从地方高校流向部属高校、从西部高校流向中东部高校、从中小城市高校流向大城市高校等。当然，也不排除中小城市高校、西部地区等高校出台优惠政策，导致反向流动的情况。

第四，人才共享。高校科研团队成员流动的本质也在于人才的可共享性，一个高校科研团队成员特别是高校教师的知识、技能、能力、体力可以被多家单位共有和重复使用，而且目前许多单位在吸引人才时，也都相应建立对高校人力资源"不求所有，但求所用"的新人才观。高校人力资源的共享方式越来越多样，使用方式越来越灵活，出现了特聘教授、兼职教授和讲座教授等多种运用方式。因此，增强团队内部人事组织活力既符合高校科研团队的发展要求，也是增强团队内部人事组织活力的需要。

3. 强化高校科研团队内部文化活力

文化对体制具有无形的作用，重视高校科研团队文化特别是学术文化建设，促使高校科研团队形成和谐宽松、合作互助、共同学习、互相激励的文化氛围，促使团队成员形成学术交流、资源共享的习惯，不断增强高校科研团队的文化凝聚力，巩固管理体制改革成果。

（1）增强团队内部学术文化活力。高校科研团队是以学术创新为目的的团队，团队内部学术文化应当是一种学术自由文化和学术创新文化。增强团队内部学术文化活力就是要增强团队内部学术自由文化活力和学术创新文化活力。高校科研团队文化是团队在形成与发展过程中，由各种学术要素组成的复杂体系，各要素在结构上互相联结，在功能上互相依存，共同发挥着团队整合和团队导向的功能。每个团队都有与其相适应的团队文化，并表现出一定的文化活力。任何团队文化活力都是文化各个要素在相互作用中发挥的有利于该团队发展的多种功能的有机综合，是团队文化生命力、凝聚力和创造力的统一。高校科研团队文化生命力是高校科研团队作为一个文化有机生命体所表现出来的生命力。高校科研团队文化凝聚力是指团队内部各成员因共同学术利益和价值目标结合为一个有机整体的某种聚合力。文化凝聚力是文化作为一个"吸引力"，成为人们聚合的力量，这种力量源自人们共同的学术文化认同。高校科研团队文化创造力，是指团队产生新思想，发现和创造新事物的能力，是指通过本科研团队与其他团队文化的融会贯通，从而产生新思想，发现和创造新事物的能力。激发高校科研团队的学术文化活力，要建设科研团队核心价值体系，明确一定时期内的科研创新目标，同时又要兼容并包，允许不同思想的存在，坚持学术自由的原则；正确对待科研团队内部文化和外来文化的关系，注意吸收外部优秀文化，增强团队内部生命力、凝聚力和创造力；充分发挥科研团队每个成员在团队文化建设中的主体作用，激发每个成员的创造活力和创造热情，在完成科研团队任务的同时，不断提高团队成员创新素质，不断推进团队学术文化创新。

（2）增强团队内部合作文化活力。高校科研团队内部合作文化活力是内部文化活力的另一个重要方面。高校科研团队具有学习与创新并轨的特点，加强合作才能增强学习能力和创新能力。增强团队内部合作文化活力，一方面，要增强团队成员合作理念。高校科研团队成员加强合作是科研团队发展成为卓越团队的必要条件。对研究中遇到的问题，科研团队要组织公开讨论，进行思想碰撞与学术交流。在团队内部要打破过强的自我防卫意识，充分发挥团队集体智慧，对团队中权威成员的观点，团队其他成员要敢于提出反对建议；同时，团队中权威成员要能听得进不同的意见，鼓励年轻成员提出不同于自己的学术观点。这是增强科研团队成员凝聚力的必要条件。另一方面，尽可能减少甚至消除团队内耗。只有在增强科研团队成员合作理念的基础上，在科研团队内部加强沟通与交流，增强成员之间的信任感，才能减少甚至消除团队内耗，增强团队的学术文化活力，提高团队的科研绩效。

（二）改革激励体制以提高学术产出

改革开放 40 多年以来，我国高校科研团队得到很大发展，但是，由于激励体制等原因，高校科研团队学术产出还是不高，与西方发达国家相比，还有比较大的差距。因此，改革激励体制，不断激励高校科研团队勇于创新，是加强高校科研团队建设，提高其学术产出的必由之路。

1. 建立科研团队奖励制度

建立科研团队奖励制度，是激励高校科研团队提高学术产出的重要措施。针对我国科研奖励制度存在严重的缺陷，建议中央和地方政府在一年一度的国家和地方科学技术奖励大会上定期命名表彰一批国家级科研团队和地方科研团队，对学术产出特别高、取得重大创新成果的创新团队实行重奖。

（1）中央政府建立科研团队奖励制度。在大科学时代，科技创新更需要团队合作，因此，中央政府要加大对科研团队的奖励力度，改变过去对个人奖励的做法，重视对科研团队进行表彰奖励，且今后的国家奖励要以奖励科研团队为主。建议在一年一度的国家科学技术奖励大会上，定期命名表彰一批"国家科研团队最高奖""国家优秀科研团队奖"等，对学术产出特别高、取得重大创新成果的科研团队实行重奖。也可以对创新团队单独设立奖项，给予表彰奖励。同时，中央政府有关部门也可以建立科研团队奖励制度，教育部应当专门针对高校科研团队建立奖励制度，以表彰优秀的高校科研团队。

（2）地方政府建立科研团队奖励制度。与此同时，地方政府特别是省级政府要加大对科研团队的奖励力度，重视对高校特别是地方高校科研团队进行表彰奖励，且今后的地方奖励也要以奖励科研团队为主。在一年一度的各省市科学技术奖励大会上，定期命名表彰一批"省级科研团队最高奖""省级优秀科研团队奖"等，对在本省市范围内学术产出特别高、取得重大创新成果的科研团队实行重奖。地方政府也可以对地方创新团队单独设立奖项，给予表彰奖励。同时，地方政府有关部门也可以建立科研团队奖励制度，地方教育行政部门特别是省教育厅应当专门针对高校科研团队建立奖励制度，以表彰优秀的高校科研团队。

2. 给予科研团队优先支持

为高校科研团队创造良好条件也是重要的激励措施。根据高校科研团队的依托资源不同，可以把高校科研团队分为依托基层组织的高校科研团队、依托研究平台的高校科研团队和依托研究项目的高校科研团队。给予高校科研团队优先支持，就是要对其依托资源给予优先支持。

（1）在基层组织建设方面优先支持。依托基层组织的高校科研团队是指高校科研人员依托基层组织，如教研室、研究所等高校基层学术组织组成的高校科研团队。政府和高校要把科研团队与重点学科建设有机结合起来，把科研团队的学术产出作为重点学科建设的一个重要条件。要对基层学术组织建设给予优先支持，一方面，政府在高校基层学术组织建设方面要给予政策支持；另一方面，为了支持这种高校科研团队的建设与发展，高校要加强自身基层组织建设，为高校科研团队提供良好的组织空间。同时给予教研室、研究所等高校基层学术组织一定的学术管理权、财务支配权和人事管理权，为基层学术组织创造良好的科研条件，为培育和发展高校科研团队创造基础条件。

（2）在研究平台搭建方面优先支持。依托研究平台的高校科研团队是指高校科研人员依托研究平台，如研究中心、实验室等高校学术研究平台而组成的高校科研团队。在研究平台搭建方面优先支持，一方面，政府要把科研团队学术产出作为国家重点实验室评审、国家和省部级研究中心认定的重要条件，促使科研团队不断提高学术产出。同时，政府及有关部门要有更多的高校研究平台建设计划，为高校研究平台建设提供资金保障。另一方面，高校要改善自身的研究平台建设条件，引进优秀人才，为研究平台提供人才支撑，依托平台组建与发展优秀科研团队，保障研究平台在建设创新型国家过程中充分发挥作用。

（3）在研究项目资助方面优先支持。依托研究项目的高校科研团队是指高校科研人员依托研究项目，如基金项目、委托项目等各类项目而组成的高校科研团队。项目计划与科研课题是高校科研团队的主要依托资源。政府和高校都应当出台政策，优先支持高校科研团队承担国家和省部级重大科技攻关项目，优先给予项目计划与科研课题资助，优先推荐科研团队学术产出高的骨干人才参评国家科学技术奖、有突出贡献的中青年专家和劳动模范等。把科研团队的学术产出作为以后科研立项、项目评估的重要条件，促使科研团队不断提高学术产出。

3. 完善科研团队优惠政策

建立有利于高校科研团队提高学术产出的配套政策，包括知识产权保护政策、财政税收优惠政策、政府采购优先政策等，以充分调动高校科研团队不断提高学术产出的积极性。

（1）完善知识产权保护政策。高校科研团队的创新成果是知识产权的重要来源，政府要健全知识产权保护体系，加大知识产权的保护力度，营造尊重和保护知识产权的法治环境。政府和高校都要加强从事知识产权保护和管理工作的力量，改革高校知识产权保护体制，切实保障高校科研团队成员的知识产权权益。国家科技计划和各类创新基金等对高校科研团队所支持的项目，在国外取得自主知识产权的相关费用应给予适当财政补贴。完善科技成果转化政策，高校应对高校科研团队的科技创新成果完成人和在科技成果转化中作出突出贡献的人员，依法给予相应报酬。政府有关部门组织应建立专门委员会，对涉及国家利益并具有重要自主知识产权的企业并购、技术出口等活动进行监督或调查，避免自主知识产权流失和危害国家安全。鼓励运用高校科研团队知识产权的企业除依法支付报酬外，给予科研团队一定的奖励、股权或期权等，充分调动科研团队不断提高学术产出的积极性。

（2）调整财政税收优惠政策。财政税收优惠政策对科研创新有着直接而关键的作用。具体而言，一方面，通过各种措施加大政府对 R&D 活动的支持，如通过提高 R&D 经费水平促进国家整体科技实力，支持高校等机构加强科研团队建设；另一方面，通过税收政策激励科技投入，即政府将应收的税款让渡给企业用于科技开发，调动企业科技创新的积极性，为高校科研团队创新成果提供良好的转化渠道。对加强高校科研团队建设而言，财政税收优惠政策主要涉及大幅度增加高校科研团队投入，确保财政投入的稳定增长，切实保障重大专项的顺利实施，优化财政科技投入结构，创新财政科技投入管理机制；加大对企业自主创新投入的所得税前抵扣力度，允许企业加速研究开发仪器设备折旧，完善促进高新技术企业发展的税收政策，支持企业加强自主创新能力建设，完善促进转制科研机构发展的税收政策，支持创业风险投资企业的发展，扶持科技中介服务机构等，以此促使企业购买高校科研团队的创新成果，推动高校科研团队创新成果产业化。

（3）健全政府采购优先政策。当高校科研团队的创新成果产业化时，需要政府采购优先政策给予支持。政府采购优先政策是指政府对创新产品给予采购优先的一系列政策，以保护本国的自主创新产品。政府采购优先政策主要包括以下方面：

第一，完善财政性资金采购自主创新产品制度。完善自主创新产品认证制度、认定标准和评价体系等。

第二，改进政府采购评审方法，给予自主创新产品优先待遇。政府采购评审应当优先考虑自主创新因素。在满足采购需求的条件下，在以价格为主的招标项目评标中优先采购自主创新产品。当自主创新产品价格高于一般产品价格时，要根据科技含量和市场竞争程度等各种因素，给予自主创新产品一定幅度的价格扣除优惠。

第三，健全激励自主创新的政府首购和订购制度。如高校科研团队发的试制品和首次投向市场的产品，符合先进技术发展方向和国民经济发展要求的，具有较大市场潜力需要重点扶持的，经有关部门认定，实行政府首购，由采购人直接购买或政府出资购买。

（4）完善人才引进灵活政策。对高校科研团队的人才引进，政府和高校要给予灵活政策，鼓励科研团队积极引进海内外优秀人才。完善吸引优秀留学人才和海外科技人才来华工作、回国服务优惠政策，结合国家自主创新战略、重大科技专项和重点创新项目等创新政策，应采取科研团队引进、核心人才带动等多种方式引进海外优秀人才。政府要放宽外籍杰出科技人才申请来华工作许可、在华永久居留的条件，鼓励其在高校工作，在其居留证件有效期内可办理多次入境有效签证。制定保障具有永久居留资格的在华外籍高层次人才合法权益保障法规。妥善解决引进优秀人才的配偶就业、子女上学等问题。对海外高层次留学人才回国工作，可以不受高校用人单位编制、增人指标、工资总额和出国前户籍所在地限制。同时，要改革和完善人事制度，给予高校科研团队一定的人事自主权、工资分配权、自主聘用权，实行固定岗位与流动岗位相结合，人员使用与科研项目相结合等制度。除涉密岗位外，可推行高校科研团队负责人和关键岗位面向国内外公开招聘，完善以岗位工资、绩效工资为主要的收入分配制度。

（5）建立产学研一体化政策。借鉴西方发达国家经验，建立产学研一体化政策，用科研政策将企业、高校、科研机构结合成一个有机整体，是激励高校科研团队创新的重要政策。除了企业、高校、科研机构合作，政府相关政策配合外，与产学研直接相关的法律法规和财政支持，是推动产学研一体化的关键。

三、高等学校科研团队建设的增加投入

要扩大高校科研团队总体规模，必须加大高校科研团队经费投入。没有经费投入增

长，扩大规模就是空谈。建议政府和高校在近 5 年内的科研团队财政经费投入上增长速度年均至少为 20%。要确立超前发展战略，树立高校科研团队特别是创新团队的经费投入是建设创新型国家的一种战略投资理念，确保各级政府创新团队财政经费投入增长速度不低于同级财政科研经费的增长速度，各级政府财政科研经费投入的增长速度不低于同级财政经常性收入的增长速度；高校自身创新团队经费投入的增长速度不低于高校自身科研经费的增长速度，高校自身科研经费投入的增长速度不低于高校自身经常性收入的增长速度。完善以各级政府和主管部门为主、科研团队所在单位为辅、社会化多渠道的投入机制，对科研团队特别是创新团队承担的科研课题、重大项目和创新平台建设在经费安排上实行重点倾斜；中央财政应通过基金委、教育部等多种途径给予高校等研发单位在人才培养、引进、项目研发等方面连续稳定的资助；地方政府特别是省级政府也要加大财政投入力度，逐步形成在基础研究方面以政府投入为导向，在开发研究方面以市场投入为导向，在应用研究方面以混合投入为导向的科研团队建设经费投资回报机制，促进经费投入与创新回报步入良性循环。

四、高等学校科研团队建设的完善评估

完善评估是促进高校科研团队创新的重要手段。虽然对不同科研团队很难用统一的评估标准进行评估，但在建立长效的评估机制、设计合理的评估指标两个方面具有共同性。

（一）建立长效的评估机制

科学研究需要尊重科学研究规律，注重长期效益，应延长评估时间，反对急功近利，因此，建立长效评估机制是建立科学合理的高校科研团队评估体系的必然要求和基本前提。

1. 尊重科学研究规律

建立科学的高校科研团队评估体系必须尊重科学研究规律。高校科研团队的主要使命就是进行科学知识的生产，并且科学知识的生产也是评估科研团队的绩效的基本依据。当代科学知识的生产呈现出许多新的特征，生产的过程与规律也在发展变化。对高校科研团队而言，要提高科研绩效，就必然要探索和遵循当代科学知识生产的规律和规则。当代科学知识社会学认为，科学知识是社会建构的，是研究者在一定的社会关系网相互商谈的结果。在这一网络中，同行研究者之间也结成了一种商谈关系。通过商谈后，他们往往会达成一致意见，采用某种强制性的方案与框架，排除各种背景干扰，最后写成论文发表，并

以此来劝服他人相信他们说的是正确的、重要的，也是有事实依据的。论文发表是科学知识生产的主要表现形式。科学世界是一个凭论文说话的世界。在科学知识的生产过程中，研究者也会通过某种方式发生联系。一种最为常见也是最为主要的联系方式是论文的引证联系。一篇科学论文常常要引用大量的文献，论文的被引频次也是文献计量学中的一个重要的指标，常用来证明一篇科学论文水平的高低，而一个机构发表的科学论文的总被引次数也能够在一定程度上表明其科研实力与水平高低。研究者在撰写科学论文时，经常要通过引证，特别是对权威性文献的引证来层层布防，使论文变得坚不可摧。这样一来，引证已经变成了一项技术化的工作。通过引用工作，研究者寻找到一个支持者和盟友集团，并且通过相互印证，支持者与盟友集团还可能进一步地扩展，变得更加强大。研究者通过研究得出了某项成果，在经过确证并成为核心知识之前，必须通过交流与评价网络的漫长检验。对高校科研团队而言，只有掌握当代科学知识运作规则，遵循科学知识生产规律，才有可能提高科学知识生产效率，进而提高科研团队的工作绩效。因此，对高校科研团队进行评估，必须尊重科学研究规律，建立长效评估机制。

2. 确定合理评估时间

高校科研团队的创新成果，在经过确证并成为核心知识之前，必须通过交流与评价网络的漫长检验。所以，对高校科研团队进行评估也必须改变目前存在的重短期轻长期问题，适当延长评估时间。

（1）改变目前一年考核一次的方法，可以考虑两年甚至更长时间的考核周期，特别是对一些基础性自然科学研究和一些重大科研项目，更要延长评估时间，以便高校科研团队及其成员潜心研究。

（2）把事前评审和事后评估结合起来。目前，各级政府项目存在的另一个突出问题是重事前评审、轻事后评估，这是政府实施的科技或人才项目的一个共性问题，也是我国R&D经费投资效益不高的一个重要原因。建议在高校科研团队项目实施中，把事前评审和事后评估结合起来，特别要加强对团队支持期满的绩效评估，这样既可以提高科研经费的使用效益，也有助于评价科研团队运行发展与目标完成情况，为后期的跟踪管理奠定基础。对科研效益明显、创新成绩突出的科研团队，可以采取滚动投入方式加以稳定支持，使他们能在宽松的环境下提高持续创新的能力；对团队效果不明显甚至根本没有进行实质性团队工作的，则进行淘汰或相应处理。

（3）把期间评估和累计评估结合起来。所谓期间评估就是阶段性评估，所谓累计评估就是到目前为止对该团队（所有成员）取得的所有成果逐年累计，进行总体评估。如此评估可以不以某一阶段成果论成败，而是看科研团队累积的长期成果，有利于科研团队潜心进行长期研究，取得重大科研成果。

（二）设计合理的评估指标

设计合理的评估指标，就是依据科学的方法，综合考虑高校科研团队在科研过程中取得的所有成果，包括团队投入、团队产出、团队效益等评估指标，全面合理评估团队绩效。

合理设计科研团队评估指标体系可以从三个方面考虑：一是借鉴西方发达国家的经验，建立科学合理的科研团队评估指标体系，推进个体科研评估和科研团队评估规范化和法制化。二是成立国家科研评估专题研究课题组，专门对个体科研评估与科研团队评估进行研究，设计出科学合理的个体科研评估指标体系与科研团队评估指标体系。三是加强科研评估立法，借鉴发达国家对科研评估的立法经验，修改科技进步法，在其中设立专门章节，或者制定专门的科研评估法，详细规范科研评估行为。

设计合理的评估指标，首先要正确处理全面评估与重点评估关系。全面评估是科学合理评估的前提，由于评估科研绩效具有复杂性、专业性等特点，过于简单的指标很难精确评估科研团队的创新成果，但指标过于复杂，评估成本又很高。因此，正确处理全面评估与重点评估的关系，就是要在尽可能简化评估指标体系的情况下，全面评估高校科研团队绩效。其一，评价内容要全面考虑。评估高校科研团队绩效，不仅要评估科研团队的研究水平和科研成果，而且要评估高校科研管理机构甚至政府科研管理机构的科研管理水平和管理效果。其二，指标设计要抓住重点。全面考虑评价内容不等于胡子眉毛一把抓，在进行指标设计时要抓住重点内容，把团队投入、团队产出、团队效益等作为评估指标的主要内容。其三，指标体系要综合平衡。确定高校科研团队评估指标体系时，要综合考虑各种因素，重视整体评估、质量评估、运行评估、长期评估，把个体评估与整体评估、数量评估与质量评估、产出评估与运行评估、短期评估与长期评估结合起来。此外，还要把统一评估与分类评估结合起来。

第二节　高等学校科研创新团队及其建设路径

科研创新团队是以科学技术研究与开发为内容，以科研创新为目的，由为数不多的专业技能互补，致力于共同的科研目标，并且拥有团队精神的科研人员组成的创新群体。科研创新团队的组建是学校为了培育和发展科学研究领域的新兴学科、交叉学科，吸引人才，凝聚优秀的创新群体，培养高校科技队伍的创新能力，培养科研工作的核心竞争能力为最终目的而组建的团队。

一、高等学校科研创新团队的基本条件

高等学校科研创新团队主要有以下基本条件：

第一，创新团队的研究方向属于国家和教育部中长期科学和技术发展规划的重点领域或国际重大科技前沿热点问题。

第二，创新团队一般应以国家实验室或近 5 年内经过国家评估且结果为优良的国家重点实验室（国防科技重点实验室）、教育部重点实验室以及业绩优秀的国家或教育部工程化基地和国家重点学科为依托，承担国家重大科技任务，具备良好的工作氛围和环境条件，团队带头人及成员有充分的时间和精力从事本计划资助的研究工作。

第三，创新团队带头人应具有高深的学术造诣和创新性学术思想，品德高尚，治学严谨，具有较好的组织协调能力和合作精神，在研究群体中有较强的凝聚作用，一般应为在本校科研教学第一线全职工作的两院院士、国家杰出青年科学基金获得者等中青年专家。

第四，创新团队的学术水平在高等学校同行中应具有明显优势，研究工作已取得突出成绩，或具有明显的创新潜力。

第五，创新团队应是在长期合作基础上形成的研究集体（10 人以上），具有相对集中的研究方向和共同研究的科技问题，以及合理的专业结构和年龄结构。

二、高等学校科研创新团队的本质特征

高校原本是传授知识的地方，但由于高校具有人才济济，知识厚重的特点，人才聚集必然发生学术交流和思想碰撞，知识厚重必然有利于新知识的酝酿、发芽，加之青年学生的朝气和锐气，使高校成为知识创新和技术创新的重镇。高校的科研既是培养人才过程中的创新，也是在创新过程中的人才培养。高校的创新可以通过个人发表论文和著书的方式进行，但现代社会和科技的复杂性，都使得随意的、分散的、单一的个体研究，远不能适应高校新时期发展需求，只有有效地组织成科研团队才能承担和引导跨学科、跨校际的中大型规模研究。高校科研创新团队是高校集中优势人力资源进行科研突破，以知识创新和技术创新成果促进人才培养，争取社会资源的途径，也是高校回报社会的方式之一。创新团队应该具有如下基本特征：

（一） 以创新为主要目标的特征

创新团队必须瞄准国际重大科学前沿问题的高水准战略目标和明确的中长期发展目标。创新团队的学科发展方向必须是学校确定的重大创新方向，是学校优先急需发展的、目前国际科学前沿的热点问题。知识创新包括科学发现和技术发明，需要有物资设备和资金为基础。

第一，具有学科基础设施齐备的高水平研究基地。创新团队必须以具备良好工作基础和实验条件的国家级、省级重点实验室或研究所等科研基地为依托。这些依托单位已凝聚了一批国内优秀的科学家，开展了平等互利的国际科技交流合作，其研究工作已取得突出成绩，在同领域中处于领先地位，并具有明显的创新潜力。

第二，有充足的经费投入和支持。充足的经费支持是创新团队健康发展的条件保障。由于创新团队是根据战略发展需求自上而下部署组建的，这就决定了创新团队的建设是与重大项目和任务紧密结合的，是与学校科技布局调整紧密结合的，是与拔尖人才的吸引和培养紧密结合的，因此创新团队具有人才专项、创新项目、装备建设及结构性调整等经费的成组配套的支持。

（二） 注重创新人才的团队效应

高校科研创新团队具有优秀的研究梯队，具体如下：

第一梯队——学科领军人物。他们不仅自己学术造诣深。而且具有远见卓识，能引领学科发展方向。他们能够充分考虑学科梯队建设的重要性，根据长远发展的需要提出学术队伍的建设目标，并制定长远的学科和专业发展总体思路。通过重点选拔并培养尖子人才，培养年轻的学术带头人。

第二梯队——学术带头人。学术带头人是学科领军人物的接班人。建设第二梯队不仅仅要提高他们自身的学术水平，而且要求他们必须团结朝气蓬勃的年轻教师和在读的研究生共同发展，进而形成自己的学术研究方向，另外还要培养他们传承团队精神和领导才能。

第三梯队——学术骨干力量。团队不仅创造了和谐、民主、团结有凝聚力的小环境。更为年轻教师创造了良好的学术发展大环境，建立了学术骨干梯队稳定的必要条件。既要在教学和科研的工作中提升他们的骨干作用，又要鼓励并大胆提拔年轻教师参与团队中的管理工作，锻炼年轻人的组织和管理能力，调动年轻教师参与团队建设的积极性。

第四梯队——学术发展力量。学术发展力量梯队中主要是刚毕业的优秀博士研究生。结合学科的特点，吸收不同学科的优秀博士，形成多学科相互渗透的格局。在学术发展过程中形成了学科交叉、人才互补的良好局面。而良好的学科环境交叉进一步地吸引来自五湖四海的年轻人。

（三）具有浓厚的学术氛围

第一，提倡学术人人平等。在这个创新团队中，不论是老科学家还是研究生，每个人均可有自己的想法，都能得到大家的尊重。

第二，广泛的国内及国际学术交流与合作。创新具有不确定性，许多人都有一种体会，自己有一个新想法、新观念、新点子，很希望与有关人员交流、讨论，但往往找不到机会，结果就放弃了或遗忘了。如果有一个方便交流的网络，及时交流，反复争论或辩驳，这有助于想象力的丰富和孕育，思想上反复的沟通和碰撞，就有可能形成一种有价值的思想，甚至成为创新的契机。

现代科学研究越来越离不开国际合作，创新团队的人员构成和运行机制，决定了它具有广泛深入、平等互利的国际合作与交流。国际知名学者的参与，可带来最新的国际科技发展动态，提高创新团队的工作起点，增强创新能力。另外，可把研究生送出去联合培养，有利于后继人才的成长。

三、高校科研创新团队建设的必要性

第一，建设高校科研创新团队是支撑学科发展的需要。当今科技发展的一个重要趋势就是各学科的交叉、融合、渗透、协调发展，这是科学发展的必然趋势，也是增强科技创新的重要途径。新的科学发现和重大科技进展已越来越难以在一个独立的学科中实现，反之，总是与学科之间的相互交叉、融合有着必然联系。在这样的世界科技形势下，要取得高水平的原创性科研成果，就必须加强不同学科之间的相互交流、沟通，通过交流进一步激发科研灵感，启迪创新思维，拓宽研究思路和方法。同时，随着科学技术的发展，新的科学发现和重大进展已很难通过单兵作战来实现。合作科研、团队攻关已成为现代社会生产条件下科学技术研究活动的内在要求。

第二，建设高校科研创新团队是高校科研发展的需要。我国高校科研水平不高的原因包括我国高校内的科研力量分散，学科重复建设和科研人员之间合作的力度不够。因此，如何整合高校内分散的科研力量，加强科研人员之间的协作提高高校的科研水平则成为亟

待解决的问题。科研团队作为目前进行科学研究和开发的一种组织形式，能够集中高校内有限的人力、物力和财力，加强各学科之间的交叉综合，不但能提高高校的科研水平和科研成果的质量，而且还可以通过其特殊的组织魅力——团队精神，培养和造就一批人才。另外，高校要想在我国乃至世界的科研发展中占有一席之地，就必须抓住几个重点优秀的学科，组建科研团队，争取在最短的时间内产出重大成果以提高自身在科学界的地位和知名度。

第三，建设高校科研创新团队是科研人员自身发展的需要。科学发展越来越快，学科分化越来越细，知识和信息量与日俱增，单凭个人的能力很难有所建树，甚至有人断言即使像爱因斯坦那样的大师再生，如果不与别人联合攻关也很难取得重大成果。

四、高等学校科研创新团队的建设路径

为了更好地解决我国高校科研创新团队现在存在的问题，为了有效提升高校的科研水平和创新能力，高校科研团队建设的内容主要是加强内涵建设，即创新团队的知识建设，提高成员的创造力。具体途径是建立跨学科的创新科研团队，加强平台建设，形成团队人员构成的最佳模式和有利于创新的管理模式，加强创新氛围建设，促进知识的交流与沟通。

（一）建立跨学科的科研创新团队

第一，促进不同学科知识的交叉。科学学揭示了科学整体结构各要素及其相互联系与功能。我们要想建设创新性的科研团队，单一学科已不能满足科技创新的需要，必须使学科结构更加优化，不同学科知识的交叉、综合、互补有利于创新思想的形成。

第二，构建学科发展平台。为了适应科技创新的需求，需要组织强有力的、高水平的学科平台，这个平台是一种灵活的、开放的，应该是跨院系的，甚至是跨学校和跨国界的。要消除各种不必要的行政壁垒，打破影响团队形成和发展的制度壁垒，进行组织创新和管理创新。要通过学科建设汇聚队伍，组建大团队，构筑大平台，走出一条汇聚学科队伍的新路径。

（二）形成创新性科研团队的人员组合模式

1. 创新能力和创新精神的学科带头人

建立优秀的创新团队首先应着眼于吸引、遴选和造就一批具有国际领先水平的学科带

头人。理论或技术基础储备深厚的专家、大师级的人才尤其是根本，他们拥有能做出比较性选择的决策技能；学术带头人在创新团队中起着"脊梁"和"主心骨"的作用。他们是团队的代表和统帅，是形成团队的基础条件，其学术水平和组织协调能力决定着团队的兴衰，是创新团队建设得以发展并形成自己特色的关键。

2. 优化科研团队人员的结构，提高创新能力

（1）优化科研团队人员的智力结构。合理的团队的智力结构，并不意味着智力水平高的人才的简单组合，而是不同智力类型的人才的有机结合，形成多层次、多类别的智力梯队。合理的团队智力结构为高效率的科研创造提供了有利条件。现代科学技术创造是复杂的实践活动，需要不同智力水平、不同智力类型的人在各自适合对应能级岗位上，充分发挥自己的智能潜力，产生最佳的集体智力效应。能够提出新颖的决策，是研究团队创造力的源泉。所以，在组建科研创新团队时要注重吸收与引导不同学科领域的研究人员参加到创新团队中来，更好地发挥科研团队的创新性。

（2）优化科研团队人员的年龄结构。年龄不仅是一个生理指标，而且也是一个心理功能的标志。组建科研创新团队时，要使科研能力持续地得到发挥，就有一个如何配置人力资源的问题。

（3）优化科研团队人员的学缘结构。科研团队成员要避免本校培养的教师过多。因此，科研团队要想提高创新能力，一方面应该注意多引进兄弟院校的优秀人才，能把新的创新思想和研究方法带到科研团队中；另一方面要加强广泛的国际合作与交流，大力引进国际顶尖人才。现代科学研究越来越离不开国际合作，创新团队的人员构成和运行机制，决定了它具有广泛深入、平等互利的国际合作与交流。

3. 共同愿景是创新团队构成的基础

共同愿景是人们心中一股令人深受感召的力量，在人类的群体活动中，共同愿景能激发出强大的力量。从创造学的角度来看，建立"共同愿景"就是对创新的心理操作，目的是调动和激发创新者的各种心理资源、克服各种心理障碍，使其对同一创新目标有共同追求，有强烈的创造欲望和动机，而不是仅仅作为知识的占有者或专家来参与团队，以致"身在曹营心在汉"或者"出工不出力"。创新是认识活动与非认识活动（情绪、动机）综合作用的过程，为创新而组建的团队应该是高层次创造性人才所构成的具有"共同愿景"的团队，即便是专家、学者，如果对团队的创新目标毫无兴趣，没有强烈的与时俱进、开拓创新的精神，就不能主动地、满怀热情地把自己所掌握的知识运用于团队的创新活动之中。因此，在团队中聚集的应该是一批高水平、强能力、掌握了现代科学技术知识

的创造型人才，一批具有高度的责任感、使命感，对科学、对事业执着追求、勇于献身的人。

4. 创新团队的动态组合

科研创新是一个动态发展的过程，在各个阶段需要不同角色的参与。因此在组建团队时不必将所需要的人员在同一时间全部集中起来，应根据任务的需要，合理安排出与进。

科研团队由于其任务的独特性和知识、技术的密集性，团队成员只能被阶段性地使用，一方面，随着工作的进展，人员的组成在团队生命周期内会不断变化，尤其是对于那种技术构成复杂、生命周期较长的团队，只有很少人员能够始终留在团队；另一方面，科研项目一般分为许多个阶段，在每一个阶段团队成员所承担的任务功能并不相同。因此科研创新团队是一种柔性的组织，其成员具有高动特性。

（三）营建创新的文化和氛围

1. 建立持续学习型团队

学习型团队，是指一个团队所有成员从会谈开始，每个人都摊出心中的假设，自由交谈，以发现具有个人特点的有价值的观点，通过会谈找出组织原有的心智模式及每个成员个人的愿景，通过讨论、辩护等方法寻求克服妨碍组织学习的方法，建立新的良好的心智模式，整合出组织统一的愿景。在现代组织中，学习的基本单位是团体，而不是个人。要建立持续学习型团队，应注意以下方面：

（1）学习能力的培养。学习不仅是积累知识的过程，更是能力得以提升的唯一途径。因此，要提升整个团队的思维能力、沟通能力、执行能力，首先必须重视团队成员学习能力的培养，即是让成员在实践中学会如何学习、学习哪些内容。

（2）学习成果的检测。让团队成员所学在实践中得以巩固，并让团队成员在实践中磨合，达成默契，形成一个有机的、坚强的学习型团队。

将科研团队建成持续学习型团队，要努力提高团队的学习能力以及熟练应对新的环境和技术变革的能力。要提高团队从所犯的错误中学习的能力。

科技发展日新月异，信息量、知识量迅速增长。科学发展的分支趋势和综合化趋势，使现代科学发展的交叉性和渗透性特点空前突出，适应这种快速变化的环境的最有效的方法就是不断补充新知识，学习新的观念和思维方式。总而言之，团队成员要善于沟通、交流、学习，加强和外界信息交流的深度和广度，才会有所创新，有利于创新科研团队的形成。

2．大力开发团体创造力

科学的生命在于创造，没有创造便没有科学的发展。而创造需要通过创造力来实现，没有对人创造力的开发就不可能产生科学事业的开拓者。如果可以用成果和人才来衡量科学的发展，我们就有理由说：成果来自创造，人才始自对创造力的培养和开发。

从哲学的角度讲，创造性思维就是改革事物之间的原有联系，构建新的联系，以创造新的事物，其中最重要的因素是寻找或设立条件。因为改变原来的联系需要条件，把看来不可能联系的对象之间构建起新的联系也需要条件，条件越多联系的途径就越多，其创造的价值就越大。

团体创造力能够产生更高效益，系统论的观点认为，整体的力量大于部分之和。一个成员所提出的创意，会引发其他成员的想象力，刺激其他成员产生创意。

（四）加强知识和信息的有效沟通

科研团队作为一个协作系统，知识和信息的有效沟通是系统持续存在的基本条件。如果有一个方便交流的网络，及时交流，这有助于想象力的丰富和孕育，思想上反复的沟通和碰撞，就有可能形成一种有价值的思想，甚至成为创新的契机。许多创新的思想是在偶然中出现的，如果具备了一个知识和信息及时有效流动的网络，我们就可以增加对创新机遇的捕获概率。通过信息沟通获得及时的信息，帮助团队决策和发展。科研创新团队采用先进的信息技术、网络，保证沟通的顺利、及时进行。

1．加强内部成员沟通

（1）成员及团队带头人要正确认识自己的知识范围及自身知识的局限性，从而有利于团队成员之间的相互合作和沟通。

（2）树立正确的沟通理念，提高沟通的主动意识。尤其是团队带头人要诚心诚意地对待下属所提意见和建议，鼓励成员积极思考，为团队的健康发展出力出策，维护团队的形象和凝聚力。

（3）建立科研创新团队的内部沟通机制，加强学术沟通和人际沟通。

2．加强与外部世界之间沟通

（1）构建形成一个有利于创新的知识交流平台，包括在学术交流上积极创造条件，支持团队成员开展国内外学术、技术交流活动。

（2）有计划、有重点地选拔他们到国内外知名大学、科研机构、知名企业从事研修工作，促进他们与国内外的高水平专家、学者的学术和技术交流。

（3）鼓励和支持团队成员通过竞争获得国家杰出青年科学基金、国际自然科学基金和教育部青年教师奖、跨世纪优秀人才等项目的资助，承担国家和地方的重大科研工作和重大工程项目。

第三节　实践共同体视域下的高校科研团队建设

在实践共同体理论视域下，高校科研团队的聚焦点是作为社会性学习具体实现方式之一的研究性学习，团队成员通过研究性学习理解意义、实施实践、归属组织、形成认同，进而实现自我的专业发展。不可否认的是，教师的专业发展不完全是教师个体自觉、自省、自主、自由的发展，而是必须依托外界启发、外部支持和外部引导的基于规范和规则的发展。然而，外部的影响往往不能直接作用于教师个体，而是需要借助实践共同体的中介功能才能起作用。在这个意义上，高校科研团队扮演着中介的角色并发挥着中介的功能，它通过研究性学习在外部条件和个体自主之间建立起紧密关联，进而促进每位团队成员在实践共同体中相互卷入、致力于共同的事业并共享智库，从而实现专业发展。因此，"高校科研团队是致力于以研究性学习助推团队成员获得专业发展的实践共同体"①。

实践共同体理论聚焦于作为社会性参与的学习，这为高校科研团队建设提供了另一种可能的理论思路和启示。在实践共同体中，人们在作为社会性参与的学习中协商意义、投入实践、归属组织、获得认同。以实践共同体理论关照以研究性学习为主要任务的科研团队建设，聚焦学术研究这个核心，采取以意义勾勒未来愿景、以实践推进过程塑造、以共同体容纳差异冲突、以身份塑造集体认同等策略，有助于从科研团队内部出发推动团队的建设发展。

第一，以意义整合共同愿景，形成科研团队建设的牵引力。"意义"连接着主观与客观，既是人们从事实践活动的逻辑起点，又是人们从事实践活动的价值目标，任何实践都包含着对意义的理解、协商和确认。此外，实践最为重要的是我们通过它可以体验世界和有意义地卷入世界的一种过程，实践对身体的运动和大脑的运作赋予了某种意义。实践共同体提供了一个意义协商的情境，人们在共同体中通过学习相互理解行为及其背后的意义。在学习中进行意义的协商、意义的实践，形成意义的共同体和对意义的认同。因此，

---

① 李明利. 实践共同体视域下的高校科研团队建设策略研究 [J]. 教师教育论坛，2021, 34 (7)：67.

聚焦学习这一独特的实践，将赋予共同体以意义和共同愿景。共同愿景是被共同体所接受和认同的关于未来发展的远大理想和蓝图，是共同体中个体愿景的最大公约数。形成共同愿景对于共同体价值观的形成具有导向性的意义。因此，建设科研团队，就必须让团队成员在团队中相互理解彼此的行为及其背后的意义，进行意义的协商并物化一个能够得到团队成员认可并愿意参与进来为之奋斗的共同愿景，从而牵引科研团队不断发展、走向未来。

第二，以实践推动过程发展，提供科研团队建设的驱动力。实践是一个持续的、社会的、互动的过程，成员在实践中互动、一起做事并协商新的意义、相互学习是实践的固有属性，也是实践如何演变的过程。由于实践共同体是基于合作的学习，而不是具有开始和结束的特定任务，所以实践共同体的形成需要经历一个过程。科研团队建设既不是一个政策指令就能轻易完成的，也不是领导者个人魅力或者是教师个体自觉自愿就可以实现的，团队建设是一个渐进性的过程，而不是激进性的过程。构建一个助力教师共同成长的科研团队，必须依靠成员们的共同参与，让团队成员们在参与实践的过程中学习，即：在实践中学习"如何去做"。实践意味着做，但不仅仅是做本身，而是在一个为我们所做赋予结构和意义的历史的、社会的情境中的做，这种实践使团队成员在做中获得渐进发展，在做中激发出共同体的内在能量，进而才能为科研团队建设提供源源不断的驱动力。

第三，以共同体容纳差异冲突，汇集科研团队建设的凝聚力。实践通过相互卷入、合作事业、共享智库三个基本维度，成为共同体内在一致性的来源。实践共同体可以不是一个正式的实体，它可以不是一个组织但却处于特定组织的情境中，是组织中某种松散的构造，拥有跨越制度化界限的能力，因而是组织发展和变革的最重要资源。此外，实践共同体中的成员资格是相互卷入的问题，这是界定共同体的条件，但实践共同体不只是一些具有明确特征的人的集合，也不是群体、团队或网络的同义词，实践共同体强调成员的相互卷入、致力于共同的事业、共享特定的资源，它侧重的不是机械团结，也不是有机团结，它可以是一种自发的、松散的团结，也可以是自觉的、紧密的团结。科研团队具有的这种实践共同体特征可以有效包容多样化，融合差异，缓解冲突，实现团队成员间的相互团结协作，从而能够在团队成员间求解最大公约数，汇集起科研团队建设与发展的凝聚力。

第四，以身份链接集体认同，保持科研团队建设的向心力。身份是在个体进入个体与共同体发生联系过程之中形成的，因而不是某种固定的态势。此外，身份和实践之间有着深层的联结，发展一项实践需要共同体的形成，共同体成员能够相互融入，并相互承认为实践的参与者，实践共同体使用它们最初生成的方式再生产它们的成员资格。因此，实践必然需要对在实践共同体情境中如何成长为一个人的方式产生协商。共同体成员基于协商的相互承认，是对于成员身份合法性的认同，也是对共同体价值的认同。身份生发于个体与共同体相互建构的过程之中，它链接着共同体的集体认同，凝结在共同体中的不同个体身上。

　　总而言之，科研团队成员身份的动态建构过程，将共同体在代际之间的非连续性转变为一种连续性，从而让科研团队具备了广纳贤才、实现新老交替的潜能。团队中成员对于身份的认同，能够维系个体与集体间的动态关联，让成员们围绕身份的建构而持续学习，在参与、想象、协同中保持科研团队建设的向心力。

参考文献

[1] 杨军，伏琳，林艺文，等. 浅析高等学校科研投入与产出 [J]. 科技管理研究，2013（16）：102.

[2] 季小天，赵文华. 高校科研创新团队建设：国外研究进展与启示 [J]. 研究生教育研究，2021（5）：76.

[3] 林珊湉. 高校科研成果转化评价指标体系研究 [J]. 闽江学院学报，2021，42（3）：113.

[4] 王慧美. 产教融合视域下的高校科研成果转化模式分析 [J]. 海峡科技与产业，2022，35（5）：83.

[5] 李进忠，雷娟，祝剑. "放管服" 视角下高校科研创新团队建设探析 [J]. 榆林学院学报，2022，32（2）：116.

[6] 刘志会，袁淑影. 地方高校科研创新团队建设初探 [J]. 长春工业大学学报（高教研究版），2011，32（4）：30.

[7] 赵丽娟. 高校科研管理的理论与实践探索 [M]. 北京：北京理工大学出版社，2018.

[8] 徐红，陈承. 构建与实施高校科研评价体系研究 [M]. 武汉：华中师范大学出版社，2018.

[9] 赵丽梅. 高校科研团队内部创新知识整合研究 [M]. 北京：知识产权出版社，2019.

[10] 韩国元，康伟. 高校科研团队知识共享：机理、影响因素及对策研究 [M]. 北京：人民日报出版社，2015.

[11] 晋琳琳. 高校科研团队知识管理的系统要素和行为模式研究 [M]. 北京：科学出版社，2013.

[12] 时君友. 高校科研评价管理机制的优化 [J]. 北华大学学报（社会科学版），2022，23（1）：111.

[13] 李明利. 实践共同体视域下的高校科研团队建设策略研究 [J]. 教师教育论坛，2021，34（7）：67.

[14] 王磊. 高校科研团队创造力的形成与提升策略研究 [M]. 北京：中国农业出版社，2014.

[15] 王宇. 高校科研团队核心能力影响因素研究 [D]. 长沙：中南大学，2013：19.

[16] 张捷，杨恒哲. 高校科研团队凝聚力影响因素及对策研究 [M]. 南京：南京大学出

版社，2014.

[17] 张茂林. 创新背景下的高校科研团队建设研究［M］. 北京：中国社会科学出版社，2014.

[18] 张明明. 高校科研管理的创新［J］. 中国高校科技，2011（7）：26-27.

[19] 陈婷婷. 浅谈高校科研管理精细化［J］. 中国高校科技，2011（1）：41-42.

[20] 徐文竹，徐文忠，董升荣. 基于服务创新的高校科研管理方式转变与思考［J］. 中国成人教育，2015（17）：40-42.

[21] 赵丽梅，孙艳华，刘岩芳. 基于行为知识信息融合模型的高校科研团队内部知识整合流程研究［J］. 科技进步与对策，2014（21）：125-131.

[22] 曾德明，张志东，王泓略. 高校科研团队规模优化研究［J］. 湖南大学学报（社会科学版），2021，35（3）：75-79.

[23] 任嵘嵘，王睿涵，刘萱. 我国高校科研团队研究综述［J］. 科技管理研究，2020，40（21）：101-108.

[24] 梁晓雨，苏荟. 高校科研团队冲突管理策略［J］. 高教论坛，2021（6）：70-74.

[25] 辛琳琳. 高校科研团队行为模式研究［J］. 泰山学院学报，2014，36（5）：138-140.

[26] 张捷，杨恒哲. 高校科研团队凝聚力建设浅谈［J］. 江苏高教，2013（3）：66-67.

[27] 徐贵伍. 高校科研团队激励政策研究［J］. 教学研究，2011，34（6）：32-34.

[28] 苏秋斌，张征华. 高校科研团队竞争力建设研究［J］. 高等农业教育，2014（10）：44-46.

[29] 蒲永锋，孙博华，马芳武. 高校科研团队组建模式与运行管理机制研究［J］. 项目管理技术，2022，20（2）：83-87.

[30] 徐国平. 高校科研团队绩效评价与优化路径研究［J］. 重庆科技学院学报（社会科学版），2021（3）：96-102.

[31] 李远明，谭世明. 高校科研团队的识别与网络分析研究［J］. 科技进步与对策，2012，29（11）：147-150.

[32] 高敏. 如何加强高校科研团队例会的管理［J］. 科技管理研究，2011，31（10）：65-67.